KB202124

10
minutes

10
months

10
years

텐 - 텐 - 텐

10
minutes

10
months

10
years

인생이 달라지는 선택의 법칙

수지 웰치 지음 | 배유정 옮김

북하우스

10-10-10을 통해 변화한 자신의 인생 이야기를

기꺼이 들려주신 분들께

사랑, 존경과 감사를 전하며

차례

해 뜨기 전에

나는 오레곤 주 포틀랜드에서 태어났다. 농담 삼아 '이국적인' 포틀랜드라고 말하기도 한다. 사람들은 일반적으로 포틀랜드가 개성이 없다고 생각하는 것 같다.

포틀랜드는 아름다운 곳이다.

뱀이 많은 것만 빼면 말이다. 내가 어렸을 때 뱀 한 마리가 우리 집 뒤뜰에 들어온 적이 있었다. 내가 무릎을 꿇고 뱀을 구경하려는데 어머니가 부엌에서 삽을 들고 뛰어나오더니 그 뱀을 때려잡았다.

어머니는 매우 아름다웠다. 우아한 멋쟁이이기도 했다. 부디 우리 어머니가 와일드한 서부개척기의 억척여성인 듯한 인상을 갖지 않기 바란다. 절박한 상황의 여자는 절박한 행동을 할 수밖에 없는 법이다.

이건 경험에서 나온 말이다.

아버지는 건축가였다. 뱀 사건이 있은 지 15년 후 아버지는 내게 일렬주차하는 법을 가르쳐주셨는데, 영혼 깊이 엔지니어여서 물리학을 이해하는 사람이, 영혼 깊이 작가여서 시를 이해하는 사

9

람을 가르치는 격이었다. 우리는 지금까지도 그 이야기를 하면 웃는다.

나는 어린 시절 여름마다 케이프 커드에서 보트를 타고 아이스박스 가득히 블루길과 배스를 낚으며 보냈다. 하늘에 맹세코, 내가 그 물고기들을 매우 불쌍히 여겼다는 점을 분명히 해두고 싶다.

나는 대학을 졸업하고 마이애미에서 기자로 일하다가 그 도시가 두 번 불타는 것을 지켜보았고, 그 후 북부로 이주해서 AP통신에 일자리를 구했고 결혼도 했으며 다시 경영대학원에 진학하여 경영 컨설턴트가 되었고 산업용 제조 분야에 정통한 사람처럼 보이기 위해 엄청나게 노력했다.

훗날 해고될 때까지 『하버드 비즈니스 리뷰』에서 편집장으로 일했다.

나는 마흔한 살에 이혼을 했다. 그것은 옳은 결정이었다.

그리고 삼 년 후 재혼을 했다. 내가 한 일 중 제일 잘한 일이었다.

나는 네 아이를 두었다. 사실 더 이상 아이들이 아니다. 하지만 내게는 언제나 내 '아이들'일 것이다.

아이들은 아무도 나를 닮지 않았다. 둘은 살결이 유난히 흰 북유럽 타입이다. 꼭 스웨덴 농장일꾼들처럼 보인다. 하지만 피부색이 진한 나머지 둘도 내 곁에 서면 혈연관계처럼 보이지 않는다. 하지만 괜찮다. 정말이다. 아이들도 그들 나름대로의 인생이 있어야 한다는 것을 상기시켜주니까.

그러나 내게 소원을 이루어주는 마법의 지팡이가 있다면 아이들의 이마를 가볍게 한 번 쳐서 내가 아는 모든 것들을 전해주고 싶다. 왜냐하면 대부분의 부모들처럼 나도 내 아이들이 인생의 힘든 부분은 하나도 겪지 않고 건너뛰었으면 하기 때문이다.

물론 그들도 예외일 수는 없다. 그것도 받아들여야 하겠지. 러시아 소설가 표도르 도스토예프스키는 "의식은 고통을 통해서만 생겨난다"라고 했다. 경험을 통해 어떻게 살아나가야 하는지를 배우는 것은 우리 인간 조건의 일부이다.

그럼에도 불구하고 일반적으로는 피땀 흘리고 눈물 나야 배울 수 있는 것이지만 내 아이들에게는 피, 땀, 눈물 다 생략하고 꼭 가르쳐주고 싶은 것이 있다.

바로 좋은 결정을 내리는 법.

한마디로 이 책에서 말하고자 하는 것도 그것이다. 좋은 선택을 하기 위한 새로운 접근방식으로, 당신의 출신배경이나 하는 일과 무관하게, 또 과거에 실수를 했더라도 상관없이 자신이 주도하는 삶을 창조하는 방법에 대한 것이다.

혼돈을 일관성으로, 모호함을 명쾌함으로, 그리고 무엇보다 죄책감을 해방감으로, 달리 표현하자면, 기쁨으로 대체해줄 수 있는 안정적인 법칙이다.

이 법칙은 내 인생을 변화시켰고 전세계 많은 사람들의 인생을 바꿔놓았다.

잠깐, 물론 나도 안다! 내 아이디어가 만사를 깔끔하게 해결해준다는 것은 아니다. 나 자신도 반짝이는 아이디어와 최고로 잘 짠 계획을 가지고도 제 발에 걸려 넘어진 것이 한두 번이 아니다. 또한 인생이란 때로는 우연처럼 우리가 통제할 수 없는 사건에 의해 좌우된다는 것도 알고 있다. 사고와 기적도 일어난다. 왜 아니겠는가?

그러나 얼핏 보면 잘 모르겠지만, 사실 대다수의 경우에 인생은 우리가 내리는 결정에 의해 만들어진다. 우리가 사는 세상이 속도는 너무 빠르고, 정보는 넘쳐흐르고, 선택의 여지는 너무 많아 헷갈리고, 세계경제는 불확실하고, 문화는 계속 탈바꿈을 하는 바람에, 우리가 내려야 하는 결정들은 말도 못 하게 복잡하거나 짧은 시간에 너무 많이 강요받는다고 느낀다. 그래서 사람들은 결정을 하지 않음으로써 결정이 나버리게 방치하거나 본능적인 감에 의존해서 결정을 해버린다. 혼령을 불러내는 '영웅반'이라도 되듯 친구들에게 조언을 구하거나, 고대 사람들이 동물 뼈를 읽으며 신탁을 구하듯 하늘이 내리는 징조를 기다리기도 한다. 그러고는 막연히 잘되기를 바란다.

오늘날 나는 새로운 인생을 살고 있고 내 결정들은 계획된 것이고 목적이 뚜렷하며 확신에 차 있다. 하지만 13년 전에는 나도 그렇게 막연하게 잘되기만을 기원하는 축에 속했다. 화려한 이력에 성취한 것도 많았고 사랑하는 가족과 친구도 있었고 사랑과 존경을 받는 축복받은 위치에 있었음에도 마치 달리는 차 안에서 창밖을 바라보듯이 내 인생의 많은 결정들을 내리고 있었다. 때로는 잘 풀릴 때도 있었다. 하지만 그보다는 안 풀리는 경우가 더 많았고 내 인생이 이를 고스란히 보여주었다.

하루, 한 주, 한 달은 잘되다가 그 뒤로는 일이 뒤죽박죽 꼬이기 일쑤였다. 때로는 지루하게 진행되다가, 답답하게 안 풀리기도 하고, 완전히 망가졌다가 다시 괜찮아지기도 했다. 잠시 행복하고 충만했다가 다시 외로워지고, 앞으로 잘 나아가다가 후퇴하기도 했다.

내가 삶을 이끄는 것이 아니었다. 삶이 나를 끌고 가는 격이었다.

그러다 1996년 2월이 되었다. 그때 나는 하와이에 있었는데 휴가로 간 것이 아니었다. 『하버드 비즈니스 리뷰』에서 풀타임으로 일하며 여섯 살도 안 된 아이들 넷에다 부부관계도 순탄치 않았던 그 시절의 나로서는 휴가도 제대로 갈 수 없는 입장이었다. 하와이에 갔던 것은 보험회사 임원 총회에서 경영의 역사에 대해 강연을 하면 약간의 강연료를 주겠다는 제안을 받았기 때문이다.

상사는 이 출장을 퍽이나 마음에 들어했다. 그녀의 말에 따르면 이번 출장이 "회사 브랜드를 널리 알릴 수 있는 기회"라는 것이다. 하지만 나는 아이들을 남편에게 맡겨두고 갈 수 없다는 것을 잘 알고 있었다. 그러니 이 다섯 살, 여섯 살 배기들을 데리고 가면 모든 문제가 해결된다고 생각했다. "걱정 안 하셔도 돼요." 나는 출장담당자에게 호언장담했다. 그녀의 표현에 따르면 고객이 "극심하게 까다로울지 모르지만", 우리 애들은 매우 성숙했다. 아니, 거의 어른 수준이라고 큰소리를 땅땅 쳤다. "고객은 우리 애들이 거기 있는지도 모를걸요."

집으로 돌아온 나는 로스코와 소피아를 끌어안으며 말했다. "우린 멋진 모험을 함께 떠나는 거야. 엄마가 잠깐 고객 일을 봐주기만 하면 돼. 너희는 그 사람들이 거기 있다는 것도 모를 거야!"

이 똑소리 나는 계획으로, 나는 드디어 일과 가정의 균형을 이루면서 돈까지 버는 데 성공한 것이다! 최소한 나는 그러기로 '결정'했다. 슈퍼우먼 만세!

하지만 정작 만세를 불러줘야 할 사람은 사실 하와이행 비행기의 천사표 승무원이었다. 소피아가 열두 시간 내내 멀미용 위생봉투 사용법을 몸소 시범을 보이는데도 나한테 짜증 한 번 내지 않기 때문이다. 불쌍한 우리 딸. 착륙할 즈음에 딸의 얼굴은 거의 초록색이었다. 걱정할 것 없어. 나는 스스로를 달랬다. 해변에서 몇 시간만 보내면 소피아도 괜찮아질 거야. 해변에서 몇 시간만 보내면 우리 모두가 좋아질 수 있어. 오랜만에 가족과의 오붓한 시간이잖아? 모래성도 쌓고 파도타기도 하고 행복한 추억이 만발!

그러고 나서 광선피부염이 덜컥. 결단코 내가 자외선 차단제를 안 챙겨가서가 아니었다. 오히려 너무 열심히 차단하기 위해 로스코의 북유럽인 같은 투명한 피부에 자외선 차단제를 국자로 퍼다가 듬뿍 바르고, 그 위에다 셔츠를 입히고 모자를 씌우고도 모자라 타월로 둘둘 감기까지 했다. 이 극성 엄마는 아들을 컨벡션오븐으로 만들었던 것이다.

당연한 얘기겠지만 우는 아이에게 얼음팩을 해주며 달래느라 그날 저녁 고객행사에 늦게 도착하고 말았다. 나는 이를 만회하려고 파티장에 도착하자마자 종횡무진 누비며 모든 사람들에게 나를 적극 소개하는 모드로 전환했다.

파티장 사람들은 골프코스에서 하루를 보내고 돌아온 보험회사 임원들이었는데 내 전략이 먹히는 듯했다. 그런데 나의 피나는 노력에도 불구하고 별 반응이 없는 집단이 있었다. 이들은 회의 참가자들이 아니라 그들의 부인들이었다. 아마 남편은 어디다 두고 와서 이 여자가 이리 설치는지 궁금했을 수도 있다. 그러나 제대로 봤다면 호텔방에는 끙끙 앓는 아이들을 둔 채로 내일 아침 강연까지 해야 하는 절박한 여자일 뿐이었다.

몇 시간 후 파티가 끝나자 나는 아이들에게로 달려갔다. 우리는 셋 다 시차에도, 서로에게도 적응하지 못한 바람에 밤을 꼴딱 샜다. 아이들은 인어공주 만화를, 나는 헤드라인 뉴스를 보고 싶었고, 아이들이 노니와 뱀 이야기를 더 듣고 싶어했을 땐 나는 눈을 감고 쉬고 싶었기 때문이다.

새벽 다섯 시에 가족의 평화를 위해 나는 아침식사로 아이스크림을 주문했고 이윽고 끈적거리는 얼굴들을 맞대고 우리는 잠이

들었다. 그러나 오래 자지는 못했다. 아홉 시가 되자 나는 아이들을 호텔에서 운영하는 훌라댄스 캠프로 보내놓고 착실하게 나의 전투복인 정장을 차려 입었다. 그러고는 포인터를 손에 쥐고 무대 중앙계단을 올라가 졸린 눈을 하고 있는 청중에게 한 시간 동안 프레드릭 테일러의 과학적 관리기법의 4대 원칙, 막스 베버의 지휘-통제의 계층적 질서에 관한 독창적인 통찰, 피터 드러커의 아웃소싱에 관한 획기적 견해에 관해 줄줄이 이야기보따리를 풀어놓았다. 귀가 번쩍 뜨이는 강연은 아니었는지 모르지만 파워포인트 슬라이드를 한 장 한 장 넘기며 밥값은 했노라고 자위하고 있었다.

그런데 내 강연이 끝날 무렵 문득 강연장 뒤편을 보니 웬 꼬마들이 행사장 회전 유리문에 몸을 착 밀착시키고 양손을 눈썹 위에 붙인 채 행사장 안을 열심히 살피더니 안으로 들어오려는 것이었다.

그 꼬마들은 훌라 스커트 차림을 한 로스코와 소피아였다. 이 둘은 훌라댄스 캠프에서 탈출해서 나를 잡으러 온 것이다.

나는 예정된 질의응답도 하지 않고 후다닥 강연을 마무리하고는 아이들을 막으려고 강연장 뒤쪽으로 몸을 날렸다. 아이들이 나를 보자마자 얼마나 애절하게 내 다리를 껴안았는지, 그리고 이 장면을 목격한 보험회사 임원들이 얼마나 황당한 표정을 지었는지 결코 잊지 못할 것이다.

무슨 생각을 하는지 다 안다. 이제 와 생각하면 그때 곧장 가방을 싸고 집으로 돌아갔어야 했다. 하지만 모든 사람을 다 만족시킬 수 있다, 모든 걸 다 해낼 수 있다는 정신으로 무장한 나는 24시간을 더 있기로 했다. 나는 재빨리 결정을 했다. 스쿠버다이빙을 해서 아이들이 지쳐 떨어지면 얼른 재워놓고 나는 고객사에서 주최하는 하와이식 루아우 파티에 혜성처럼 나타나 필요하다면 동이 틀 때까지라도 노력 경주하여 이들을 매료시키리라.

나는 로스코가 바닷물을 질색하며 비명을 지를 것을 예상하지 못했고 루아우 파티가 진짜로 새벽까지 가는지도 몰랐다. 동틀 무렵 나는 결코 누구를 매료시키고 말고 할 상태가 아니었다. 머리는 어지럽고 눈물이 날 만큼 지쳐버렸다. 심지어 테이블 위에 머리를 얹고 깜박 잠이 들기도 했다. 다시 눈을 떴을 때 고객사 임원 부인이 의미심장한 미소를 띠며 나를 내려다보고 있었다. "워킹맘들이란!" 그녀는 냉소가 뚝뚝 떨어지는 목소리로 말했다. "당신네 일하는 엄마들은 어떻게 모든 걸 다 해내는지 모르겠어요."

나는 중얼거렸다. "다 한다는 건 눈속임이랍니다."

그녀의 다음 말도 만만치 않았다. "남편분이 잘 참아주시나봐요."

"암요, 정말 그래요." 나는 안심시켜주었다.

이 고객사 부인은 이런 엄청난 거짓말을 늘어놓게 하고는 자리를 떠났다. 잠시 후 나도 파티장을 떠나 기진맥진한 채로 객실로 돌아왔다. 나는 보모를 돌려보내고 발코니의 의자에 쓰러졌다. 그때 그림엽서에서나 보던 황홀하고 거대한 황금빛 태양이 부드럽게 펼쳐진 파란 하늘을 향해 솟아오르고 있었다.

당시에는 몰랐지만 그 순간 내 삶의 새로운 날이 동트고 있었던 것이다.

나는 스스로에게 말했다. "이 미친 짓을 그만두어야겠어."

그 자리에서 잠시 잠에 곯아떨어졌든지 아니면 그냥 잠시 정신 줄을 놓았든지 한 것 같다. 내 의식은 산악지대의 휴대전화 통화처럼 끊어졌다 이어졌다를 반복했다. 나는 중얼거렸다. "다른 방법을 생각해야겠어."

그 다음은 어떻게 되었는지, 왜 그랬는지 아마 나는 영영 모를 것이다.

어쩌면 변화가 불가피한 지점에 도달했는지도 모른다. 다른 대안이 없었는지도 모른다. 혹은 그 출장 자체가 사람의 판단, 비전이나 이해의 새로운 지평이 열리기 위해 여러 가지 경험이 축적되어오던 중에 필요했던 그 마지막 요소였는지도 모른다. 혹은 그냥 선물이었는지도 모른다. 확실한 것은 바다 위로 해가 둥실 떠오르는 순간 아이디어가 떠올랐다는 것이다.

그 아이디어는 생명줄이었고 그 순간 이후로 내 인생의 구원이 되었다.

내게 그 순간은 삶을 재발견하고 거듭 나는 순간이었고 이제 우리가 함께 떠날 여정의 출발점이기도 했다.

그것이 바로 10-10-10이었다.

1장

좀더 쉽게 결정할 순 없을까

생활 속의 10-10-10

솔직히 10-10-10이 탄생한 순간에는 그것이 무엇인지 나도 정확히 몰랐다. 단지 뭔가 새롭고 다르며 획기적으로 나은 의사결정의 원칙을 (불안정하게나마) 손에 쥔 기분이었다. 한층 강화된 생각의 정렬 과정이자, 매사를 좀더 체계적으로 정리하는 방법론이 생겼다고 생각했다. 그날 아침 하와이의 발코니에서 생각한 것은 내 인생을 되찾기 위해서는 결국 의사결정을 다른 방식으로, 좀더 적극적으로 하면 되리라는 생각이었다. 즉 즉각적인 결과와 가까운 미래의 결과, 또 먼 미래의 결과를 차근차근 고려해서 결정을 해야겠다고 생각한 것이다.

10분 후…… 10개월 후…… 10년 후……

스스로도 놀랍다고 생각했지만 만일 그렇게 한다면 나만의 '인생을 관리하는 도구'가 생기는 것이다.

13년 후인 지금도 나는 10-10-10을 쉽고 간단히 설명하기 위해 여전히 '인생을 관리하는 도구'라고 부르고 있다. 하지만 10-10-10을 묘사하는 다른 여러 가지 방식들이 있다. 내가 아는 한 헌신적인 10-10-10의 신봉자는 '명쾌함과 용기를 발견하게 해주는 지도'라고 불렀고 어떤 이는 '죄책감 지우개'라고 했다. 휴스턴의 한 할머니는 10-10-10을 '얼어붙은 머리를 재가동하는 장치'라고 불렀다. 캐나다의 한 목사는 신도들에게 10-10-10에 대해 강연을 하면서 '삶을 다양하게 바라볼 수 있도록 해주는 훌륭한 가교'라고 부르기도 한다.

하지만 몇 단어로 10-10-10 법칙의 자세한 내용을 포괄적으로 설명하기에는 역부족이다. 그러니 더 자세한 이야기를 하기 전에 10-10-10을 부분적으로 나누어 살펴보자.

10-10-10 해보기

모든 10-10-10의 절차는 질문으로 시작한다. 즉 모든 10-10-10은 자신의 딜레마, 위기, 문제 등을 의문문의 형태로 정리하는 것으로 시작한다. 직장을 그만둘 것인가? 뒷마당은 좋지만 지붕이 새는 집을 구입할 것인가? 아들을 한 학년 더 다니게 해야 할까? 이 사람을 계속 만나야 할까? 아니면 관계를 정리해야 하나?

실제 해보니 10-10-10은 잘 만들어진 질문에서 출발하는 것이 매우 중요하다. 왜냐하면 복잡한 문제들은 으레 주변의 크고 작은 다른 문제들과 함께 얽혀 있기 마련이고, 고민하다보면 문제의 핵심을 잃고 샛길로 빠지거나 지엽적인 문제에 정신이 팔릴 수도 있기 때문이다. 따라서 가장 효과적인 10-10-10은 그 모든 문제의 기저에 당신이 진정으로 해결하고자 하는 문제가 무엇인지를 찾아내는 데서 시작하게 된다.

10-10-10의 다음 단계는 데이터 수집이다. 너무 걱정할 것 없다. 이 과정은 머릿속으로 해도 되고 컴퓨터로 작업을 해도 되고 펜과 종이를 이용하거나 친구나 배우자와 대화로 풀어도 된다. 첫번째 단계에서 질문이 결정되었다면 이번 단계에서 '요구'하는 단 한 가지는 당신이 다음 질문에 솔직하고 철저하게 대답을 해야 한다는 것이다.

각각의 선택들이 10분 후에 어떤 결과를 가져올 것인가? 10개월 후에는? 10년 후에는?

한 가지 확실히 해둘 것은 10-10-10의 10이라는 숫자를 사전적으로 해석할 필요는 없다는 것이다. 첫번째 10은 원래 '바로 지금'을 뜻한다. 일 분, 한 시간, 한 주와 같은 단위이다. 두번째 10은 가까운 미래로, 당신의 결정에 대한 초기 반응은 사라졌지만 상식적으로 예측해봤을 때 그 결과가 계속해서 여파를 미치는 시간대이다. 세번째 10은 먼 미래로서, 너무 멀기 때문에 구체적인 내용이 완전히 모호한 시간대이다. 그러므로 사실 10-10-10은 9일-15개월-20년일 수도 있고 2시간-6개월-8년일 수도 있다. 10이란 숫자는 상징적인 것으로 지금 당장, 약간의 시간이 흐른 후, 그리고 먼 훗날 그 모든 것이 끝난 후라는 각각의 시간대를 지칭하는 것일 뿐이다.

10-10-10의 마지막 단계는 분석이다. 이 단계는 지금까지 수집한 모든 정보를 내면 깊숙이 간직해온 자신의 믿음, 목표, 꿈, 욕구와 같은 가치관과 비교해보는 것이다. 다시 말해서 10-10-10의 이 단계에서는 이런 질문을 하는 것이다. "지금 내게 가능한 선택들과 각각의 결과들에 대해 내가 알고 있는 것을 토대로 했을 때, 어떤 결정이 내가 원하는 삶을 만들어가는 데 도움이 되는가?"

이 질문에 대한 답이 바로 10-10-10으로 얻는 해결책이다.

태초의 10-10-10

말했듯이 하와이의 아침에 10-10-10의 자세한 내용과 완전히 정리된 개념이 갑자기 벼락 치듯 머릿속에 떠오른 것은 아니었다. 당시는 "급한 불을 끄려고 사방으로 이리저리 뛰어다니며 모든 사람들을 만족시키려 하는 짓을 그만두어야 해. 아이들이 이십대가 되면 1996년 2월 나흘짜리 출장에 아이들을 데리고 갔느냐의 문제가 아니라 그보다 더 크고 중요한 결정 때문에 아이들이 나를 미워할지 사랑할지 판가름이 날 거야. 나는 너무 순간에 목숨을 거는 게 문제야'라는 정도의 생각이었다.

그래서 나는 '10-10'의 개념을 설정했다. 즉 결정을 내릴 때 단기적인 결과와 장기적인 결과를 고려하기로 한 것이다. 단지 해변에서 몇 번 첨벙거리기 위해 아이들을 5천 마일이나 되는 거리를 끌고 왔다는 것은 말도 안 되는 아이디어였다고 생각했다. 아이들을 집에 남겨두었더라도 길어도 하루 정도 부루퉁하고 말았을 것이다.

그러나 금세 이 새로운 10-10 법칙이 불완전하다는 것을 깨달았다. 향후 몇 개월 동안 나는 두 번 더 집을 비울 계획이었다. 결혼식과 또다른 회의가 있었기 때문이다. 아마 하와이 출장까지 더하면 아이들과 너무 자주 떨어지는 것인지도 몰랐다. 그래서 관점의 균형과 다양성을 위해서는 이 새로운 의사결정 절차에서 중기적인 지평을 고려할 필요가 있다고 보았다.

그리하여 10-10-10 법칙이 공식적으로 탄생한 것이다.

밑져야 본전이라는 생각으로 나는 보스턴으로 돌아오자마자 가정과 직장에서 일어나는 모든 딜레마에 이 법칙을 적용해보았다. 비상사태인데 사무실을 지켜야 할 것인가? 아니면 아이들에게 약속한 대로 여섯 시에 퇴근해야 할 것인가? 명절을 친정식구들과 보내야 하나, 아니면 시집식구들과 보내야 하나? 원고를 빨리 주지 않는 까다로운 작가에게 이를 따져야 할까? 가능성이 돋보이는 신예작가의 글에 시간을 할애하여야 하는가 아니면 꾸준한 기성작가의 글에 더 주력을 할 것인가? 놀랍게도 10-10-10을 적용했을 때 더 빨리, 더 산뜻하게, 더 나은 선택을 할 수 있었다. 또한 기대하지 않았던 보너스로 아이들, 부모님, 상사와 같이 내 결정에 영향을 받는 모든 '이해당사자'들에게 내 결정을 명쾌하고 자신 있게 설명할 수 있었다. 드디어 나도 "어떻게 이런 결정을 내렸는지 설명할게요"라고 말하고서 그로부터 일을 진행할 수 있게 된 것이다.

몇 달 후 10-10-10이 너무도 유용해서 언니 엘린과 델라에게도 이야기하게 되었고 친한 친구, 동료 들과도 공유하게 되었다.

그렇게 해서 이 법칙이 널리 퍼지게 된 것이다. 동료 중 하나가 부인에게 이야기했더니 그 부인은 이 방법을 통하여 구직 과정에서 겪었던 정신적인 마비상태로부터 빠져나올 수 있었다고 했다. 한 친구는 10-10-10을 갓 결혼한 딸에게 '전수'해주었는데 그 딸은 일을 계속할 것인지 대학원으로 돌아갈 것인지 망설이고 있었다고 한다. 또다른 친구는 10-10-10을 남편에게 설명했는데 의사였던 남편은 이를 직장에 소개해서, 간호사들 사이에서 몇 달간 의견이 분분한 이슈였던 환자 면회시간 문제를 표면화하고 해결하는 데 유용하게 사용했다고 했다.

결국 10-10-10과 관련된 이야기들이 내 주변이 아닌 외부에서 다시 내게 흘러들어오기 시작했다. 하루는 전화를 받았더니 "당신이 10-10-10 레이디가 맞나요?"라고 물어왔다.

조금 생각하다가 무슨 말인지 깨닫고 내가 맞다고 하자 전화를 한 여성은 갑자기 친근한 웃음을 터뜨리며 자신은 그 간호사들 중 한 명의 언니인 그웬이라고 소개했다. "다짜고짜 전화드려 죄송합니다. 하지만 정말 지금 내 모습을 보셨으면 하는 마음에서 전화했습니다. 정말 몇 달 만에 내가 웃음을 되찾았답니다."

알고 보니 그웬은 시카고에 사는 전업주부였다. 동생과 마찬가지로 그웬도 처음에는 간호사로 출발했다. 하지만 몇 년 후에 어느 제약회사에 영업직으로 직업을 바꿨다. 새 일은 그웬의 외향적인 성격과 직업적 열정에 딱 맞는 일이었다.

"정말 못 말리게 영업이 좋았어요. 나한테는 일이 아니라 즐거움이었거든요. 아, 그리고 돈도 너무 잘 벌었고요. 더 바랄 게 없었죠."

그웬은 자신의 커리어를 너무 즐겼기 때문에 세 아이를 낳아 기르면서도 거의 쉬지 않고 일했다. 일과 어머니로서의 책임이 충돌할 때마다 어려움도 있었지만 계속 일을 할 수 있도록 같은 영업직에 있던 남편이 항상 든든히 지원했다. 이 부부는 입주 보모를 고용해서 휴대전화로 계속 긴밀하게 연락을 취했다. 주말이 되면 부부도 아이들도 함께할 수 있었다.

그러던 어느 날 저녁 그웬이 또 한 차례의 긴 출장 끝에 돌아와 보모에게서 15개월짜리 아들을 받아안았는데 아들은 엄마를 못 알아보고 소리를 지르며 그녀를 밀어냈다. 그웬은 뼛속 깊이 충격을 받았다. 곁에서 지켜보던 남편도 마찬가지였다.

점점 커지는 죄책감에 짓눌려 그웬은 사직서를 냈다. 상관에게는 몇 개월 쉬고 오겠다고 약속했다. "집안일이 정상화되면 바로 복귀하겠습니다."

하지만 몇 주가 지나고 몇 달이 흐르면서 그웬은 조금씩 '정상적 가정'을 꾸미는 일에 빠져들게 되었다. 낮에는 종일 아이들을 레슨으로, 친구 집으로 태워다주며, 아이들과 관련된 자질구레한 약속에 분주했고, 저녁에는 식사를 준비하고, 숙제를 도와주고, 목욕시키고, 이야기책 읽어주기에 바빴다. 가족 차고를 개조한 그녀의 사무실에는 계속 읽겠다고 맹세한 업계 전문잡지들이 먼지와 함께 쌓여갔고 그 공간은 점차 스케이트 날을 가는 숫돌과 아이들이 학교 연극에서 입었던 의상들로 채워져갔다.

집에서 1년을 보낸 후 그웬은 못 다 이룬 화려한 커리어에 대해 슬픔까지는 아니지만 막연한 아쉬움에 계속 시달렸다. 그웬은 상사가 보낸 이메일을 차마 삭제하지 못하고 받은 편지함에 저장해 두었다가 반복해서 읽기도 했다. "언제든지 원하면 복직하세요. 당신의 팀원들은 당신을 필요로 하고 많이 보고 싶어한답니다."

그웬도 팀원들이 그리웠다. 하지만 과연 얼마만큼 보고 싶은 것일까? 몇 주 동안 그녀는 머릿속으로 저울질했다. 과연 자신이 전업주부가 되기로 선택한 것인가? 아니면 다른 선택을 하지 않았기 때문에 그냥 주부로 안주해버린 것일까?

이러한 갈등을 겪고 있는데 그녀의 여동생이 10-10-10을 소개하면서 다음에 또 답답한 상황이 있을 때 적용해보라고 권했다.

며칠 후에 또다시 그런 상황이 발생했다. "냉장고 청소를 하고 있었는데 내 손과 얼굴은 찬물과 세제로 뒤범벅이 된 상태였어요. 내 주변에서는 냉동실에서 내놓은 것들이 다 녹아내리죠, 새미가 머리가 터질 듯이 울어대지요. 그 순간 그냥 미치겠더라고요. 그때는 과연 정말로 내가 전업주부가 될 것인지 말 것인지를 선택해야 하는 순간이었어요."

그웬은 새미를 달래어 낮잠을 재워놓고 냉장고 청소를 마치고 커피 한 잔을 따랐다. 딸이 학교에서 돌아오기 전에 한 시간의 여유가 있었기에 그녀는 부엌에 앉아 10-10-10을 시작했다.

10-10-10의 과정을 밟아가면서 그웬이 처음 느낀 것은 두려움이었다. "만약 내가 집에 있는다면 단기적으로는 기저귀 갈고 토사물 치우기에 바쁠 것이고 두뇌는 녹슬 것이 뻔했지요." 그웬은 그 순간을 떠올리며 말했다. "약간은 지루한 삶을 살면서 내가 주부가 아니었다면 내 삶이 어떻게 되었을까 하는 생각을 했을 겁니다." 장기적인 10년 후의 시나리오를 생각해보았을 땐 "그때는 아

이들이 독립해서 집을 나갈 때죠. 아이들이 떠날 때 즈음이면 내 커리어의 기회도 끝나버린 상태이겠지요."

그러나 10개월 후의 시나리오를 도입하자 전혀 다른 세상이 펼쳐졌다. "앉아서 곰곰이 생각해보니 갑자기 나에게 첫 10과 끝 10 사이가 얼마나 소중한지 깨달았어요." 그녀는 이렇게 설명했다. "새미가 첫 골을 넣을 때, 또 엠마가 첫 플루트 연주회를 할 때, 알렉스가 처음으로 면도를 하는 순간 내가 함께할 수 있다는 거죠. 그러면서 내가 깨달은 것은 한 가지 꿈을 포기하는 대신에, 내가 포기할 수 없는 현실이 내 것이 된다는 것이었어요."

다른 어머니라면 그날 그 부엌에서 전혀 다른 결론에 도달했을 수도 있다. 그러나 그웬에게 10-10-10은 그녀 인생의 우선순위를 명확하게 해주었다. 그런 결정을 했다고 해서 그웬이 아기가 울 때마다 기뻐 날뛰거나, 아들의 아이스하키 시합이 끝나기를 기다리는 지루한 시간이 몹시 즐거워진다는 것은 아니다. 단지 자신의 가치관에 의거하여 자신이 할 수 있고, 또 더 중요하게는, 자신이 원하는 선택을 했다는 것이다.

때론 힘든 결론도 난다

그웬이 나를 찾아냈을 때는 웃는 것이 당연했다. 더 이상의 혼란은 사라졌고 대신 목적이 뚜렷할 때만 느낄 수 있는 마음의 평화가 자리잡았기 때문이다. 그러나 만사를 투명하게 하기 위해서 이 자리에서 미리 명확하게 밝히는 것이지만, 10-10-10의 과정이 항상 깔끔하게 해피엔딩으로 종결되는 것은 아니다. 10-10-10으로 도출되는 결과는 예상치 못한 의외의 답일 경우도 있다. 이 과정을 통해 과거에는 의식하지 않았던 자신의 가치관과 목표, 두려움과 꿈이 의식의 표면으로 드러나거나, 때로는 당신이 현상을 유지하기 위해 오랫동안 회피했던 선택을 할 수밖에 없기 때문이기도 하다. 어떤 10-10-10의 결론은 심각하게 힘든 결정일 수도 있다. 왜냐하면 이 과정은 다른 사람들에게 자신이 무엇을 진정 믿고 있는지, 또 어떻게 자신이 살고 싶은지를 다 털어놓을 것을 '요구'하기 때문이다. 변화란 쉽게 이루어지지 않는다는 것은 유구한 진리이다.

1년 전에 나는 한 대학에서 10-10-10에 대한 강연을 했다. 강연이 끝난 후에 한 학생이 나를 개인적으로 만나려고 뒤에 남아 있었다.

알고 보니 그는 사업가를 꿈꾸는 루마니아 출신 라즈반이라는 학생인데 고향에 돌아가면 휴대전화 회사를 차리고 싶어했다. 그런데 그에 따르면 문제는 고향 부쿠레슈티에서 웨이트리스로 일하며 자신과 함께 사업을 시작하려고 기다리는 오랜 여자친구였다.

"만약 미하엘라가 계약을 잘못 한다든지 실수를 하게 되면 어쩌지요? 그녀는 돈에 대한 개념이 명확하지 않아요. 그녀의 가족은 공산당원이거든요. 만일 그러면 나는 '미하엘라, 우리는 여기서 수익을 내야 되는 사업을 하는 거야'라고 말을 해야만 하고 그러면 그녀는 '수익? 돈이 그렇게 중요해? 이상이 더 중요한 거 아니야?' 하며 소리를 지르겠지요. 그러곤 언제나처럼 둘이 싸울 겁니다. 무슨 말인지 아시겠어요?"

나는 일단 분석을 시작할 만큼의 정보를 얻었다. 나는 라즈반에게 가까이 다가오라고 손짓을 한 후 과연 이 학생이 새로운 사업을 시작하면서 미하엘라와 함께 일을 해야 하는지 대해 10-10-10으로 풀어보기로 했다.

10분 후에 대한 답은 '예스'로서 라즈반은 매우 기뻐했다. 일단 미하엘라와의 갈등이 사라짐으로 그녀도 최소한 당분간은 새로운 사업에 자신의 모든 에너지를 쏟을 것이기 때문이었다. 라즈반의 말을 빌리자면 '노'라는 답은 미하엘라와 '제3차 세계대전'을 불러일으킨다는 것이다. 왜냐하면 미하엘라의 가족과 자신의 가족은 친한 사이이기 때문에 양가가 개입을 해서 라즈반의 마음을 돌리려고 들 것이기 때문이다.

10개월 후의 그림은 더 명확해졌다. 어떠한 선택을 하든 상황은 어두울 수밖에 없을 것이다. 라즈반에 따르면 둘이 함께 일을 하면 다시 매일 싸울 것이다. 그러나 헤어진다 해도 우울하긴 마찬가지

32

다. "우리는 몇 년 동안 사귀어왔거든요. 그리고 사랑하는 사이입니다." 라즈반은 애틋하게 말했다.

우리가 함께 10년 후의 그림을 그려보자 당장 라즈반은 대단히 불편한 사진을 들여다본 듯 얼굴을 찡그렸다. 만약 라즈반이 미하엘라에게 같이 사업을 하자고 제안할 경우 둘은 그때쯤에는 당연히 결혼한 상태일 것이고, 라즈반에 따르면, 그들의 삶은 '매일 전쟁터'가 될 것이 뻔하다는 것이다.

그때 내가 질문을 했다. "두 사람이 희망하는 바와 꿈이 근본적으로 달라서 그런가요?"

그는 대답하길 "우리 둘 사이의 공통점은 함께 오래한 시간뿐이거든요. 그것 가지고는 충분치 않다는 것도 압니다. 아마 평생 동안 서로에게 상처를 주며 살 겁니다."

거기까지 생각이 미치자 라즈반의 10-10-10 과정은 결론이 났다.

라즈반은 행복했을까? 당연히 아니다. 실제로 우리가 헤어질 때 그는 눈물을 글썽이고 있었다. 하지만 한편으로는 약간의 안도감도 느껴졌고 인생과 미래를 자신이 주도해가겠다는 결심도 엿보였다. 그랬을 때 행복이 기다리고 있다는 것을 그는 깨달은 듯했다. 때로는 10-10-10이 약속할 수 있는 건 그 정도일 뿐이다.

방울 방울 모여 큰 물결이 되다

2002년이 되자 그웬과 라즈반 같은 사람들에게서 들은 많은 이야기 덕분에 10-10-10이 뭔가 소중한 발견이라는 느낌이 확실해졌다. 그리하여 나는 10-10-10에 대해 내가 일과 가정의 병행을 주제로 정기적으로 기고하고 있던 『오, 디 오프라 매거진』에 글을 쓰기로 했다.

그러나 내가 '무엇인가 소중한 것을 발견했다'라는 느낌만 있었을 뿐이지 그 기사에 그렇게 엄청난 반응이 있을 줄은 정말 예상치 못한 것이었다. 감동에 찬 이메일과 편지 들이 쏟아져 들어오기 시작했다. 알고 보니 10-10-10은 한두 다리 건너 아는 사람들에게만 유용한 게 아니었다. 이 법칙은 남녀노소를 불문하고, 가깝거나 먼 곳에서, 크건 작건 중간이건 결정의 규모와 무관하게 적용 가능했고, 가정에서나 직장에서, 또 사랑, 우정, 자녀양육 등의 다양한 분야에도 유용했던 것이다.

내게 편지를 썼던 스물일곱 살의 공무원, 안트완 제퍼슨 같은 경우에도 효과를 보았다고 했는데, 그는 민원인 한 사람 한 사람에 대한 친절함으로 출발하여 복지제도를 탈바꿈시키겠다는 목표에 10-10-10을 이용했다고 전했다.

나는 이 사람이 도대체 어떻게 10-10-10을 그런 목표에 접목했다는 것인지 궁금했다.

그래서 나는 안트완에게 전화를 했고 나중에 그가 사는 필라델 피아에서 직접 만나서 그의 이야기를 들은 다음엔 10-10-10이 내가 상상하지 못했던 방식과 장소에서 유용하게 효과를 발휘한다는 것을 믿게 되었다.

안트완은 싸구려 공영임대 아파트 구역에서 편모슬하에서 자랐고 중학교 1학년 때 학교를 중퇴하여 결국 위탁가정에 맡겨졌다. 그는 위탁가정을 다섯 번이나 바꾸며 방황했다. 그 시절 안트완은 주로 혼자 텔레비전을 보며 외롭게 지냈고 형제들이 정말 그리웠다. 하지만 안트완의 인생에서 가장 중요한 경험은 열세 살, 열네 살 즈음에 자신이 주변 사람들과 전혀 다르다는 것을 깨달은 순간이었다. 그것은 비단 안트완이 동성애자이기 때문만이 아니었고 그의 남다른 낙관적인 인생관 때문이었다. 안트완은 힘들고 거친 세상살이지만 사람들이 서로에게 상처 주는 것을 멈추기만 한다면 더 나은 세상이 될 수 있다는 것을 굳게 믿었다.

내 기사가 발표되기 몇 달 전 안트완은 그 주에서 가장 바쁜 복지사무소에서 일하게 되었다. 그의 임무는 민원인을 맞이하고 복지수당 신청을 도와주는 일이었다. 다른 사람을 도울 수 있다는 생각에 안트완은 무척 기뻤다. 그러나 그 흥분은 곧 절망으로 변했다. 매일 그의 주변에서 동료들이 복지사무소를 찾아오는 민원인들에게 무례하게 대하고 무시하는 것을 보았다. "복지수당을 신청한다는 것은 보통 그 사람 인생의 최저점이지요. 다들 수치스럽게 생각합니다. 복지제도가 사람들의 사기를 끌어올려줘야지 짓밟아서는 안 되는 거잖아요."

어느 날 밤 근무시간 후에 안트완은 사무실의 분위기와 절차를 변화시킬 것을 호소하는 열정에 찬 선언문을 작성했다. 안트완도 그 내용이 쉽게 받아들여지지 않을 것을 알고 있었다. 그리고 그 선언문을 누나 티파니에게 보여주었을 때 누나는 동생에게 부드럽게 경고했다. "안트완, 모든 사람들이 너를 미워하게 될 거야."

그 후 몇 시간 동안 안트완은 자신이 직장에 이런 제안을 했을 경우 10-10-10의 결과들을 생각해보았다.

그의 생각에 따르면 10분 후는 정말 힘든 시간이 될 것이다. 이미 그는 직장 동료들에게 운을 띄워보았으나 그의 제안은 즉각 무시되었다. 그들의 반응은 '멀쩡한 보트를 왜 흔드냐'는 것이었다.

안트완이 예측하기로 10개월이 흐른 뒤에도 동료들과의 갈등은 여전히 존재할 것이다. 혹은 안트완이 사무실의 내부경찰 역할을 포기하지 않음으로써 상황은 더욱 악화될 수도 있었다. 그러나 반면에 안트완이 입을 다물고 있으면 그 위선의 중압감에 자신이 견딜 수가 없을 것이라는 염려가 되었다. 두 가지 다 끌리지 않는 선택이었다.

그러나 10년 후의 시나리오를 떠올리자 자신이 어떻게 행동해야 할 것인지가 명확해졌다.

"10년 후를 생각해보니 우리 주의 복지제도를 개선할 수만 있다면 나는 그 모든 압력을 감당할 의지가 있고 심지어 원한다는 것을 깨달았습니다. 그때 떠오른 생각은 '내가 아니면 누가 할 것인가?' 하는 것이지요. 누군가는 변화를 이끌어야 하고 나 같은 낮은 직급에서라도 시작해야 한다는 것입니다."

다음날 안트완은 자신의 상관을 만나 사무실에 팽배해 있는 냉소적인 분위기에 대한 우려를 전하고 민원인들에 대한 부당한 대우를 이야기했다. 그녀는, 안트완의 기억으로는, 그 선언문을 상당히 긍정적으로 받아들였다. 그러나 이를 전체 직원회의에서 거론했을 때 동료직원 모두 안트완을 따돌리기 시작했다.

안트완의 상관은 이러한 사태를 수습하기는커녕 그가 멀리 떨어진 다른 복지사무소로 전근을 가는 것이 어떻겠느냐고 제의해왔다.

안트완은 이에 동의했다. 최근에 그는 내게 이렇게 말했다. "그 말을 듣고 단 한 순간도 후회하거나 기분이 나쁘지 않았어요. 그냥 옳은 일을 했다는 기분이었습니다."

오늘날 안트완은 계속해서 가정이나 직장에서 생기는 모든 딜레마에 10-10-10을 적용하고 있다. 실제로 최근에는 어머니에게 이 법칙을 가르쳐주었는데 어머니가 이를 즉시 활용하여 어머니의 인생을 바꿀 수 있는 큰 결정을 했다고 한다. 안트완의 어머니는 쉰넷이라는 나이에 자기 사업을 시작하고자 연수 프로그램에 등록한 것이다. "우리 어머니 인생의 새 출발이랍니다. 자신의 미래를 열어가려는 모습을 처음 보았어요."

세번째 10과 즐거운 인생

그녀의 새 출발 소식은 정말 멋진 것이었다. 10-10-10은 미래를 염두에 두고 결정을 하도록 도와주며 현재에 고착되는 것을 막아준다. 그러나 10-10-10의 목적이 '오로지' 의사결정 과정에서 장기적인 안목이 필요함을 상기시켜주는 것만은 결코 아니다.

물론 10년 후를 의식하게 해준다는 것은 10-10-10의 목적 중 하나이며 매우 훌륭한 기능이다. 우리는 너무 자주 순간을 모면하기 위한 결정을 내리곤 한다. 토라진 아이를 달래기 위해, 또는 가족을 실망시키지 않기 위해, 너무 복잡해진 스케줄을 정리하기 위해 또는 화난 동료를 무마하기 위해 즉각적 효과를 노린 결정을 하곤 한다. 10-10-10의 세번째 10은 그러한 경향을 줄여줄 수 있는 강력한 방법이다. 우리가 인생의 더 크고 깊은 목표를 위하여 일시적인 고난이나 어려움을 견딜 가치가 있는지 없는지를 판단할 수 있게 해준다는 것이다.

그러나 어느 누구도 모든 결정을 장기적인 결과에만 근거해 내려서는 안 될 것이다. 첫째, 지나친 신중함으로 당신의 일상생활은 엄청나게 지루해질 것이 뻔하기 때문이다. 자연스러운 즉흥성을 인생에서 완전히 배제하지 말아야 한다. 그러나 세번째 10에만 관점을 고정시키지 말아야 하는 가장 큰 이유는 위험부담이 매우 크다는 것이다.

이것은 내가 피트 터켈의 사례에서 배운 것이다.

내가 AP통신 보스턴 사무소에서 26세의 기자로 재직했던 1980년대 중반에 피트는 야간 편집장이었다. 당시 내가 피트를 만났을 때 나도 야간 담당 기자로서 자정에 출근해서 아침 여덟 시에 퇴근했는데 이상하게도 그 시간대가 되면 그렇게 햄버거와 맥주가 먹고 싶었다. 신체시계가 엉망으로 흐트러져 불편했지만 적어도 나는 아침식사와 저녁식사 때 친구와 가족을 볼 수 있었다. 그러나 피트는 오후 네 시에 출근해서 자정에 퇴근하므로 아무것도 할 수 없었다. 아이들이 등교하고 부인이 출근할 시간에 잠을 자야 했고 가족들이 돌아와 식사를 할 시간에 회사로 출근해야 했다.

어느 날 나는 근무시간에 대해 불평불만을 늘어놓던 중에 나보다 스무 살 많은 피트에게 불쑥 말해버렸다. "어떻게 이런 근무시간에 견딜 수 있어요? 혼자 다른 별에 사는 것 같지 않아요?"

오늘날까지 피트가 그렇게 시건방을 떠는 나를 한 대 치지 않은 것을 존경하는 바이다. 대신 그는 친근하고 선해 보이는 미소로 답했다. "수지, 당신도 나이가 들어 자기 살림도 하고 아이들도 키우게 되면 알게 될 거예요. 나는 이 시간대에 일하니까 돈을 더 받잖아요. 이대로 일하기만 하면 더 일찍 은퇴할 수 있고 은행대출을 받지 않고도 아이들을 대학에 보낼 수 있고 선착장이 딸린 호숫가의 집도 살 수 있거든요. 내가 이 직장에서 마지막으로 저 문을 나설 때면 내가 일한 모든 순간들이 의미가 있을 거예요."

내가 AP통신을 떠난 지 1년 뒤에 피트는 교통사고로 사망했다(그의 부인도 치명상을 입고 후에 사망했다). 나는 피트가 동기는 좋았지만 평생 인생을 제대로 즐기는 것을 미루다가 죽고 말았다는 생각을 떨칠 수 없다.

나는 요즘도 피트 생각을 하곤 한다. 그의 삶을 떠올릴 때마다 10-10-10 결정의 장기적인 영향을 고려하는 것이 중요하긴 하지만 그것이 단기적, 중기적 결과보다 '언제나' 더 중요한 것은 아니라는 생각이 든다. 물론 먼 미래는 우리가 일반적으로 생각하는 것보다는 더 중요하기 때문에 평소 생각할 때 더 많이 고려에 넣어야 한다. 하지만 결코 그밖의 다른 모든 시간대보다 더 중요하지는 않다.

시간은 얼마나 걸릴까

10-10-10에 대해 부정적으로 말하는 경우는 주로 시간에 관한 것이다. 일반적으로 이런 이야기다. "그런 걸 하기에는 너무 바빠서요."

인생을 바꿀 만한 큰 결정에는 10-10-10이 한 시간, 또는 그 이상 걸릴 수도 있는 것이 사실이다. 나중에 만나게 될 광고회사 여성임원은 아들이 유전적 정신질환이라는 진단을 받자 직장을 그만둘 것인지를 결정하기 위해 10-10-10을 활용했다. 의학적인 소견을 수집해야 했기 때문에 그녀의 10-10-10 과정은 2주에 걸쳐 진행되었다.

그러나 일반적으로 10-10-10은 좋은 결정을 내릴 수 있을 만큼만 시간을 쓴다. 시간을 허비한다기보다는 현명하게 시간을 투자하는 것이다.

내가 작년에 만난 나탈리를 보자. 그녀는 기술회사의 경영자이다. 바쁜 회사일정에도 불구하고 나탈리는 고등학교 운동선수인 두 명의 십대 아들과 18년 동안 같이 산 남편의 삶에 깊이 관여하려 애쓰고 있었다. 그녀는 대체로 집안일과 회사일을 조화롭게 잘 관리하는 편이지만 간혹 예기치 못한 사태가 생기면 때로는 생각지 못했던 결정을, 그것도 빨리 내려야 할 때가 있다.

나탈리의 삼촌 찰리는 나탈리가 평소 자주 만나는 친척이 아니었다. 그러나 찰리가 여든셋의 나이로 세상을 뜨자 장례식에 가야 하는가 하는 결정에 생각보다 많은 스트레스를 받았다. "개인적으로 거의 모르는 분이었어요. 어머니의 시동생이었거든요. 하지만 내가 참석하면 부모님과 친척들에게 큰 위안이 될 것을 알고 있었어요. 고인에 대한 존경심이라고 생각하실 거예요."

거기까지 생각이 미치자 나탈리는 장례식에 참석해야 한다고 결정했다. 직장에서 일찍 떠나기 위해 계획을 짜고 막 퇴근하려는 순간 열다섯 살짜리 아들이 문자메시지를 보냈다. "축구 연습에 태워다줄 사람이 못 오게 되었으니 엄마가 태워줄 수 있나요?" 나탈리가 답을 하기도 전에 또다른 문자메시지가 도착했는데 이번엔 남편이었다. "회사가 늦어질 것 같으니 당신이 치열교정하는 둘째를 나 대신 치과에 데려다줄 수 있을까?"

"흠, 이러면 장례식은 물 건너갔네." 나탈리는 한숨을 내쉬며 어머니에게 전화하기 위해 수화기를 들었다. 그러나 그녀는 멈칫했다. 이 문제로 10-10-10을 해보면 어떨까? 다른 워킹맘에게서 배운 것인데 여러 가지 일과 가정을 병행하며 생길 수밖에 없는 사소한 갈등들을 풀어가는 데 적용해왔던 터였다.

나탈리는 자신의 문제를 얼른 다음과 같은 질문으로 정리했다. "과연 찰리 삼촌의 장례식에 가야 하는가?"

10분 후를 생각하니 '노'라고 답을 하면 인생이 훨씬 편해질 것이다. 조시를 태워다줄 다른 사람을 찾지 않아도 되고 토드의 예약을 다시 잡기 위해 치과의 무뚝뚝한 직원과 스케줄을 조정하느라 씨름하지 않아도 된다. 얼마나 다행인가?

10개월 후의 시나리오. 안 가기로 한 결정의 여파를 생각하니 그녀는 자기도 모르게 움찔했다. 삼촌에게 작별인사를 할 수 있는 기회는 단 한 번뿐이다. 뿐만 아니라 그녀가 사랑하는 연로한 친척 몇 분들을 아마 마지막으로 보는 기회가 될지도 모른다.

그러면 10년 후에는? 부모로서 나탈리는 옛날부터 '말보다 실천'이라는 오래된 믿음의 신봉자였다. 아이들에게 존경심과 책임의 가치를 가르치려면 그녀 자신이 모범을 보여줘야 했다.

나탈리는 아들의 휴대전화 번호를 눌렀다. "조시, 내가 도와줄 수가 없구나. 삼촌의 장례식에 가는 건 아주 중요한 일이야. 이럴 때 가족에 대한 사랑을 보여줘야 하는 거란다. 코치한테 전화해서 데려다줄 사람을 구해달라고 부탁하렴." 그리고 아들이 다니는 치과에 전화를 해 예약을 취소했다. 시간 여유가 있을 때 다시 잡으면 되리라 생각했다.

끝으로 장례식이 열리는 가족 교회로 가는 중에 남편에게 전화해서 자신의 결정을 설명했다. 남편은 설명을 듣더니 "나도 당신과 함께할게"라고 했다. 처음에 나탈리는 그 말이 "당신 말에 동의해"라는 뜻인 줄 알았다. 그런데 알고 보니 진짜 함께 가겠다는 뜻이었다. 남편은 상사에게 이메일을 남겨놓고 달려와 나탈리와 함께 장례식에 참석했다.

후에 내가 나탈리에게 10-10-10을 하는 데 시간이 얼마나 걸렸는지 물어봤더니 그녀는 놀란 듯 웃으며 답했다. "글쎄요, 한 2분?"

하지만 나는 놀라지 않았다. 오래 끈 딜레마도 10-10-10으로 그 정도의 시간에 해결하는 것을 보았기 때문이다.

몇 년 전 어느 여름밤에 저녁식사 준비로 양파를 썰고 있는데 딸 소피아가 부엌에 들어왔다. 홀라댄스 사건은 옛말이고 소피아는 잘 자라 글 쓰는 것을 즐기고 내 흉내를 똑소리 나게 내고 테니스 백핸드가 일품인 아가씨가 되었다. 테니스 실력은 딸의 방에 걸려 있는, 우수선수에게 수여하는 '바시티 레터'가 증명하고 있다.

딸이 조용히 말했다. "엄마, 말씀 드릴 게 있어요. 나 테니스 그만둘래요."

나는 가슴이 철렁했다. 그 전해에 소피아가 옛날보다 연습을 덜 하는 것을 알고 있었고 경기가 더 이상 즐겁지 않다는 말을 들었던 기억이 있다. 그럼에도 나는 그냥 지나가는 슬럼프이기를 은근히 바라고 있었던 것이다. 나는 하던 일을 모두 멈추고 최대한 침착한 목소리로 말했다. "절대로, 결단코, 백 퍼센트 안 돼. 여기까지 오기 위해 우리가 얼마나 노력하고 공을 들였는데 여기서 포기할 순 없어."

나는 소피아와 언쟁을 하게 될 줄 알았는데 그 애의 반응에 놀라고 말았다. 흥분도 하지 않고 어깨를 으쓱하더니 이렇게 말했다. "좋아요. 그럼 10-10-10을 해보지요. 질문은 이렇게 하면 어때요? '소피아가 지겨워 죽을 것 같은 운동을 과연 계속해야 할까?'"

"사적인 감정은 배제한 질문이 더 낫겠지만, 좋아. 해보자."

소피아는 자기 주장을 펴기 시작했다. 세 개의 시간대 모두에서 테니스에서 벗어나면 자신이 순수하게 즐기는 것들을 할 수 있다는 것이다. 그리고 테니스를 완전히 그만두는 게 아니라 취미로는 계속 치겠다는 말이었다.

"대학에 들어가려면 운동선수가 얼마나 유리한데. 10개월 후면 입학인데 정말 도움이 될 거야. 대학 측에서도 힘들다고 그만두지 않고 끈기와 근성을 발휘하는 학생들을 선호하거든." 나는 반박했다.

그녀도 지지 않았다. "대학에서도 진짜 소피아가 누구인지 알아야 해요. 대학 가서도 테니스 칠 건 아니잖아요. 엄마, 솔직히 내가 그렇게 잘 치는 것도 아니잖아요. 경기마다 지는데 신이 안 나죠. 내가 좋아하는 스포츠가 아니라 사실 엄마가 더 좋아하는 거예요."

물론 그녀가 옳았다. 하지만 나는 아직 항복할 수 없었다.

"네가 커서 10년, 20년 후에 친구와 테니스 칠 수 있으면 좋겠다 싶을걸? 나랑도 치고. 우리가 같이 치면 좋잖니?"

소피아는 슬쩍 웃으며 말했다. "엄마의 어설픈 서브 정도는 난 한 손 뒷짐 지고도 쳐낼 수 있거든요." 그녀는 마지막 일격을 가하기 전에 잠시 사이를 두었다. 아마 치명적 일격임을 알고 있었던 것 같다. "엄마, 이 결정은 내 인생에 대한 것이잖아요."

그 말을 듣자 나도 웃을 수밖에 없었다. 게임은 끝났다. 소피아는 정정당당하게 이겼다. 10-10-10이 우리의 착실한 심판이 되어주었다.

자연스러운 삶의 일부

10-10-10은 항상 할 수 있다. 딜레마의 크기와 상관없이 세부 사항은 달라도 할 수 있는 것이다. 내가 10-10-10을 발견한 그날 아침 이후, 아니 10-10-10이 나를 찾아온 후, 이 법칙은 더 풍성한 형태로 발전했고 사람들의 입을 타고 모든 경계를 초월하여 전파되었다.

왜냐하면 효과가 있기 때문이다.

온 세상이 빛보다 빠른 속도로 움직이고 모든 결정이 냉혹하리만큼 복잡해진 세상에서 10-10-10은 우리가 어떤 선택을 할 때마다 목적이 뚜렷한 삶을 지향할 수 있게 도와준다. 이 법칙을 적용하면 자신의 삶을 밖에서 들여다보고 나서 충격을 받거나 당황해하거나, 혹은 마음속에서 영원히 녹슬어갈 후회에 시달릴 일들을 줄여준다. 내가 원하는 것이 커리어 우먼인지 어머니인지, 둘 다인지, 혹은 계속 사귀어야 하는지 헤어져야 하는지, 이 직장이 계속 다닐 만한 가치가 있는지 하는 결정들에 도움을 준다는 것이다.

10-10-10은 이유가 충분치 않았던 결정에 이유를 제공해주고,

직감으로만 내리던 결정에 충분한 숙고를 더해준다. 그리고 불투명한 것들을 투명하게 만들어준다.

혹은 안트완이 언젠가 말했듯이 10-10-10은 "주변 소음을 가라앉혀주기 때문에 정말 생각해봐야 할 것들을 제대로 볼 수 있게" 해준다. 그렇게 되면 10-10-10을 '인생을 관리해주는 도구'라고 했던 나의 정의로 다시 돌아오게 된다.

사실 10-10-10을 꾸준히 사용하면 이 10-10-10은 도구, 과정, 장치, 방법론이라기보다는 차라리 영구히 이어지는 심장박동이 된다.

즉 자연스러운 삶의 일부가 되는 것이다.

2장

우리는 왜 직감만으로 선택할까

본능과 10-10-10

어느 날 나는 안트완 제퍼슨과 함께 복지부서에서 그가 시작한 캠페인에 대해 이야기하던 중에 10-10-10을 알기 전에는 어떻게 의사결정을 해왔는지를 그에게 물어보게 되었다. 이 질문에 그는 긴 한숨을 내쉬었다. "글쎄요, 그냥 감으로 한 것 같은데요." 그러한 기억이 기가 차기도 하고 신기하기도 한 듯 그는 고개를 절레절레 흔들었다. "그리고 말이 나왔으니 말인데 그렇게 결정을 즉흥적으로 할 때는 결과가 안 좋았던 경우가 더 많았어요."

이 책을 위해 인터뷰를 했던 거의 모든 이들이 비슷한 이야기를 했다. 캘리포니아의 한 교사가 한 말이다. "30년 동안 나는 뱃속의 느낌으로 결정을 했어요. '어, 뭔가 이상한데!'라는 느낌인데요, 한 30퍼센트는 적중했어요." 뉴저지에 사는 세 아이의 어머니는 남편과 친구들에게 조언을 구한 다음 그중 가장 마음에 드는 견해를 선택해왔다고 말했다. "그러니 누구도 내가 왜 그런 결정에 도달했는지 이해할 수가 없었지요." 또 한 명의 10-10-10 추종자가 한 말이다. "그냥 결정이 저절로 나기를 기다렸다고 할 수 있어요."

이런 의견들을 듣다보니 궁금해지는 것이 있었다. 10-10-10이 사람들의 의사결정 방법을 획기적으로 바꾸었다고 하는데 그렇다면 일반적으로 결정은 어떻게 내려지는 것일까? 그리고 10-10-10을 시행하면 결정의 과정이 어떻게 달라질까?

뷰티풀 마인드

물론 내가 과학자는 아니다. 과학이라면 우리가 '썩은 자니'라고 이름을 붙인 돼지 태아를 같은 반 친구와 함께 실험실에서 해부해본 것이 마지막 기억이다. 그러나 지난 2년간 나는 심리학, 신경학, 행동경제학, 진화생물학 전문가들의 도움을 받으며 두뇌가 어떻게 작동하는지를 공부하는 데 주력해왔다. 이 전문가들의 통찰력과 과학 전문 자료들로부터 얻은 지식을 토대로 나도 어떻게, 그리고 왜 10-10-10이 이렇게 효과가 있는지에 대한 나름의 혜안을 얻게 되었다.

내가 공부한 바에 따르면, 인간의 정신은 진화의 산물로서 가장 평범한 사회적 상황에서 우리를 이끌어주고 보호해주기 위해 설계되었다. 예를 들어 우리는 사람들과 친분을 쌓거나 거래를 성사시키거나 타인의 동기를 파악하는 능력이 뛰어나다. 리더를 뽑거나 팀으로 일하거나 친구인 척하는 적을 감지해내는 능력도 있다. 이런 능력들은 문명의 초창기에 생존을 위해 투쟁했던 인간들에게 매우 유용했고, 진화 중 자연선택의 절차를 거치면서 오늘날 우리의 신경계에 유전적으로 각인되어 있다.

우리 두뇌는 여러 종류의 사회적 관계에 대한 적성은 매우 발달했지만 우리의 마음은 여러 개의 변수와 여러 다른 시간대를 고려해야 하는 결정을 내리는 데는 익숙하지 않다. 그건 그럴 만한 이유가 있다. 인간은 득과 실을 따질 때 미래에 일어날 일에 대해서는 그 가치를 평가절하하는 경향이 있다. 심리학적 용어로는 이런 현상을 '과장된 가치폄하'라고 하는데 쉽게 말하자면 사람들은 미래란 없는 듯이 생각하거나 미래가 매우 이상적일 것이라고 가정하고 행동하려 한다는 것이다.

이런 효과를 입증하는 연구는 무수히 많다. 1999년 존스 홉킨스 의대에서 발표한 보고서에 따르면 관상동맥 우회수술이라는 엄청난 고통을 겪은 환자의 80퍼센트가 향후 재수술을 예방하기 위해 꼭 필요한, 비교적 간단한 생활의 변화도 실천하지 않고 계속 기름진 음식을 먹고 담배를 피우고 술을 마시며 운동을 회피한다는 것이다.

그러나 인간이 일반적으로 자기 행동에 장기적인 영향이나 결과를 무시하려 한다는 증거는 굳이 과학적 연구를 근거로 들지 않아도 쉽게 찾을 수 있다. 초대를 받거나 도움을 요청받았을 때 정작 그때가 되면 너무 바빠서 약속을 지키지 못할 것을 뻔히 알면서도 수락한 경우가 누구나 몇 번은 있을 것이다. 또 우리 모두가 꼭 한다고 하고는 운동을 빼먹거나 마지막 와인 한 잔을 절제하지 못하거나 브라우니 케이크를 마지막 부스러기까지 먹어치운 경험이 있다. 사람마다 정도의 차이는 있겠지만 우리의 정신세계 깊숙이 "먹고 마시고 즐기자. 내일이면 죽을 목숨인데"라는 사고방식이 자리잡고 있는 것이다.

　물론 '오로지' 현재만을 생각하고 행동하는 사람은 거의 없다. 나름대로 과장된 가치폄하의 현상과 맞서 싸우고 의사결정 과정에 장기적인 안목을 반영하도록 '강요'하는 적응 메커니즘을 만들어내기도 한다. 그리하여 어떤 이들은 일기나 수첩에 일지를 적어 생각을 정리하기도 하고 어떤 이들은 찬반 리스트를 꼼꼼하게 작성해보기도 한다. 내 친구 중에는 기도로 하느님께 물어보지 않고는 절대로 어떤 결정도 내리지 않는 이들도 있고, "절대 혼자서는 결정 내리지 않는다"라는 모토로 사는 친구들도 있다. 10-10-10을 시작하기 전에는 나도 여럿이 결정하는 방법을 선호했다. 엉망으로 얽히고설킨 딜레마가 생길 때마다 언니들에게 상의했는데, 다행히 두 사람 다 먼 미래를 염두에 두고 깐깐하게 따지는 사람들이었다.

하지만 현실적으로 생각해보자. 우리가 360도 전방위적 의견이 필요하다고는 하지만 매번 일지를 참조할 여유가 있거나 합리적 사고를 하는 언니 두 명이 입회한 자리에서 결정을 내릴 수 있는 경우는 거의 없다. 종국에는 많은 결정들이 너무나 사적이고 너무 복잡해서 편의상 또는 관습적으로 혼자 내려야 하는 것들이다.

그래서 10-10-10이 필요한 것이다. 모든 가능한 선택과 그 선택의 결과를 표면화하고 자신의 가치관과 일치하는 선택으로 이끌어줌으로써, 10-10-10은 우리 마음의 생산적인 활동을 방해하는 것들을 피해갈 수 있게 도와주는 것이다. 이 법칙은 우리 스스로를 돕기 위한 도구이다.

위대한 유산

10-10-10이 어떻게 그런 효과를 낼 수 있는지를 이해하기 위해 우리는 (아주 잠시만!) 18세기로 돌아가볼 필요가 있다. 1738년 네덜란드-스위스계 수학자였던 다니엘 베르놀리는 다음과 같이 주장했다. 여러 가지 변수가 있는 결정을 내려야 할 때, 사람들은 변수마다 가능한 결과와 그 경중을 따져본 후 자신의 이익을 최대화할 수 있고 손해를 최소화할 수 있는 선택을 한다는 것이다. 간

단히 말하자면, 자신에게 가장 높은 '가치'를 가져다주거나 혹은 가장 득이 되는 결정을 내린다는 것이다.

베르놀리의 아이디어는 큰 반향을 불러일으켜 2세기가 지난 후 프린스턴 대학의 존 본 뉴먼과 오스카 모르겐스턴이라는 학자가 이를 전수하고 더욱 발전시켜 이것을 '기대효용 이론'이라고 불렀다.

그런데 기대효용 이론의 문제는 다소 현실과 맞지 않는다는 것이다. 사람들은 결코 정기적으로 가능한 모든 선택과 각각의 위험 부담을 면밀히 검토하지 않는다. 또한 습관적으로 그 선택이 가져올 파급효과에 대해 평가하지도 않는다. 다시 말해서 사람은 항상 합리적으로 행동하지 않는다는 것이다.

인간행동의 합리성을 저해하는 요인들은 정말 많다. 뭐랄까, 그건 살아 숨 쉬는 사람이라면 누구나 안다고나 할까? 시간의 압박, 주변 사람들의 압력, 정보의 부재 혹은 과다, 그밖에도 이 리스트는 끝이 없다. 그러나 이 모든 조건들의 공통된 결과는 스트레스이다. 이 스트레스야말로 합리적 사고의 적이다. 스트레스를 받으면 혈압이 오르고 맥박이 빨리 뛰고 아드레날린이 정맥을 따라 휘몰아치게 된다. 때로는 이 반응이 우리의 집중력을 높이고 동기를 강화하여 거의 슈퍼맨과 같은 힘을 발휘하게 하는 좋은 면도 있다. 예를 들어, 내 친구인 스카이는 끔찍한 자동차사고 직후 운전석에서 뛰쳐나와 뒷좌석에 꼼짝 못 하고 묶여 있던 여동생을 구출했다. 동생을 안전하게 구해낸 후에야 스카이는 자신도 다쳤다는 것을 깨달았다. 골반이 박살 난 상태였던 것이다.

하지만 생사가 달린 극한 사태를 제외하고는 스트레스는 일반적으로 건전한 의사결정에 방해가 된다. 스트레스 호르몬이 분비되어 체내를 돌면서 이 호르몬은 두뇌에서 복잡한 이성적 사고를 담당하는 부위인 전전두피질을 장악하게 된다. 스트레스가 치솟아 불안으로까지 치달으면 신경전달물질이 잘못 발화하면서 심리학자들이 '폐쇄 고리 사고'라고 부르는 상태를 유발한다. 이 상태에서 사람들은 머릿속에서 뱅뱅 도는 노래를 떨쳐버리지 못하는 것과 같이 한 가지 걱정에 집착하기 시작한다. 그 결과로는 혼란을 느끼거나 사고에 마비가 오거나 아니면 둘 다를 느낄 수도 있다. 하와이에서 10-10-10의 대발견이 있기 직전에 내 머릿속에서는 내 인생의 주변인물들의 목소리가 아우성치고 있었고, 내 두뇌도 그 가운데 완전히 무너져내리고 있었던 것 같다.

일출과 반짝이는 아이디어 덕분에 살았던 것이다.

그러나 대다수의 경우에 결정을 못 해 스트레스를 받고 있을 때는 두뇌가 비상 발전기를 가동해 구조해준다. 바로 본능적 직감이다.

잠재의식 가라사대

얼마 전 나는 팔꿈치가 아파 재활치료를 받고 있었는데 물리치료사가 아픈 관절이 요즘 뭐라고 '말하더냐'고 물었다. "당신 몸의 소리에 귀를 기울여야 해요. 우리 뱃속 깊숙한 데서 나는 목소리 말이에요. 몸의 소리는 아주 지혜롭거든요."

나는 고개를 끄덕였다. 다른 사람과 마찬가지로 나도 본능적인 느낌이 때로 번뜩이는 통찰을 준다는 데 동의한다. 어찌 보면 그것은 패턴을 인식하는 것이다. 당신의 잠재의식은 이렇게 말하고 있는 것이다. "이봐, 이런 일은 전에도 겪었잖아. 이번에는 제발 과거의 교훈을 고려해서 결정하자고."

하지만 누군가가 직감의 '지혜'를 논할 때마다, 특히 진정으로 여파가 크고 쉽지 않은 선택을 두고 감을 운운하면, 나는 저항감이 든다. 사실 나는 두 번의 개인적인 경험을 통해 직감이나 느낌이 의미있고 일관성 있는 지침으로 얼마나 부족한지 잘 알고 있기 때문이다.

첫번째 경험은 내가 스물한 살 때였는데 저널리즘 쪽의 일자리를 찾아 헤매다 면접을 보러 캔자스시티에 가게 되었다. 신문사를 나와 내가 묵고 있던 호텔로 걸어가기 시작했을 때가 저녁 일곱 시였는데 한 시간 후에 나는 완전히 엉뚱한 곳을 헤매고 있었고, 길을 잃었다는 것을 인정하지 않을 수 없었다. 바로 그때 카우보이모자를 쓴 풍채 좋은 중년남자가 하얀 캐딜락을 내 앞에 세웠다. "아가씨, 외지 사람인 듯한데 내가 도와드리리다."

대다수의 젊은 여성처럼 나도 평생, '착한 사람'이라는 국가 공인 마크가 이마에 찍힌 사람이 아닌 한, 낯선 남자의 차를 얻어탄다는 것은 자살행위라고 귀에 못이 박이도록 듣고 자랐다. 하지만 그날 나는 순한 인상에 벌어진 앞니를 보이며 웃고 있는 이 남자를 한 번 척 보고는 냉큼 앞자리에 올라탔다. 결론은 내 호텔 문 앞까지 편하게 차를 얻어타고, 성격 좋은 이 아저씨의 멋진 부인과 자녀, 손주들 이야기를 자세히 들었다는 해피엔딩이다.

작별인사를 하면서 나는 그 사람의 친절에 감사하며 거의 사과조로 말했다. "내가 선생님 차를 탔다는 게 믿기지가 않아요."

이 남자의 대답이다. "그거 아세요? 나도 믿기지가 않소."

이제 2년 후로 빨리 감기를 해보자. 나는 또다시 길을 잃었다. 그런데 이번에는 결국 나중에 일자리를 구했던 마이애미에서였다. 나는 취재차 나갔다가 마이애미 공항 뒤쪽의 미로같이 얽힌 무서운 거리에서 우회전을 잘못했거나 좌회전을 잘못하는 바람에 (둘 다일 수도 있다) 길을 잃었다. 그때 비도 쏟아지는 상황에서 내 차가 그만 고장이 나버렸다. 이때는 휴대전화 이전의 시절이었고 나는 빨리 이 거리를 벗어나 뉴스 담당자에게 내가 목적지를 못 찾았다고 알리고 싶었다. 나는 답답함에 거의 울 지경이었는데 트럭을 탄 한 남자가 내 앞에 차를 세우더니 몰아치는 태풍을 불사하고 내 차 창문 옆으로 다가왔다. "도와드릴까요? 여기서 1마일 떨어진, 웨스트 플래글러를 지나자마자 있는 주유소로 가는 길인데 거기까지 태워다드릴게요."

나는 그 남자를 보며 생각했다. '내가 미쳤니?'

그런데 재미있는 것은 그 남자도 선해 보였다는 것이다. 이 남자도 펑퍼짐한 얼굴에 편안한 인상이었다. 나이는 내 또래였고 약간 잘생기기까지 했다. 하지만 무슨 이유에서였는지 나는 그에게 누군가 나를 도와주러 오는 중이라고 둘러댔다. 실제로는 한 시간이나 흐른 후 지나가는 경찰차를 만나서야 견인차량도 부르고 집에도 갈 수 있었다.

그 후 한동안 나는 웨스트 플래글러 가 근처에서 도와주겠다는 이의 호의를 단칼에 거절한 순간적인 판단에 대해 정말 부끄럽게 생각했다. 내가 기자생활 2년 만에 정말 냉소적인 인간이 되었구나 하는 반성이었다.

그러던 어느 날 당시 범죄기사 담당이었기 때문에 담당구역인 경찰서를 어슬렁거리다가 친하게 지내던 조 로다토 형사의 책상 위에 쌓여 있는 범죄자 검거 사진을 보게 되었다. 그 사진더미 맨 꼭대기에 있던 사진 속 주인공이 누구였는지 짐작이 가리라 믿는다.

"저기, 조?" 그 사진을 손가락으로 가리키며 묻는데 내 목소리가 떨리고 있었다. "이 사람은 무슨 죄를 저질렀지요?"

"그놈이요?" 조는 질색이라는 듯 찡그리며 말했다. "안 한 짓이 없죠."

이 두 가지 이야기를 통해 독자들은 직감이란 상당히 적중률이 높다고 결론 내릴지도 모르겠다. 결국 내 직감이 두 번이나 적중했으니까 말이다. 하지만 이것을 생각해보자. 두 번 다 직감은 내게 아무것도 가르쳐준 것이 없다. 캔자스시티에서의 내 직감은 "이 사람을 따라가라"라고 했다. 마이애미에서는 "이 사람을 따라가지 말라"라고 했다. 그 이유는 전혀 알 수 없었다. 오늘날까지 내가 그냥 운이 좋았던 것이 아닌가 생각하기도 한다.

그렇다고 내가 결코 느낌이나 직감을 폄훼하자는 것은 아니다. 말했듯이 사소한 결정에는 매우 유용할 수가 있고 감에 의존할 수밖에 없는 상황도 많다. 그러나 남에게 그 이유를 설명할 수 있을 만큼 타당한 결정을 내리기 위한, 완전히 믿을 만한 방법이 아니라는 것이다. 특히 뚜렷한 목적이나 의식을 가지고 삶을 결정해가는 라이프 스타일에서는 맞지 않는 방법이다.

인간이기 때문에

그리고 사실 신뢰 못 할 만한 신경학적 근거가 있다. 뇌의 활동을 연구하다가 배운 것은 직감이라는 것이 우리가 현재 직면한 선택과는 별 상관이 없는 타고난 반응인 경우가 많다는 점이다. 오히려 직감이란 진화상 우리 조상들이 아프리카 사바나 지대에 살면서 내려야 했던 결정이 전해져 내려온 것들이다.

결국 이런 뜻이다. 오늘날 진화심리학자들에 따르면, 생존을 위해 몇 가지 '행동적 편향'이 인간의 두뇌회로에 입력되어 있다. 예를 들어 원시시대에는 위험에 봉착하면 사람들은 동작을 멈추고 움직이지 않게 '프로그래밍'이 되어 있었다. 대다수의 포식동물들은 죽은 먹이를 건드리지 않기 때문이다. 오늘날은 그 '위험'이 급박한 마감시간이나 중요한 회의와 같은 전혀 다른 형태로 나타나는데도 우리는 여전히 마비상태에 빠지려 하는 뿌리 깊은 경향이 있다. 또 유사하게는 문명의 초기에 부족을 벗어나 홀로서기를 한다는 것은 곧 멸종을 의미했다. 그 결과 사람들은 오늘날까지 다수의 규칙이나 합의사항을 거스르는 데 대해 저항을 느낀다. 우리 모두가 친구나 동료 들을 거스르기 싫어서, 심지어 그냥 현상태를 깨기 싫어서, 억지로 남들을 따라했던 경험이 있을 것이다. 그런 행동은 인간이기 때문에 어쩔 수 없는 것이다.

수백만 년에 걸쳐 인류라는 종을 보호하기 위해 우리 두뇌가 개발해온 이런 신경학적 반응들을 10-10-10이 지워버릴 수는 없다. 그러나 그런 반응들을 길들일 수는 있다. 실제로 우리가 사는 시대에 맞게 다시 조율할 수 있는 것이다.

우리의 두뇌가 어떻게 조언을 다루는지 보자. 해결해야 할 문제가 있을 때 다소 엉뚱한 고모와 똑똑한 상사와 어려서 아직 뭘 모르는 아들의 의견 중에서 과연 누구의 의견이 가장 신뢰할 수 있는 조언인지 자신의 '교육받은 두뇌'로 선별해낼 수 있다고 믿을 것이다. 그러나 심리학 연구를 보면 당신의 생각은 틀렸다. 뇌가 가지고 있는 뿌리 깊은 편향 때문에 실제는 좋은 조언과 나쁜 조언을 구별해내는 능력이 제구실을 못 한다는 것이 과학자들의 일반적인 견해이다. 예를 들어 인간은 그 정보가 사실인지 혹은 유관한 정보인지와 상관없이, 자신이 들은 첫번째 정보와 마지막 정보를 가장 신뢰하고, 그 중간에 들은 것들은 무시하려는 경향이 있다. 또한 인지심리학자들에 따르면, 우리는 가장 양이 많은 정보를 신뢰하려 하고, 싫어하는 사람이 준 정보보다는 좋아하는 사람이 준 정보에 더 가중치를 두려는 경향이 있다고 한다.

10-10-10은 이러한 선택적 정보의 '청각장애'에 제동을 걸어준다. 당신의 두뇌는 2주 전에 들은 정보를 무시하거나 꼬장꼬장한 옆집 노인이 한 말을 잊으려고 한다. 10-10-10은 엄격한 절차를 통해 그렇게 하지 못하게 한다. 10-10-10을 적용할 때는 반복해서 듣고 또 들은 정보라고 해서 덮어놓고 믿지 않게 된다. 왜냐하면 방법론상 10-10-10은 모든 사실과 가정을 시험할 것을 '요구'하기 때문이다.

열린 귀로 듣기

지난 몇 년 동안 폴라는 맏아들의 반항 때문에 속을 썩였다. 아들 케니는 술, 담배에다 친구들을 선동하여 몰고 다니며 열일곱 살 때 경범죄로 벌써 두 번이나 구속되었다. 그러나 우연히 군입대를 한 옛 친구를 만나 모병사무소에 가게 되었고 결국 군에 자원했다. 폴라에 따르면 1년도 안 되어 케니는 책임감도 생기고 성숙해져서 완전히 딴 사람이 되었다고 했다. "어른이 된 거죠."

케니가 노스캐롤라이나 주에 배치받으면서 어머니 폴라는 겨우 한숨 돌리게 되었다. 그러나 끝이 아니었다. 폴라에게는 별명이 '후퍼'인 고등학교 1학년짜리 둘째 아들이 있었는데 어느날 이 녀석이 가져온 성적표를 보니 C와 D 투성이였다. 폴라는 경악했다. 후퍼는 항상 '착한 아들'이었기 때문이다. 공부도 제법 했고 농구도 열심이었고 집에서도 얌전했다. 폴라는 얼른 학교를 찾아가보았지만 학교 측도 의아해하기는 마찬가지였다. 학교 얘기로는 후퍼가 갑자기 '벼랑에서 떨어진 듯' 태도가 확 변했다는 것이다.

폴라와 남편 짐은 이 문제의 원인을 찾으려 했지만 후퍼는 부모의 질문에 입을 잘 열려고 하지 않았다. 하지만 자기를 미워하는 수학 선생이 밉다고 했다. 또한 농구팀에 선발되지 못한 것은 자신의 기분이 저조한 것과 아무 상관이 없으며 전학을 가면 모든 것이 다 해결될 것이라고 했다.

폴라는 해결안을 찾기 위해 백방으로 뛰어다녔고 후퍼는 계속해서 자기 주장만 늘어놓았다. 결국 후퍼의 상담교사는 변화가 필요할지도 모르겠다고 말했다. 그러나 후퍼의 아버지는 아들이 학교를 그만두게 했을 때, 결국 문제가 생기면 도망가면 된다는 잘못된 선례를 남길까봐 걱정이었다. 그러나 한편 아버지도 어머니 폴라도 후퍼가 견딜 수 없는 환경에 계속 방치되는 것 역시 원치 않았다.

그 난리법석 가운데 폴라는 후퍼의 수학 선생을 만났는데 왜 아들이 그를 싫어하는지 금세 알 수 있었다. 그는 무뚝뚝한 표정에 성격도 급했고 일반적으로 부모와 교사들이 본론으로 들어가기 전에 예의상 주고받는 덕담에는 전혀 관심이 없었다.

"댁의 아드님은 우울증입니다." 그는 폴라를 만난 지 1분도 안 되어 단도직입적으로 말했다. "병원에 데려가야 합니다. 아마 우울증약 처방이 필요한 듯합니다." 폴라는 이 선생님의 저돌적인 태도에 격분하여 돌아왔는데 남편을 비롯하여 어느 누구에게도 차마 이 이야기를 옮기지 못했다. 후퍼를 잘 알지도 못하는 주제에 그런 심한 말을 하다니!

우울한 크리스마스가 왔다가 지나간 후 방학이 끝났는데 후퍼가 등교를 거부했다. 할 수 없이 폴라가 근처 가톨릭 학교를 알아보고 있을 때 친구가 10-10-10 분석을 해보라고 권했다. 막다른 골목까지 간 그녀는 해보기로 했다.

폴라는 자신의 딜레마를 이렇게 표현했다. "후퍼가 전학을 가야 하는가?"

10분 후에 그림을 상상하니 후퍼를 비탄의 근원에서 빼냄으로써 온 가족이 앓던 이를 뽑은 듯 시원할 것이라고 결론을 내렸다.

10개월 후 시나리오는 이보다는 더 혼란스러웠다. 전학을 하면 후퍼의 행동이 나아질 수도 있고 모든 문제가 다 풀릴 수도 있다. 그러나 그렇지 않다면 어찌할 것인가?

몇 주 동안 폴라는 교장과 남편의 조언에만 매달리고 있었다. 그러나 이제는 더 이상 다른 목소리를 무시하고만 있을 수 없다는 것을 깨달았다. 바로 수학 선생의 의견이었다. 만일 후퍼가 우울증 같은 더 큰 문제가 있고 쉽게 고칠 수 없는 병에 시달리고 있다면 어떻게 될까를 고민해보았다. 그녀의 생각이 어떻게 변할 것인가?

그렇게 되자 폴라는 아무리 불편한 진실이라도 더 많은 정보를 수집하지 않고는 후퍼에 대한 결정을 내릴 수 없다는 사실을 깨달았다. 그녀는 소아과 의사에게 추천을 받아 며칠 뒤 심리학자와 상담 약속을 잡았다.

결국 후퍼가 우울증 진단을 받자 폴라는 안도하고 감사함을 느꼈다고 한다. 10-10-10은 여러 가정들을 시험해보고, 근원을 차별하지 않고 다양한 옵션들을 다 고려할 것을 강조하기 때문에, 폴라는 마음의 문을 열고 자신이 무시하고 싶었던 사람의 정보도 고려할 수 있었다. 무시하고 싶어도 절차상 무시할 수가 없었던 것이다.

요즘은 케니가 이라크에 파병 나가 있기 때문에 폴라는 여전히 걱정 속에 살고 있다. 그러나 후퍼는 이제 학교 농구부의 매니저이고 꾸준히 B학점을 유지하고 있어 이제 더 이상 걱정의 대상이 아니다. 폴라는 최근에 말하길 "남편과 나는 후퍼를 우리 '리바운드 아들'이라고 부른답니다. 하긴 우리는 리바운드로 돌아온 아이가 둘이네요."

진흙수렁에 무릎까지 빠지다

10-10-10은 우리가 선별적으로 정보를 처리하는 것을 바로잡아줄 뿐 아니라 진화의 과정에서 생긴 다른 두 가지 편향들을 바로잡아준다.

우리 대다수가 희망이 없는 프로젝트나 실패가 자명한 관계에 매달릴 수밖에 없던 경험이 있을 것이다. 간단히 말해 이는 인지과학에서 말하는 '몰입의 상승효과'라는 것인데 분명히 실패하고 있음을 알면서도 투자한 것에 대해 집착하는 심리적 경향이다. 이 주제에 대해서는 책도 많고 학술연구도 많이 있지만 내가 가장 좋아하는 연구는 캘리포니아 대학 버클리 캠퍼스의 경영대 교수인 베리 M. 스토가 쓴, 제목도 딱 어울리는 「진흙수렁에 무릎까지 빠지다」라는 논문이다. 이 글은 우리가 자아상을 보호하기 위해서나, 이미 해버린 행동을 합리화하기 위해, 혹은 이 둘 다의 이유로 계속 악화되는 상황에 빠져드는 현상을 잘 설명하고 있다.

이즈음에서 독자는 만일 몰입의 상승이 그리도 무의미하다면 사람들이 왜 그 길로 빠져들까 의아해할 것이다. 누구도 확실히 알 수 없지만 사회인류학자들의 가설에 따르면, 인류 초기의 생존자들은 아마 실패와 직면하면서도 경작, 사냥, 출산과 같은 활동을 포기하지 않았던 사람들일 가능성이 높다는 것이다. 진화의 과정에서 이런 인내심은 자연선택의 대상이 되었고 이는 잘된 일이라고도 할 수 있다. 그러나 그 신경학적 결과로, 특히 많은 것이 걸려 있는 경우일수록, 상황이 아무리 최악으로 치달아도 자신이 처한 곤궁에서 벗어나지 않으려는 경향이 생긴 것이다.

10-10-10은 우리에게 "시간이 흐를수록 엉망이 되어가는 사태에 계속 머무름으로써 얻는 긍정적인 결과와 부정적인 결과는 각각 무엇인가" 하는 질문을 하게 함으로써 우리 발목을 잡고 수렁으로 끌어내리는 몰입의 상승효과에서 벗어나게 해줄 수 있다.

내게는 너무나 먼 당신

레이첼은 내가 몇 년 전 시카고에서 만난 서른여섯 살의 비서였는데 멀쩡한 사람도 몰입의 상승효과의 희생자가 될 수 있다는 사실을 잘 보여주는 (게다가 가슴 아픈) 사례였다. 레이첼은 똑똑하고 유능하고 마음도 따뜻하여 순수한 긍정적 에너지의 결정체 같은 사람이다. 그녀는 몇 년간 세계 전역을 여행했고 성공한 기업에서 일해본 경험이 있어 평소에는 사람 보는 눈이 정확했다. 그러나 그녀가 카일이라는 잘생긴 붉은 머리의 시공업자를 만나면서부터 그녀의 상식이 작동을 멈추었다.

레이첼과 카일은 헬스클럽에서 운동을 하다 만나 가벼운 희롱이 섞인 농담을 주고받으며 만남을 시작했다. 한 달이 되지 않아 두 사람은 일주일에 한두 번씩 만났고 매일 밤 카일 직장 이야기와 그의 정치적 야망, 또 암 투병을 하고 있는 어머니의 문제 등으로 몇 시간씩 통화를 했다. 둘의 대화가 너무 깊숙하고 은밀하였기에 레이첼은 자신도 모르게 빠져들게 되었다. 그녀는 이제 나이 때문에 점점 더 데이트 상대도 줄어들고 있을 때였다. 레이첼은 궁금했다. 드디어 결혼의 서광이 비치는 것일까?

그런데 한 가지 문제가 있었다. 둘의 관계가 완벽하게 플라토닉하다는 것이다. 레이첼은 타당한 이유가 있다고 믿었다. 카일이 어머니의 병 때문에 너무나 신경을 쓰느라 여자와 육체적 관계를 생각할 겨를이 없을 것이라고 생각했다. 그리고 이런 짐작을 시험할 수도 없고 시험해서도 안 된다고 생각했다.

몇 달이 지났다. 레이첼과 카일은 자주 만났고 매일 밤 통화를 했다. 그러다가 레이첼은 병원에 있는 카일의 어머니에게도 정기적으로 병문안을 가기 시작했다. 병실에서 그녀는 카일의 여러 친척들을 만나고 친해지기도 했다. 그럼에도 둘 사이에는 단 한 번의 키스도 없었다.

"뭔가 이상하다는 생각이 한 번도 안 들던가요?" 나는 레이첼에게 물어보았다.

그녀는 자조적인 미소로 답했다. "아, 이상하다는 생각이 들곤했죠. 거의 매일 밤이요. 잠들 때마다 '이 남자와는 가까워질 수가 없구나'라는 생각을 했지요."

카일과 만난 지 1년 반 만에 카일의 어머니가 돌아가셨다. 장례식장에서 카일의 사촌이 살짝 레이첼을 불러냈다. "누군가는 이 이야기를 해줘야 할 것 같아서요. 카일은 진지하게 사귀는 여자가 있어요. 우리한테도 다 소개해서 알고 있고요. 에이프릴이라는 여자예요. 저쪽 구석에 와 있어요." 저쪽 구석을 보니 카일의 누나가 겨우 스물한 살 정도로 보이는 젊은 여자와 함께 서 있었다.

그날 밤 레이첼은 간결하고 쌀쌀맞은 문자메시지를 보내 드디어 관계를 정리했다.

"사실 카일은 진짜, 나와 이야기하는 것을 즐겼던 것 같아요." 레이첼이 과거를 회상하며 한 설명이었다. "아일랜드계 가톨릭교도가 아니면 결혼할 수 없다는 게 거짓말이었던 것이죠. 나도 감은 있었던 것 같아요. 하지만 어느 순간부터 그 관계에 너무 빠져서 헤어나올 수가 없었어요."

10-10-10의 방법을 써보았다면 레이첼은 카일과의 관계가 어느 시간대에 적용해보아도 안 될 관계라는 것을 직시할 수밖에 없

었을 것이며 '인생 최대의 바보 같은 결정'을 하지 않았을 것이다.

이를 입증하기 위해서 레이첼은 나와 함께 10-10-10을 과거에 소급 적용해보았다. 1년 전의 자신으로 돌아가 카일의 어머니가 돌아가시기 전 시점에서 출발해본 것이다. 그녀의 질문은 "여기서 끝내야 할 것인가?"였다.

10분과 10개월의 시간대에서는 답은 '아니다'일 수밖에 없다고 레이첼은 인정했다. "카일과의 관계에 내 인생의 1년을 더 바칠 각오였다"라는 것이 레이첼의 설명이었다. "우리 둘 사이가 의미 있는 관계라고 생각되었고 주위에 다른 대안이 많았던 것도 아니었거든요."

그러나 10년 후 시나리오는 각성의 순간이었다. 레이첼에 따르면, 만일 그녀와 카일이 그때까지 함께한다면 그는 매력적이지만 자기 집착이 너무 강한 남자이기 때문에 항상 그녀가 다가갈 수 없는 부분이 있었을 것이라고 했다. "먼 미래를 상상해보았을 때에야 내가 이대로 있으면 어떤 결과가 나오겠구나 하는 것을 알 수 있었답니다."

다시 말해 10-10-10을 했다면 레이첼이 카일에게 더 빠져드는 것에 제동을 걸어주었을 것이다. 10-10-10이 없는 상황에서는 카일의 사촌이 그 역할을 해준 것에 감사할 따름이다.

오늘날 레이첼은 다시 자신감이 넘치는 여성이 되었다. 얼마 전에는 온두라스의 여성 농민들에게 소액대출을 해주는 프로젝트를 마치고 활력에 넘쳐 돌아왔는데 곧 다시 그곳으로 돌아갈 것이라고 했다. 이제 카일은 그녀에게 중요한 교훈을 준 추억일 뿐이다. "이제 다시는 10-10-10 없이 결정하지 않을 거예요." 그녀가 말하길 10-10-10이란 "자신의 감정으로부터 자신을 보호할 수 있는 방법이거든요. 자기를 존중할 수 있게 해주는 거죠. 정말로 소중한 선물이랍니다."

미래 충격

인지과학 분야의 연구는 인간에게 자신을 부정적인 정서에 가두어두려 하는 편향들이 있음을 밝혀냈다. 단순하게 말하자면, 힘든 시기에 봉착하면 이런 시련이 결코 끝나지 않을 것이며 절망감도 가시지 않을 것이라고 생각하는 경향이 있다는 것이다. 마치 9·11사태 이후의 뉴욕 같은 상황이다. 뉴욕 주민들 중에는 다시는 돌아가지 않겠다고 다짐을 하며 회복 불능의 상처를 입은 도시의 정서를 피해 교외로 이사를 하거나 더 멀리 떠난 사람들도 있었다. 남은 많은 사람들도 뉴욕이 다시는 과거의 북적이는 활기를 되찾지 못할 것이라고 했다. 물론 뉴욕 주민 중 누구도 그 비극적인 날을 잊을 수 없을 것이다. 하지만 이제는 도시가 다시 살아났다는 것을 부인할 수 없을 것이다. 시간이 좀 걸렸을 뿐이다.

우리 개인의 삶에서도 똑같은 정서적 반응이 일어난다. 나는 친구를 통해 텍사스에 사는 에밀리라는 여성을 만났는데, 그녀는 20년을 함께한 사랑하는 남편을 교통사고로 잃었다. 그 후 10년 동안 그녀는 결혼반지를 계속 끼고 다녔고 죽은 남편의 이름을 팔에 문신으로 새겨넣기도 했다. 남편을 잃은 상실감이 너무 컸기에 그녀는 데이트는커녕 다시는 다른 남자를 쳐다보지도 않을 것이라고 확신했다. 하지만 그녀가 오늘날 재혼해서 행복하게 산다고 놀랄 일은 아닐 것이다. 감정은 스스로를 치유할 수 있는 능력이 있다. 그러나 연구에 따르면, 그 반대로, 우리가 정서적으로 힘들 때에는 우리 마음은 다시는 회복할 수 없다고 생각한다는 것이다.

여기서 다시 왜 이런 편향이 생겼는지 궁금해지는 것이 당연하지만 역시 이 의문에도 확실한 답은 없다. 일부 과학자들은 고대 인간들은 큰 갈등이 있을 때 이런 강렬한 감정을 통해 끈기 있게 싸울 수 있는 심리적 에너지를 얻었다고 주장하기도 한다. 하지만 오늘날의 세계에서 일시적인 감정이 평생 가리라고 믿는 경향은 좋은 결정을 내리는 데 방해가 될 뿐이다. 카네기 멜론 대학의 경제학 교수 조지 로웬스틴은 이를 일컬어 지금의 나와 미래의 나 사이의 '감정이입의 간격'이라고 부른다. 당장이 아닌, 5년, 10년 후를 그려보면 분명히 평상시처럼 직장에서 일을 하거나, 아이들을 키우거나, 자기 볼 일을 보고 다닐 것임을 알고 있지만, 힘든 상태에서는 영구히 충격과 슬픔만이 계속되리라 생각하지, 그 외의 다른 일을 하고 있는 자신을 상상하지 못한다는 것이다.

10-10-10은 단지 "걱정 마, 언젠간 다 좋아질 거야"라는 말로 감정이입의 간격을 상쇄시키는 것이 아니라 그날이 왔을 때 우리의 모습을 '창조해내라'고 요구함으로써 감정이입의 간격을 좁혀나간다.

멋진 인생을 꿈꾸다

내가 린 스캇 잭슨을 만났을 때 그녀는 바로 그런 상황에 처해 있었다. 그녀는 자신의 분야에서 20년 경력이 있는 마케팅 전문가였다.

린의 딜레마는 그녀가 아프리카계 미국인 시장을 겨냥한 홍보 회사를 막 차린 직후에 터진 것이다. 린이 말하길 "내 꿈은 정말 특별한 회사를 만드는 것이었어요. 노예의 후예인 워킹맘이 멋지게 사업에 성공하는 모습을 보여주는 것이 내 꿈이었답니다."

린은 큰 고객의 자문 프로젝트를 처음으로 따내어 남아공의 요하네스버그로 출장을 떠나게 되었는데, 출발 일주일 전에 부모님이 편찮으셨다. 두 분 다 생명이 위독한 것은 아니었지만 그 때문에 서로 울면서 전화를 자주 했고, 통화가 끝날 때마다 린의 부모님은 린이 당장 버지니아로 돌아와 자신들이 회복할 때까지 같이 있어주길 애원했다.

즉각적으로 린의 본능적인 반응이 먼저 작동했다. "출장 가지마." 그 순간 마음의 소리는 그렇게 말했다. "가족을 돌봐야 해. 그게 옳은 일이야."

그때 이미 10-10-10을 열심히 응용하고 있던 린은 그 자리에서 섣불리 결정하지 않고 10-10-10을 실행했다.

10분 후의 시간대에서는 한 가지는 확실했다. 출장을 취소하면 죄책감은 잠재울 수 있다. 반면에 출장을 취소하면 심한 당혹감과 두려움이 몰려올 것도 자명했다. 새 고객이 모든 일정을 연기한다면 가만히 있을까? 아닐 것이라고 생각했다. 고객이 이해해준다고 하더라도 자신의 회사에 대한 첫인상이 좋지 않을 것이 분명했다.

린은 10개월 후의 상황평가에 들어갔다. 부모님은 회복해서 정상적인 생활을 하실 것이다. 그러나 린이 남아공에 가지 않는다면 자신의 회사는 그때까지도 힘든 상황일 것이다. 남아공 고객을 확보하는 데 거의 1년이 걸렸고 다른 고객을 찾기까지 다시 몇 달이 걸릴 것이다.

그러나 10년 후라면 상황은 다시 달라졌다. 슬프지만 아버지는 안 계실 것이다. 그러나 상대적으로 젊고 더 건강한 어머니는 아마 살아 계실 것이다. 하지만 건강 문제는 계속해서 일어날 것이고 점점 더 심각해질 것이 뻔했다. 어머니 건강에 문제가 생길 때마다 그녀가 매번 버지니아로 날아갈 것인가? 그러면 당장의 죄책감에서는 벗어날 수 있을지 모르지만 결국 회사가 성공적으로 자리잡을 수 있는 기회는 물 건너가버릴 것이다.

만일 그녀가 출장 계획을 취소하지 않는다면 10년 후 시나리오는 어떻게 될까? 린은 스무 명에서 서른 명의 직원을 거느린 회사를 성공적으로 경영하는 자신의 모습을 그려보았다. 이는 평생의 꿈이며 그녀의 노예조상들의 희생을 헛되게 하지 않는 성취라고 생각했다.

다음날 린은 버지니아로 날아갔다. 하지만 그곳에 계속 머무르기 위해서는 아니었다. 부모님을 위해 지속적으로 가정방문을 해주는 간호서비스를 연결해주기 위해서였다. 세 개의 시간대에 걸쳐 미래를 전망해봄으로써 원래의 흥분한 감정상태에서는 생각하지 못했던 새로운 해결책이 떠올랐던 것이다. 또한 린은 캘리포니아에 사는 남동생에게 전화를 해서 도움을 청했다. 남동생은 해외에서 군생활을 하는 바람에 오랫동안 가족을 돌보는 책임에서 제외되어왔다. 남동생은 즉시 다음주에 부모님께 가겠다고 했다.

그리고 린은 계획대로 요하네스버그로 떠났다.

최근에 만난 린은 이렇게 이야기했다. "내가 미래에 어떻게 느낄까를 상상해보고 또 내가 어떻게 느꼈으면 하는가를 생각해봄으로써 그 위기를 통해 부모님과의 관계를 더 좋은 방향으로 발전시킬 수 있었어요. 더 발전적인 관계가 된 셈이죠. 미래를 그려보니 부모님을 지속적으로 돌볼 수 있는 시스템을 만들지 않을 수가 없더라고요. 그 바람에 수화기를 집어들고 동생도 불러들일 수가 있었고요. 10-10-10은 내 생각의 한계를 뛰어넘게 해주었어요."

오늘날 린의 사업은 계속 번창하고 있고 사업을 통해 뉴욕의 한 대학에서 커뮤니케이션을 가르치는 교수로서 제2의 커리어도 시작하게 되었다. "내 딜레마를 타파할 10-10-10이 없었다면 나는 오늘날 아예 버지니아에서 늘 대기상태로 살면서 내가 정말 원치 않는 삶을 살았을지도 몰라요."

그러나 이제 린은 자신이 능동적으로 만들어가는 삶을 영위하고 있다.

자연의 자동 조종장치

처음 두뇌과학과 10-10-10의 관계를 연구하기 시작한 후 얼마 지나지 않아 나는 아이작 아시모프가 한 말이 이해가 되었다. 그에 따르면 "두뇌는 우리가 아는 한도 내에서 물질의 가장 복잡한 구성체이다." 실제 2년간 행동경제학, 신경과학, 진화심리학과 주변 분야 학문들과 씨름하면서 확실하게 알게 된 것이 있다면 기술의 위대한 발전에도 불구하고 과학도 우리 마음의 기제를 결코 완벽하게 설명할 수는 없다는 것이다. 아시모프가 말한 그 '복잡한 구성체'는 정말 훌륭하면서도 신비에 싸여 있는 존재이다.

그러나 이제는 인간의 두뇌가, 좋은 결정이든 나쁜 결정이든, 결정을 내리는 과정이 과학으로 설명 가능해지기 시작했다. 그 과정을 이해하면 할수록 나는 다시 한번 표도르 도스토예프스키의 말에 공감이 갔다. 그는 "두뇌가 중요한 것이 아니라 두뇌를 인도하는 것들이 더 중요하다. 즉 그 사람의 인격, 따뜻한 마음, 베풀 줄 아는 능력, 그 사람이 가지고 있는 새로운 아이디어들이 더 중요하다"라고 했다.

10-10-10도 새 아이디어일 수 있다. 우리 앞에 펼쳐진 선택들을 여러 시간대에 대입하여 체계적으로 정리할 수 있게 함으로써 우리가 갖고 있는 뿌리 깊은 신경학적 편향에 대응할 수 있게 해준다. 이로 인해 우리는 무엇을 결정하고 왜 그런 결정을 내렸는지 해부하고 분석할 수밖에 없고, 우리가 어떤 사람이 될 것인지 상상을 해보게 된다. 10-10-10 덕분에 우리는 자연의 자동 조종장치에서 벗어나 결정을 내릴 수 있는 것이다.

물론 우리 뱃속 깊숙이 스멀거리는 직감이나 본능적 반응을 절대 완전히 사라지게 할 수는 없을 것이다. 또한 어떤 딜레마들은 너무나 복잡하고 지나치게 스트레스를 유발하여 엄격하고 체계적인 사고로도 풀어낼 수 없다.

그러나 당신이 명쾌하고 목적이 뚜렷한 새로운 삶을 찾고 있다면, 깊이 생각해보지 않고 행동하려는 너무나 인간적인 성향을 극복할 수 있도록, 때때로 당신의 두뇌를 대신하여 능동적으로 개입할 필요가 있다.

10-10-10을 활용하면 심사숙고한 다음 행동할 수 있다.

결국 신뢰할 수 있는 결정을 내리게 된다는 것이다.

3장

내가 정말로 원하는 게 뭘까
가치관과 10-10-10

이제까지 나는 '가치'라는 말을 단지 열 번 정도밖에 하지 않았다. '단지'라고 하는 이유는 10-10-10에서 얻을 수 있는 모든 것들을 생각해보았을 때 그 숫자로는 어림도 없기 때문이다.

가치관이 없다면 10-10-10은 여러 가지 결정의 대안들을 표면화하는 장치일 뿐이다. 물론 그것도 나름대로 중요하지만 말이다.

하지만 이 법칙의 필수불가결한 요소인 가치관 때문에 10-10-10이 진정 삶을 바꿔놓을 수 있고 자신의 꿈과 희망, 신념에 맞게 살 수 있게 해주는 것이다. 그래서 의사결정에 대해 이야기할 때나 특히 10-10-10을 이용하는 사람들과 작업할 때 나는 가치관을 반영하는 것이 너무나 중요하고, 그것이 '완전 소중한' 과정임을 강조하는 가치의 전도사가 되곤 한다.

나도 모르게 그렇게 되어버린다.

왜냐하면 솔직히 내가 어렸을 때는, 실제로는 서른 살이 다 되었을 때까지, 거의 모든 사람들이 같은 도덕적인 신념을 가지고 근본적으로는 같은 행동원칙을 따른다고 생각했다. 예를 들어 내가 대접받고 싶은 대로 남을 대하라, 네 이웃을 사랑하라 같은 가치관들 말이다. 또한 사람들의 삶에서 가치의 우선순위들은 대개 비슷할 것이라고 가정했다. 당연히 건강, 가족, 행복, 성취, 재정적인 안정, 그리고 적절한 균형감각 같은 것이라고 믿었다. 단순하게 말해서 나는 사람들의 가치관이란 매우 보편적이라고 생각했기 때문에 그렇지 않다고 말하는 사람들의 이야기는 다 무시했다.

그러던 어느 날 경영대학원 2년차 때 캠퍼스에서 한 친구가 내게로 뛰어와 그날 밤 자기 기숙사에서 파티가 있는데 초대하겠다고 말했다. 나는 한동안 그 친구를 넋 놓고 바라보았다.

"우리 내일 산업 마케팅 시험 보는 거 아니니?" 나는 겨우 정신을 차리고 시들시들한 목소리로 물어보았다.

그 친구는 체념한 듯 말했다. "그 말은 거절의 뜻으로 알아들을게."

"아니, 내 말은…… 아직 학기가 끝난 게 아니잖아." 나는 계속 제 무덤을 팠다.

"5월이잖아, 수지." 그는 답답해했다. "다들 취직도 된 상태잖아. 너도 그렇고."

"하지만 최종성적이 나오려면 아직 2주나 더 있어야 해!" 나는 절규했다.

내 친구는 서글픈 듯 머리를 절레절레 흔들었다. "있잖아…… 너는 인생을 즐기는 건 가치가 없다고 생각하는 게 문제야."

이 말을 끝으로 그 친구는 완전히 충격에 빠진 나를 남겨두고 뛰어가버렸다.

그것은 내게는 정말 전율을 느낀 발견이었고 그로 말미암아 나는 내가 왜 늘 일, 일, 일만 하는지 생각해보게 되었다. 결국 알고 보니 그것도 약간은 시실리아 출신 우리 괴짜 할머니 때문이기도 했지만, 대부분은 자신의 가치관을 자각하지 못해 생기는 현상으로서, 지금은 내가 '거대한 블랙홀'이라고 부르는 것 때문이었다. 이는 생각보다 흔한 현상으로, 이 거대한 블랙홀은 우리 삶의 한가운데 뻥 뚫린 커다란 정서적인 공백이다. 그 허전함 때문에 온갖 일을 벌이고, 더 많은 책임을 맡고, 아이들에게 정성을 들이고, 공부를 하는 등 하여간 바쁘게 움직여 어떻게 해서든지 이 공백을 메우려 하는 것이다.

이제는 10-10-10 덕분에 나의 거대한 블랙홀은 사라지고 인생의 즐거움을 추구하는 것을 혐오하는 마음도 없어지게 되었다.

또한 가치에 대해 모호한 나의 태도도 아울러 사라지게 되었다.

오늘날 드디어, 내 가치관이 보편적이지는 않을지 몰라도, 나는 자신 있게 내 가치관을 이해하고 있다고 말할 수 있게 되었다. 더 중요하게는 이 장이 끝나기 전에 여러분도 자신의 가치관을 더 정확히, 더 의미있게 이해할 수 있기를 바란다. 그렇다면 당신의 10-10-10 결정은 더 나아지고 더 진솔해질 것이다.

가치관을 찾아드립니다

나는 지난 몇 년간 10-10-10을 주제로 강연을 하고 다녔는데 자신의 가치관을 정확히 알고 있는 사람들도 많았지만 캠퍼스에서 내 친구와 이야기하기 전의 나 같은 사람들도 상당히 많았다. 이런 경우 물론 막연히 자신에게 가치있는 것이 무엇인지 느끼고 있거나 직관적으로 알기도 한다. 그러나 진정한 뉘앙스까지 짚어가며 말로 설명하지는 못한다. 그러니 당연히 의사결정에도 활용하지 못하는 것이다.

다행히 10-10-10의 과정 자체가 자신의 가치관을 찾아내는 효과적인 촉매가 될 수 있다. 캘리포니아 출신의 재키 메이저스라는 여성은 2006년에 10-10-10에 대한 기사가 『오, 디 오프라 매거진』에 실린 후에, 그런 경험을 했다고 내게 편지를 했다.

재키의 문제는 오래전부터 쌓여왔던 것이지만 여덟 살짜리 딸 레아가 숙제를 보여주며 불거져나왔다. 그 숙제는 가족 구성원에 대한 전기를 쓴 것이다. 재키가 기업의 부사장으로 일주일에 60시간을 일하는 동안, 자신을 돌보아준 할머니에 대해서는 네 문단이나 썼다. 또한 선생님이던 아버지에 대해서는 페이지 가득 칭찬이 철철 넘쳤고 매일 방과 후 아버지가 공 던지기를 가르쳐준 일에 대해 자세히 묘사하고 있다.

재키에 대한 페이지는 이렇게 적고 있다. "엄마는 출장을 자주 간다. 출장이 없을 때면 엄마는 생일파티 계획을 짠다."

그날 밤 아이들이 잠든 후 재키는 눈물을 삼켰다. 직장을 그만두어야 할까, 아니면 이런 고통을 해소할 수 있는 다른 대안이 있을까 생각했다. 생각이 너무 얽히자 재키는 갑자기 서류가방에 있던 10-10-10 기사가 생각이 났다. 동료가 주초에 그녀에게 부드러운 경고와 함께 건네준 것이다. "당신 삶은 너무 정신이 없어요. 이게 필요할 것 같아요."

재키는 기사를 꺼내어 읽기 시작했다. 그러자 둑이 터진 듯 눈물이 쏟아졌다. "한 줄 한 줄이 다 내 얘기 같았어요. 갈등에 마음은 찢어지고 사방팔방으로 뛰어다니는데도 완전한 행복은 느끼지도 못하는 모습이요. 그냥 흐느끼며 울게 되더라고요."

재키는 한 시간이 넘게 종이에 적어가며 자신이 택할 수 있는 대안들과 그 선택의 결과들이 무엇인지 정리하려고 애썼다. 하지만 번번이 벽에 부딪혔다. 후에 그녀가 말했다. "결국에는 내가 인생에서 무엇을 원하는지를 알지 못하면 내가 뭘 하고 싶은지, 그게 무얼 의미하는지 알 수 없다는 것을 깨달았지요."

그녀는 새 종이를 꺼내 '가치들'이라고 꼭대기에 적자마자 글이 술술 나오기 시작했다.

나는 매일 아침 딸들을 내 손으로 깨우고 내 손으로 재우고 싶다.

나는 돈만 좇아가는 삶이 더 이상 싫다. 20년 전에 내가 꿈꾸던 삶은 이런 것이 아니다.

나는 여전히 일하고 싶다. 타고난 천성이다. 하지만 일에 휘둘리지 말아야 한다.

우리가 사는 집이 너무 마음에 든다.

나는 내 월급의 액수로 평가받고 싶지 않다.

요즘 재키는 그 경험을 떠올리며 웃는다. "상상을 해봐요. 나 같은 큰 기업의 임원이 기업경영도 하고 고객관리도 하고 인력개발도 하면서 자신의 진정한 가치관이 무엇인지 통 몰랐다니요. 그러니 당연히 가치관대로 안 살고 있었죠. 그날 밤 나는 내 영혼을 진작에 팔아버렸구나 하고 깨달았답니다."

재키는 그날 밤 이후 6개월에 걸쳐 후임자를 키우고 회사를 떠나기 위한 준비를 했다. 그리고 근무시간이 좀더 유연한 새 일자리를 찾았다. 회사를 떠나기 일주일 전, 그녀는 슬라이드를 준비해서 자신의 부하직원들에게 10-10-10의 결정을 설명했다. "그 사람들에게 이것이 임의적인 결정이 아니라는 것을 알리고 싶었어요. 내 가치관에 의거한 결정이었으니까요."

요즘 재키는 집 근처에 있는 비영리단체에서 일주일에 40시간쯤 일하고 있다. 이제는 자신이 직접 딸들의 아침 저녁을 챙겨주고, 딸의 소프트볼 게임을 7회말까지 구경할 수 있게 되었다.

그렇다고 재키의 삶이 이제 완벽하다는 것은 아니다. 새 직장으로 옮기면서 봉급이 깎였고 그 바람에 가족들이 과거에 즐기던 것 중 못 하게 된 것도 생겼다. 그리고 재키에게 물어보면 때로는 경영자 시절의 도전의식과 빠르게 돌아가는 삶의 속도가 그립기도 하다고 했다.

하지만 옛날로 돌아갈 것인가?

절대 아니다. 최소한 이제는 자기 영혼을 되찾았고 자기가 원하는 삶을 살고 있기 때문이다.

시간에 따라 변한다

재키의 가치관은 시간에 따라 변화했고 그것은 흔히 있을 수 있는 일이다. 주변에서 분명 파티광으로 노는 것만 좋아하던 남자가 자기 아기의 첫 미소를 보자마자 토요일 밤에 놀러 나가는 것은 꿈도 못 꾸는 성실남이 되는 것을 본 적이 있을 것이다. 우리 자신의 가치관도 인생에서 충격적인 경험을 하면서 변화하고 수정되는 것을 느꼈을 것이다. 예를 들어 부모가 돌아가시거나 이혼을 한다거나 또는 새 직장으로 옮겨 내가 노력만 하면 큰 성취를 할 수 있다는 사실에 새롭게 눈뜬다거나 하는 큰 경험들은 우리의 가치관을 바꾼다.

10-10-10의 위대한 장점은 우리의 가치관을 알게 해주는 것뿐만 아니라 '어떻게' '왜' 우리의 가치관이 변했는가를 보여줄 수 있고 또한 그 가치관의 영향을 받는 사람들에게 자신의 결정을 설명할 수 있게 해준다.

멜라니는 얼마 전 파티에서 만난 에디터인데 음악인 가정에서 자랐다. 부모님은 두 분 다 시립오케스트라에서 바이올린을 연주했고 오빠는 쭉 피아노 경연대회에 출전하다가 지금은 유럽에서 지휘자로 일하고 있다. 멜라니의 악기는 플루트였는데 아들이 태어난 후 더 이상 매일 연습을 할 수는 없었지만 우아한 클래식음악에 대한 사랑은 식은 적이 없었다. 아들 이언도 그녀의 음악적 재능을 물려받았는지 일곱 살에 첼로로 모차르트와 브람스를 연주했다.

그러나 이언은 열한 살이 되자 멜라니에게 드럼을 사달라고 했다. 그 후 이언은 애걸하고 멜라니는 꼼짝 않고 거절하는 전쟁이 1년을 넘게 되었다.

그러나 멜라니는 나와 만난 후 10-10-10으로 이언의 돌아오는 생일에 과연 드럼 세트를 사주어야 하는가 하는 문제를 풀어보기로 했다. 그녀는 우선 자신의 가치관을 점검해보았다.

평생 그녀는 현대음악을 멀리해왔다. 그런데 왜였을까? 그녀는 스스로에게 물었다. 내가 너무 경직되게 생각한 것일까? 변화하는 욕구와 상황에 맞추어 좀더 마음의 문을 열어보면 어떻게 될까?

그 질문으로 멜라니의 10-10-10이 빠른 속도로 진행되었다.

10분 후 멜라니는 자신에게 가치있는 것을 '클래식음악'에서 '모든 음악'으로 확대했고 또 '음악을 통해 이언과 공통점을 모색한다'라고 자신의 가치관을 바꾸면 이언도 자신과 마찬가지로 음악에 대한 열정이 생기지 않을까 하는 생각이 들었다. 10개월 후, 10년 후를 생각해봐도 마찬가지였다.

반면에 자신의 옛날 가치관을 고집한다면 음악에 대한 이언의 열정도 식어버리고 자신과의 관계도 오랫동안 악화될 수 있을 것이다.

이언의 생일에 멜라니는 드럼 세트를 선물해서 깜짝 놀라게 해주었을 뿐 아니라 멜라니는 이언에게 드럼 레슨도 받게 했다. 그 이유를 설명하기 위해 그녀는 아들에게 10-10-10의 결정 과정을 설명했다. "그게 제일 좋았던 것 같아요. 그러면서 다시 아들과 마음이 통하는 것을 느꼈거든요."

동시에 멜라니에게는 자신의 새로운 가치관을 발견했다는 것도 중요했다. 즉 아들이 진정으로 좋아하는 관심사를 인정하고 존중

해주고 함께 즐길 줄 알게 된 것이다.

가치관 찾아 삼만리

자신의 가치관이 무엇인지 또 어떻게 변화하고 있는지 알기 위해 꼭 10-10-10 급의 딜레마를 겪어야 하는 것은 아니다. 친구와 가족에게 물어보면 제일 빠르다. 왜냐하면 그들은 몇 년 동안 당신을 지켜봐왔기 때문에 당신이 어떤 사람인지, 무엇을 소중히 생각하는지 수년간 당신의 행동을 통해 느꼈을 것이다.

프랑스의 작가 마르셀 프루스트가 1세기도 전에 만들어 지금까지 많이 읽히는 『프루스트 질문서』를 보면 가치관을 찾아낼 수 있는 훌륭한 질문들이 많이 있다. 예를 들어 "당신이 가장 좋아하는 가치는 무엇인가?"에서부터 "당신의 모토는 무엇인가?" "당신이 자신이 아니라면 누가 되고 싶은가?"와 같은 것이다. 하지만 내가 가장 마음에 드는 질문은 "당신이 생각하는 행복은 무엇인가?"와 "당신이 생각하는 불행은 무엇인가?"이다. 만일 당신이 정말 솔직하게 마음을 열고 답을 한다면 이 두 개의 단순한 질문으로 당신의 신념, 꿈, 희망에 대해 상당히 많은 것을 찾아낼 수 있다.

그리고 내가 만든 '가치 질문서'도 있는데, 5년 전에 개발한 것으로 10-10-10을 하는 사람들이 일반적으로 다양한 결정과 또 그에 따른 결과에 대해서는 쉽게 생각을 정리하는데 정작 자신의 가치관과 같은 중요한 문제에 대해서는 벽에 부딪히는 것을 보고 만든 것이다.

내 첫 질문은 무엇을 세상에 남기고 싶은가 하는 것이다.

"당신의 일흔 살 생일을 맞이할 때 무엇이 당신을 울게 할 것인가?"

실제 해보니 이 질문은 그 사람이 궁극적으로 희망하는 것의 핵심을 파고드는 것이다. 이것은 우리가 세상에 남기고 싶은 것의 크기와 형태를 그대로 보여준다. 내 친구 하나는 이 질문에 답하는 데 1초도 걸리지 않았다.

"내 부고가 『뉴욕 타임즈』의 1면에 실리지 못한다면 슬프겠지. 아마 그 슬픔으로 그 자리에서 죽을 수도 있어." 그는 웃었지만 우리가 계속 이야기를 하면서 나는 그의 목표가 그의 양아버지만큼 부자가 되고 유명해지는 것이라는 사실을 알게 되었다. 그래서 이 친구는 홍보 쪽에서 돈은 많이 벌면서도 권위를 인정받지 못하니 자신의 현 상태가 매우 불만스러웠던 것이다. 그는 꿈과 현실의 괴리를 경험하고 있었다.

내가 몇 년 전에 세인트루이스에 10-10-10 강연을 하러 갔다가 만난 셸리는 달랐다. 알코올중독자인 남편과 이혼할 것인가에 대해 고민하고 있던 셸리는 일흔 살 생일에 대한 질문에 이렇게 답했다. "힘든 시기를 같이 견뎠기에 더 가까워진 가족 모두가 그 자리에 함께할 수 없다면 눈물이 날 겁니다." 이런 답을 보면서 무엇이 가치있다고 생각하느냐고 묻자 셸리는 힘들었던 유년시절을 떠올렸고 또 성인이 되면서 형제자매들과 소원해진 것이 서글프다고 했다. 우리가 대화를 마쳤을 때 셸리는 자신의 가치관을 '가족의 안정'과 '인내'라고 정리했다.

가치관을 찾아내는 두번째 질문은 인격에 관한 것이다.

"내가 방에 없을 때 사람들이 나에 대해 뭐라고 말하길 바라는가?"

이 질문에 대해서는 다양한 답이 나왔다. "내가 똑똑하고 공정해서 회사 운영을 잘한다"에서부터 "애들을 잘 키웠다" "솔직하고 친절하면서도 줏대가 있다" 등이었다. 그러나 지난 몇 년 동안 가장 기억에 남는 대답은, 젊었을 때 라스베가스 쇼걸이었고, 이제는 사십대가 된 모건의 대답이었다. "뭐라고 하건 정말 관심이 없거든요." 그렇게 말하며 환히 웃었다.

모건은 스물두 살 때 자기보다 서른 살 연상인 카지노 사업자와 사랑에 빠졌다. 둘 사이에 딸을 하나 두었지만 곧 헤어지고는 뉴욕에서 새로운 삶을 시작하여 그곳에서 모델 겸 관광가이드로 일했다. 그렇게 저금한 돈을 가지고 딸과 함께 파리로 이주했고 후에 프라하와 마드리드 등지에 살면서 모험을 즐기고 가는 곳마다 작은 일자리를 구해 생계를 유지했다. 드디어 딸이 성장하고 독립을 하자 모건은 이제 또다른 분야에 도전하여 로스앤젤레스에서 영화 대본을 쓰고 있다.

"나는 보면 꽤 겁이 없어요." 우리가 좀더 깊은 대화를 나눴을 때 모건이 말했다. "나는 자유롭고 독립적인 것이 중요해요. 그래야 더 클 수 있거든요. 어떤 사람들은 이 사회에 동조하는 것이 좋다고 생각하죠. 자신들이 평범한 것이 아이들에게 도움이 될 거라 믿더군요. 나는 정반대로 생각해요. 변화야말로 사람들을 더 강하게 만들죠." 모건은 자신의 삶을 그렇게 살고 있었다.

내 마지막 질문은 라이프 스타일에 관한 것이다.

"당신 부모의 생활방식 중에 마음에 드는 것은 무엇이고 싫은 것은 무엇인가?"

폴라를 기억하는가? 아들 후퍼가 우울증이라는 진단을 받았던 어머니 말이다. 그녀에게 이 질문을 하자 그녀는 약 1분 정도 곰곰이 생각해보더니 입을 열었다. "글쎄요, 우리 부모님의 집은 정말 조용했어요. 나는 그게 정말 싫었어요. 서로 별로 말이 없으셨죠. 우리 아버지는 자신의 감정에 대해 절대 말을 안 하는 사람이었어요." 좋았던 부분에 대해서도 기억을 찾아보라고 내가 계속 요구하자 그녀의 얼굴이 밝아졌다. "우리 어머니는 정말 요리를 잘하셨어요. 어머니는 음식을 통해 사랑을 표현하셨죠."

10-10-10을 통해 폴라는 이 두 가지 답에서 자신의 가치관을 도출해낼 수 있었고 이를 곧 실천에 옮겼다. 폴라가 원했던 것은 대화와 사랑이 충만한 열린 가정이었다. 후퍼에게 필요한 치료를

받게 한 것은 그 방향으로 가는 중요한 첫번째 단계였다.

더 깊이 파보자

앞서 말한 세 가지 질문으로 대강 당신의 가치관에 대해 필요하고 원하는 만큼 알아낼 수 있다. 그러나 만약 당신이 더 깊이 파고들고 싶다면 구체적으로 사랑, 일, 부모의 역할, 우정, 신앙에 대한 가치관을 찾아내는 질문들도 있다.

먼저 사랑.

내 경험에 의하면 로맨스와 관련된 거의 모든 딜레마는 결국 친밀성, 책임, 통제에 관한 가치관의 갈등이다. 물론 각각 독특한 역학관계가 있을 수 있다. 하지만 두 사람이 함께하기로 했을 때는 보통 둘의 관계를 어떻게 가져갈 것인지, 얼마만큼 서로에게 의지하고 또 얼마만큼 각각의 독립성을 유지할 것인지에 대한 현실적인 이해를 공유하기 때문이다. 그리고 커플들이 헤어질 때는 보통 그 관계에 대한 자신들의 기대와 믿음이 더 이상 일치하지 않거나 혹은 본래부터 일치한 적이 없기 때문이다.

그렇기 때문에 사랑에 관한 가치관에 대해서는 다음과 같은 질문을 해볼 것을 제의한다. 이상적인 관계라면 두 사람은 얼마만큼의 시간을 함께 보내야 하는가? 내 고유의 영역으로 남겨두는 공간은 어느 정도이고, 파트너와 공유하는 부분은 어느 정도이어야 하는가? 나는 어디까지 타협할 의사가 있는가? 나와는 전혀 다른 파트너와 진정으로 편안할 수 있겠는가 아니면 나와 같은 가치관을 가진 사람이어야 하는가? 다음과 같은 것도 고려해보아야 한다. 상대가 이끌어주기를 바라는가 아니면 내가 리드하길 바라는가? 아니면 두 사람이 동등한 힘을 가진 균형 잡힌 관계가 바람직하다고 생각하는가?

기억할 것은 이 질문들의 답은 옳고 그름이 없다는 점이다. 이 질문들의 유일한 목적은 좀더 깊이 있고 세심하게 자신의 가치관을 평가하여 이들을 10-10-10 결정에 의미있게 적용할 수 있게 하기 위한 것이다.

일과 관련한 가치들에 대해서는 일이 당신의 행복과 안녕에 얼마나 중요한 부분을 차지하고 있는가를 살펴볼 것을 권한다. 이 책에서도 벌써 다양한 의견을 들었다. 재키는 일이 중요하긴 하지만 아이들과의 친밀함을 방해해서는 안 된다고 했다. 반면에 린은 자신의 꿈을 성취하기 위하여 인생에서 일을 우선시하는 것이 필요했고 원하는 바였다.

합리적인 10-10-10 결정을 내리기 위해서는 우리가 어떤 '종류'의 일을 원하는지 정의해보면 좋다. 우리가 일을 하는 이유는 돈, 명예, 도전의식, 시간의 자유로움 혹은 동료애 중 어느 것인가? 물론 이 모두에 해당한다고 대답하고 싶을 것이다. 하지만 이 모든 기준을 똑같이 충족시켜주는 일은 거의 없다. 당신의 가치관을 정말 알기 위해서는 이러한 이유들이 각각 얼마나 중요한지 따져볼 필요가 있다.

아이 키우기는 복잡한 문제이지만 결국 기저에 깔려 있는 가치들은 다음 질문에 대한 답을 위한 것이다. 아이들이 잘 자라기 위해서는 무엇이 필요한가? 그 답은 실로 편차가 매우 크고 다양하다. 엄격한 사랑으로 키워야 한다, 아니다, 무조건적인 사랑이어야 한다, 다양한 활동이 좋다, 아니다, 조용한 집중이 좋다, 현실에 대해 많이 노출되는 것이 좋다, 아니다, 엄격하게 보호해야 한다, 공립학교다 사립학교다, 그리고 가장 큰 논란이 되고 있는 주제로, 부모 중 한 사람은 집에 있어야만 한다, 아니다까지 다양하다. 이렇게 다양한 가능성의 스펙트럼 속에 당신의 믿음은 어디쯤 위치해 있는가를 찾는 것이 문제이다.

우정에 대해서도 마찬가지인데 자신의 우선순위 목록에서 이 '자율적'인 관계가 어디쯤 위치하는지를 보면 된다. 예를 들어 내가 아는 오십대 후반의 한 사람은 자신의 친구가 딱 세 명이라고 말했다. 그는 시간이 남으면 차라리 아들들과 대학 미식축구를 보든지 손주들과 공놀이를 하든지 아내와 집에서 만든 파스타를 먹든지 하겠다고 했다. 친구보다는 가족이 최고라는 소리다.

반면에 예전에 우리 집 베이비시터였던 글래디스의 경우를 보자. 세상에 그녀만큼 많은 결혼식과 베이비샤워 파티(산모들을 위해 출산 전 아기용품을 선물하는 파티— 옮긴이)에 참석하고, 전화를 붙잡고 모든 이들의 문제와 걱정을 들어주고, 주말마다 친구들의 이사를 도와주는 사람도 없다. 글래디스는 좋은 친구가 되는 것에 인생을 바치며 좋은 친구라는 자의식이 그녀의 크고 작은 모든 선택을 좌우한다.

본질적으로 보면 그것이 가치관의 역할이다.

말씀으로 산다는 것

가치에 대해 글을 쓰면서 이 세상에 수백만 명의 사람들이 자신이 믿는 신앙의 신념체계에 맞추어 살려고 노력하고 있다는 것을 인정하지 않을 수 없고, 또 부인해서도 안 될 것이다. 내가 10-10-10에 대하여 오스틴에서 강연을 하는데 객석에 있던 한 사람도 이렇게 말했다. "당신의 생각 중에 가치관에 관한 부분은 이해하기 쉽네요. 나는 성경을 따르거든요."

그러나 때로는 신앙심이 깊은 사람들은 10-10-10이 방해가 된다고 하는 경우가 있다. 그래서 어떻게 10-10-10을 신앙생활과 병행시킬 수 있겠는가 하는 질문을 하곤 한다.

이에 대한 내 답은 경험에서 오는 것이다.

당신이 나와 같은 기독교인이라면 아마 당신도 교회에 가는 것이외에 하느님의 말씀을 따를 수 있는 방법들을 생각했을 것이다. 홈리스를 위한 봉사활동을 한다든가, 겸손을 배우기 위해 정원을 가꾼다든가, 혹은 요가 클래스에서 물구나무서기를 하며 기도를 할 수도 있을 것이다.

10-10-10도 그와 같은 접근방법이라고 생각할 수 있다. 왜냐하면 10-10-10은 당신의 가치관이 어디서 나온 것이건 자신의 가치관대로 살고 있는지를 확인할 수 있는 강력한 수단이기 때문이다.

보통은 이 답으로 충분하다. 알고 보면 대다수의 기독교인들은 현대생활이 가져다주는 여러 가지 비상사태에 자신의 신앙을 잘 적용하는 데 이미 익숙하기 때문이다. 하지만 누군가가 내게 10-10-10과 신앙의 관계에 대해 더 추궁한다면 나는 골로새서 3장 17절을 인용하곤 한다. 이 부분을 보면 예수님은 신중하고 의식 있는 삶을 살라 하셨는데 그것이 자신을 위하는 길이라고 했다. 우리에게 '구체적'인 상황에서 어떻게 하라고 말하고 있지는 않다. 예를 들어 권태를 느끼는 남편을 어떻게 할 것인가, 상사가 일 끝나고도 늦게까지 남아 있으라면 어떻게 해야 하는가, 자식이 방금 정신질환이라는 진단을 받았을 때, 또 친구와 연락이 끊겼을 때 어떻게 대처해야 하는가에 대한 답을 주고 있는 것은 아니다. 예수님의 가르침은 우리가 모든 생각과 행동에서 진실되고 신중하게 살아야 한다는 일반적인 삶의 방식을 이야기하는 것이다. 이것이

10-10-10과 합치되지 않는 것이라면 무엇이란 말인가?

구약성서의 잠언을 보면 하느님은 우리에게 인내하며 살라고 했다. 그래서 켄 시게마쓰 목사가 신앙생활에서 10-10-10의 역할을 처음으로 생각하게 된 것이다. 켄은 밴쿠버의 번성한 텐스 애비뉴 교회의 목사로 2006년 12월에 설교를 준비하다가 내가 쓴 기사를 읽었다. 그 주의 주제는 분노였다. 더 정확히는 인간이 자연스럽게 느끼는 분노, 증오, 격분과 같은 감정을 우리가 어떻게 통제할 수 있는지에 대한 설교였다. 켄은 하느님이 우리에게 분노를 억누르거나 부정하라고 하는 것이 아니라 인내로 견디어내고 궁극적으로는 하느님께 이를 다 풀어내라고 하심을 신도들에게 이해시키고자 했다.

하지만 그것을 어떻게 할 것인가? 켄은 분노의 가장 강력한 해독제는 관점을 바꾸어보는 것이라고 설명하면서 그러기 위한 방법으로 10-10-10을 신도들에게 제안했다. 켄의 제안은 "당신이 상처받거나 가슴에 맺힌 것이 있어 화를 내고 싶을 때 나를 화나게 하는 것이 10일 후, 10개월 후, 또 10년 후에도 중요할까? 영원 속에서도 중요할까!"라고 자문해보라는 것이다.

성서의 잠언과 함께 켄은 1550년대 예수회의 창시자 중 하나인 로욜라의 이냐시오로부터 10-10-10의 신학적 근거를 찾는다. 이냐시오는 서른한 살에 믿음을 심화하는 여러 가지 명상들을 담은 『영성 수련』이라는 책을 썼다. 그의 명상 중 하나는 결정에 관한 것이었는데 여기서 이냐시오는 딜레마가 생기면 일단 한 걸음 물러서서 "만일 예수 그리스도 앞에서 내 인생의 이야기를 해야 한다면 주님은 우리가 어떤 결정을 하길 원하실까?"를 스스로에게 물어보라고 했다. 켄에 따르면 이런 질문은 10-10-10과 맥을 같이하는 것인데, 이 역시 영원이라는 시간대까지도 확장해서 장기적인 결과를 조심스럽게 고려하여 결정을 내릴 것을 촉구하기 때문이다.

켄은 요즘도 여전히 교구 신도들에게 10-10-10을 활용하라고 이야기하고 있다. "10-10-10은 우리에게 다른 관점을 제시해줄 수 있는 훌륭한 가교라고 생각합니다. 그건 비단 시련이나 어려운 문제에 대해서만 그런 것이 아니라 성공이나 성취에 대해서도 마찬가지죠. 사람들이 영원이란 개념을 생각하기는 쉽지 않습니다. 하지만 10-10-10을 적용하면 도움이 되죠."

커다란 블랙홀 메우기

전세계 사람들과 10-10-10에 대해 이야기를 나누면서 나는 다시 한번 우리 모두가 각각 근본적으로 독특한 가치관을 가지고 있다는 것을 확인할 수 있었다.

그러나 내가 깨달은 또 한 가지는 실제 자신의 가치관에 따라 사는 사람이 많지 않다는 것이다. 예를 들어 내 친구 클라우디아는 28년 동안 바람 피우는 남편을 떠나지 않고 함께 살았다. 왜냐하면 독실한 가톨릭교도인 친정어머니에게 상처를 주는 것을 견딜 수가 없었기 때문이다. 그녀는 또한 동조와 평판을 소중히 여기는 자신의 가치관 때문에도 힘들어했다. "지금 생각하면 부끄럽지만 '내가 이혼을 하면 우리 성당에 다니는 여자들이 뭐라고 할까'가 정말 걱정이었어요."

결국 2년간의 상담을 받은 후 클라우디아는 자기존중의 가치가 더 중요하다고 결론을 내렸고 남편을 떠나기로 결심했다.

걱정하던 성당의 여자들은 실제 별로 상관하지 않았다고 클라우디아는 말했다. 그들은 위로의 말을 전하고는 각자 자기 일로 돌아갔다고 한다. "내가 겪어보니까 진솔하게 살기로 선택을 했을 때는 어느 누구도 비난하는 사람이 없더라고요." 최근에 만난 그녀는 또 이렇게 말했다. "나는 너무 오랫동안 갇혀 있었어요. 하지만 알고 보니 내가 스스로를 가두고 있었답니다."

오늘날 클라우디아는 정기적으로 10-10-10을 활용하여 자신의 결정들이 새로운 가치관에 부합하는지 확인하고 있다. 그녀에 따르면 그 새 가치관은 '매일 하루를 돌아보는 시간을 갖고 다시 사람을 믿는 법을 배우는 것'이라고 했다.

그리고 무엇보다도 그녀는 자신의 가치관을 무의식적으로라도 느끼고는 있지만 도저히 그 가치관대로 살아가지 못할 때 생기는 커다란 블랙홀을 피하기 위하여 10-10-10을 사용하고 있다.

나도 하와이에서 10-10-10의 새로운 지평에 눈을 뜨기 전에는 그랬다. 그 시절 나는 내 가치관이 무엇인지 알고 있었고 학교 친구의 생각과는 달리 나도 인생을 즐길 줄 알았다. 하지만 그것을 내가 어렸을 때 시실리아 출신 할머니 무릎에서 배웠던 근면이나 안정과 같은 가치보다 덜 좋아했던 것뿐이다. 우리 할머니 프란체스카 필라토는 서른 살까지 한 남자와 결혼과 이혼을 두 번씩이나 했고, 혼자 네 아이를 키우며, 니트웨어 디자인 사업에서 번 돈으로 빚 한 번 지지 않고 아이들을 모두 대학까지 보냈다. 1940년대 뉴욕 주 로체스터에서는 이혼한 이민여성 기업인이라고는 찾아볼 수 없던 시절의 이야기이다.

이런 훌륭한 모범을 보임으로써 우리 할머니의 가치관은 나에게 큰 영향을 주었다. 내 자신의 경험으로 보아도 희생과 성실은 항상 보람을 가져다주는 가치였다. 사실 그 옛날 학교 친구의 파티 초대에 그렇게 까탈스럽게 굴었던 것도 사실은 나를 고용하겠다는 회사 측에서 내가 특정 평균학점 이상의 성적으로 졸업을 하면 2학년 전학비를 대주겠다고 약속했기 때문이다.

그러나 시간이 흐르면서 나는 다른 어떤 가치보다도 더 심오하고 강력한 또 하나의 가치를 소중히 여기게 되었다. 나는 좋은 결혼생활을 원했다.

그러고는 거짓된 생활 속에서 살고 있었다.

그랬기 때문에 내 인생의 한가운데 뻥 뚫린 커다란 블랙홀을 어떻게든 채워보려고 삽질하고 삽질하고 또 삽질하고 있었다. 나는 과거 어느 때보다도 일에 전력투구했다. 5년 동안 네 명의 아이를 낳고 그중 두 명을 굳이 데려가지 않아도 되는데 하와이로 데려갔다. 나는 이웃들을 위해 바비큐 파티를 열고 일요일이면 주일학교에서도 가르쳤다. 일주일에 한 번씩 부모님도 뵈러 갔다. 개도 키웠는데 여느 개가 아니라 85킬로그램이 넘는 마스티프였다. 나는 베개 밑에 내일 할 일의 목록을 두고 자다가도 새벽 다섯 시에 벌떡 일어나 내가 깜빡 잊었던 일들을 추가했다.

친구와 가족들이 좀 천천히 일하고 긴장을 풀라고 하면 나는 농담 비슷하게 답을 하곤 했다. "절박한 상황의 여자는 절박한 행동을 하게 되어 있거든." 하지만 내 행동의 이면을 들여다보면 웃을 일이 아니었다. 나는 가치 괴리의 폭주열차로 대형사고가 나는 것은 시간문제였고, 그러다가 결국 하와이에서 폭발했던 것이다.

10-10-10은 자신의 진정한 믿음에 따라 모든 결정을 내릴 것을 강요한다. 그렇다, 그것은 강요이다.

일단 그렇게 하기로 하면서 모든 것이 바뀌었다. 남편과 나는 이혼을 했다. 또한 나는 직장에서의 책임과 자녀양육 사이의 갈등을 성공적으로 풀어갈 수 있었다. 그 결과 단지 외형만 그럴듯하게 보이는 것이 아니라 진정 내가 원하는 삶이 시작되었다. 그리고 다른 사람들에게도 내 선택이 타당하게 보이기 시작했고 무엇보다 나 자신도 믿게 되었다.

　나는 심지어 삶을 즐기기 위한 시간을 따로 배정하기 시작했다. 물론 그래봤자 내 방식으로 즐기는 것이지만 말이다. 거의 12년 만에 보러 간 U2 콘서트에서 밴드가 〈당신이 그 벨벳 드레스를 입으면〉이라는 노래를 불렀을 때 나는 너무 행복한 나머지 올라서 있던 의자에서 날아가듯 떨어졌다. 나는 정원을 다시 조경하고 아이들을 붙잡아 씨를 뿌리고 거두는 것을 또 함께했다. 그리고 매일 저녁 85킬로그램이 넘는 개를 데리고 숲으로 긴 산책을 가는 시간을 따로 두었다. 우리 개 애비는 흔히 은유적으로 말하는 '장미 냄새를 맡으러' 멈춰서지는 않았지만 버섯, 나뭇가지, 돌멩이 냄새를 맡으며 멈춰섰다. 애비는 다른 개 냄새를 맡으러 멈추기도 하고 지나가는 차를 골라 짖기도 하고 자주 나를 올려다보곤 했는데, 마치 이렇게 묻는 듯했다. "어떻게 지내세요, 아줌마, 잘 견디고 있는 거죠?" 애비는 이제 개들의 천국에서 살고 있으나 나는 요즘도 삶의 여유를 제대로 찾도록 가르쳐준 애비에게 감사하고 있다.

　이제 삶의 여유도 내 소중한 가치 중 하나이다.

　향후 다른 장에서도 자신의 가슴속 깊이 뿌리 내린 가치관에 따라 의사결정을 하는 수많은 10-10-10 사용자를 만날 것이다.

　이들이야말로 진실된 삶을 사는 기쁨을 경험한 사람들이다.

【4장】

함께할까 헤어질까
사랑과 10-10-10

10 minutes
10 months
10 years

이혼한 지 얼마 되지 않아 나는 새로운 일요일 아침 습관이 생겼다. 아이들과 함께 교회에서 돌아온 직후에 나는 홍차 한 잔을 따라놓고 부엌에 앉아 『뉴욕 타임즈』의 스타일 섹션을 편 다음 결혼식을 알리는 기사들을 하나하나 전부 읽었다.

아이들은 내가 이 기사들을 읽는 동안 나를 무시하려고 노력했지만 어느 날 당시 여섯 살이었던 이브는 궁금해서 더 이상 견딜 수 없었나보다.

"엄마는 왜 하면 슬플 일을 계속하는 거야?" 이브는 양손을 허리에 얹고 나를 올려다보며 도전하듯 물었다.

"난 안 슬픈데." 나는 놀라 대답했다. 왜냐하면 나는 정말 슬프지 않았기 때문이다. "그냥 궁금해서 그래."

나는 화사하게 웃고 있는 많은 사진들을 쭉 가리키며 말했다. "이렇게 행복하게 출발하는 많은 사람들을 봐라. 몇몇은 행복하게 살겠지만 분명히 여기서 실패하는 사람들도 나올 거야."

이브는 마치 내가 무슨 얘길 하는지 너무 잘 안다는 듯 진지하게 고개를 끄덕였다.

"나도 여기서 해답을 찾는지도 몰라"라고 나는 말했다.

이브는 다시 고개를 끄덕였다. 우리의 상황이 이렇게 바뀐 이상, 엄마가 관심을 가질 만하다고 암묵적으로 동의하는 듯했다.

그 후로 약 10년이 지났다. 나는 홍차를 아이스커피로 바꾸었고 이브는 나보다 키가 더 크다. 그리고 나는 더 이상 신문에서 영원히 행복하게 사는 비결을 찾지 않게 되었다. 내 인생 최고의 성취는 드디어 내가 내 인생을 산다는 것이다.

그리고 그 모든 것이 사랑의 비결에 관한 이론, 룰루라는 한 여인, 산꼭대기에서 얻은 계시, 멋진 한 남자, 즉석에서 내린 10-10-10 결정, 그리고 잭이라는 그 멋진 남자가 케이프 커드의 어촌에서 우연히 산 포도맛 풍선껌 한 통 덕분이다.

사실 사랑을 제대로 하려면 여러 가지가 맞아야 한다. 사랑은 신비스러울 수도 있다. 미치게 할 수도 있다. 불가능하게 느껴질 수도 있다. 다른 그 어떤 것보다도 우리에게 깊은 상처를 줄 수도 있고, 또한 이제까지 맛보지 못한 기쁨을 줄 수도 있다.

달리 말해서 지금 여기서 10-10-10이 있으면 사랑이 더 쉬워진다고 말하는 것은 절대로 아니다.

하지만 10-10-10은 건강한 관계를 구축하는 데 도움이 될 수 있다는 것이다. 우리 관계에 활력을 불어넣어주고 구렁텅이에서 끌어내어주며 여러 가지 측면에서 더욱 행복하고, 더 나은, 또한 더 튼튼한 관계로 만들어준다.

나는 이미 양쪽 파트너가 같은 가치관을 갖고 있든지 혹은 최소한 서로 상대의 가치관을 존중하든지 할 때만 두 사람의 관계가 성공할 수 있다고 이야기한 바 있다. 그러나 두 사람의 관계는 양쪽 파트너가 사랑의 세 가지 주요 요소에 대해 개방적으로 토론할 수 있을 때 더 오래 갈 수 있다고 나, 사랑의 닥터, 수지 웰치는 주장하는 바이다. 그 세 가지란 친밀감, 책임, 통제이다.

10-10-10은 바로 이 역학에 직접적으로 연결되기 때문에 두 사람의 관계를 변화시킨다. 각각의 가치를 표면화하므로 둘을 가깝게 혹은 멀어지게 하는 것들이 무엇인지 살펴볼 수 있다. 그것들은 추진력, 공감대, 관성, 독립심, 동조, 전통 등 다양하다. 10-10-10은 사랑의 어느 단계에서든 이 관계를 지속시켜주는 것과 방해하는 것이 무엇인지 이해할 수 있는 틀을 마련해준다.

수렁 탈출기

3년 전쯤에 경영대학원의 동기였던 아지타에게서 전화를 받았다. 그녀는 혹시 점심을 함께할 시간이 있는지 물었다. 일과 관련된 일이라고 생각해서 점심약속을 잡고는 그 후로는 별 생각을 하지 않았다. 일주일 후 한 식당에서 아지타와 마주앉고 보니 평상시에는 침착하고 자신감에 넘치던 그녀가 전에 보지 못했던 훨씬 더 인간적인 면모를 보여주었다.

그녀는 예상 밖의 말을 꺼냈다. "로한과 난 정말 돌이킬 수 없는 지경까지 갔었어. 하지만 10-10-10이라는 네가 만든 개념 덕분에 우리 관계를 회복할 수 있었다는 걸 말해주고 싶었어."

아지타는 뛰어난 엔지니어로서 스물두 살에 미국으로 이민을 왔다. 그녀는 처음 몇 해는 엔지니어링 분야를 공부했고, 내가 그녀를 학교에서 만났을 때는 이미 권위 있는 기술회사와 계약을 마친 후 야간에 MBA 공부를 하고 있었다.

나에게 아지타는 언제나 진지하고 야심 있는 인물로 각인되어 있었다. 하지만 함께 대화를 하다보니 새침떼기 같은 그녀의 겉모습 뒤에는 또다른 면이 숨겨져 있었다. 그녀는 파티를 매우 좋아하는 사람이었다.

"나는 사교적이거든." 아지타는 점심을 먹으며 자신을 그렇게 설명했다. "나는 자유로움을 즐기고 동료들과 어울리는 게 너무 좋

아. 친구들 없이 인생을 무슨 재미로 살겠니?" 결혼한 지 첫 5년 동안은 아지타의 퇴근 후 사교활동이 역시 엔지니어였던 로한에게 큰 문제가 되지 않았다. 남편은 아지타의 착한 마음을 사랑했고 그녀의 능력을 존경했으며 아지타의 생기발랄함도 좋아했다. 때로는 아지타와 함께 외출하기도 했지만 대체로 남편이 집을 지켰다.

그러다가 그들에게 딸 레이아가 태어났다. 아지타는 일주일에 다섯 번 하던 저녁 외출을 두세 번으로 줄였다. 근처에 살던 친정어머니가 자주 와서 레이아를 보살펴줄 수 있었다. 하지만 로한에게는 그 대안으로 충분치 않았다. 남편은 아지타에게 가족을 위해서 외출을 자제할 것을 요구하기 시작했다.

아지타는 동의할 수 없었다. 그녀는 남편에게 레이아는 할머니와 함께 있어도 매우 행복하다며, 친구들과의 저녁 만남을 멈춘다면 삶의 균형이 깨진다고 했다.

"왜 나를 통제하려고 들지? 왜 내 개인 시간을 가질 수 없냐고?" 그녀는 따졌다.

1년이 지나자 아지타와 로한의 갈등은 서로 쏘아붙이는 정도에서 조용한 전쟁으로 비화되었다. 둘은 점점 말수가 줄었다. 레이아를 목욕시킨다든가 장을 보러 간다든가 하는 함께하던 집안일도 각각 따로 하게 되었다. 혼자 있을 때면 둘 다 이혼을 생각하기 시작했다.

그러나 딸 레이아 때문에 둘은 참고 지냈다.

하지만 모든 인간관계는 그 한계점이 있기 마련이다. 아지타가 MBA 친구들과 함께 사흘짜리 스키여행을 가겠다고 하자, 아지타와 로한의 관계는 드디어 그 지점에 도달했다. 로한은 즉각적으로 분노에 찬 반응을 보이며 울부짖었다. "아지타, 그건 도저히 안 돼. 사흘은 너무 심하잖아. 어떻게 당신한텐 우리 결혼이나 아이보다 스키여행이 더 중요할 수가 있어!"

서로 흥분한 상태에서 아지타는 남편의 말을 무시해버렸지만, 사실은 무시하기엔 남편의 질문이 너무 그녀를 괴롭혔다. 그날 밤 레이아를 재워놓고 아지타는 계단을 올라가 그녀의 다락방 서재의 문을 닫았다. 그러고는 책상에 앉아 세 장의 종이를 앞에 놓고 질문을 던졌다. 휴가를 갈 것인가, 집에 남을 것인가? 하지만 이보다 더 큰 문제가 도사리고 있다는 것을 마음속 깊은 곳에서는 알고 있었다. 그녀의 결혼, 정체성, 그리고 미래가 달린 문제였다. 그녀는 첫번째 종이는 '10분'이라고 제목을 붙였다.

결론은 빨리 도출되었다. "아지타=슬픔"이라고 적었다. 그녀의 논리에 따르면, 이 여행을 가지 않으면 친구들과 재미있게 놀 수 없으니 기분이 언짢을 것이다. 그러나 이 여행을 가더라도 평소처럼 친구들과 놀기엔 마음이 편치 않을 것이다.

그 다음에 아지타는 여행을 떠나려고 문밖을 나서는 순간 로한이 어떻게 생각할까를 생각해보았다. "로한=슬픔+결심, 우리는 끝장"이라고 그녀는 적었다.

만일 여행을 떠나지 않으면 어떻게 될 것인가도 적어보았다. "로한=안도, 혼란, 희망"이라고 아지타는 예측했다.

두번째 종이에는 '10개월'이라고 제목을 붙였는데, 이번에는 "아지타="이라는 등식의 답을 내는 데 훨씬 시간이 걸렸다. 그녀는 멍하니 미래의 그림이 눈앞에 펼쳐지는 것을 5분 동안, 그리고 10분 동안 무심히 지켜보았다. 그중 하나는 자신과 로한이 옛날처럼 저녁 식탁을 사이에 두고 손을 잡고 있는 모습과 레이아를 함께 목욕시키는 모습, 그리고 옛날처럼 딸애의 발가락, 머리카락, 딸이 내는 아기 소리에 대해 부부가 대화를 나누는 모습이었다.

분명 이번 여행을 가지 않기로 결정하고 계속 집에 더 신경을 쓴다면 10개월 후면 그녀와 로한은 지금 무너져내리고 있는 결혼의 기반을 재건하는 작업을 시작할 수 있을 것이다.

아지타는 자신의 이름 옆에 다음과 같은 단어를 적어넣었다. "다시 결합 시작. 관계 향상."

아지타가 내게 말했다. "나는 로한이 내가 즐겁게 지내는 걸 막으려는 생각이 없다는 건 알고 있었어. 그냥 내가 몇 번 양보만 한다 해도, 게다가 서로 반반씩 양보한다면 로한은 너무 좋아할 거고 우리 관계도 예전처럼 될 수 있을 거라는 생각이 들더라."

만약에 이 여행을 강행한다면? 아지타는 백 퍼센트 확신할 순 없지만 10개월 후에는 그녀의 등식의 나머지 반은 아마도 "혼자 남음"이 될 것 같았다.

아지타는 세번째 종이는 '10년 후'라는 제목을 달곤 "아지타=만족"이라고 적었다.

나는 그 등식에 놀라서 물었다. "왜 '행복함'이라든가 더 즐겁고 신나는 단어가 아니었어?"

"글쎄, 난 좀더 현실적으로 생각했어. 10년이 지나 돌이켜봤을 때 친구들과 많은 시간을 보내지 못한 것을 반드시 후회할 거야. 하지만 동시에 나는 분명히 '그럴 만한 가치가 있었다. 내 결혼은 그만한 가치는 있다'라고 할 거야. 내가 무엇인가를 포기해서, 우리 둘 다 더 큰 것을 얻은 셈이지."

"그럼 너는 결혼의 안녕이 개인의 행복보다 더 중요한 가치라고 생각했단 말이야?" 내가 물었다.

"맞아." 그녀는 간단명료하게 대답했다. "그리고 10-10-10 덕을 많이 봤어."

최근 아지타와 로한은 둘만의 스키여행으로 결혼 10주년을 자축했다. 아지타는 둘째를 가질 것을 생각하고 있다고 말했고 그 결정 또한 부부가 10-10-10 분석을 통해 내렸다고 했다. 그러면서 덧붙여 말했다. "아직 확실한 건 아니야. 아직까지도 우리 커리어에 끼칠 장기적인 영향을 파악하는 중이야. 둘이서 좀더 깊이 이야기할 시간이 필요해."

사랑의 비밀을 풀어내는 이론

아지타와 이야기하면서 가장 기뻤던 것은 그녀가 '우리'라는 말을 자주 사용했다는 것이다. 이를 통해 10-10-10이 얼마나 효과적으로 두 사람의 생각을 하나로 모아주고 체계적이고 차분하게 서로 다른 가치들을 조율할 수 있게 해주는가를 깨달았다.

10-10-10은 둘의 관계가 각 개인의 합보다 더 크다는 것을 일깨워주었다.

대다수의 성공한 관계를 들여다보면 사랑은 그런 모양을 하고 있지 않은가? 두 파트너가 서로를 개인으로도 사랑하지만, 둘이 함께하는 사랑을 더 사랑한다는 것이다. 둘의 사랑을 고귀하게 여기고 예찬한다. 마치 그 관계 자체가 둘의 헌신으로 함께 만들어낸 '제3의 세력'인 양 객체화해서 말한다. 둘의 관계를 존중하고 이를 위해서라면 언제든지 그리고 기꺼이 희생을 한다.

사랑의 비밀을 풀어내는 이 '제3의 세력' 이론을 내가 주창한 것이라고 우기고 싶은 마음이 굴뚝같다. 하지만 사실 이 이론은 가족 심리학자인 주디스 S. 월러스타인과 『뉴욕 타임즈』의 과학 분야 기고작가인 샌드라 블레익슬리가 함께 쓴 『좋은 결혼』에서 나온 이론이다. 1990년대에 월러스타인과 블레익슬리는 성공한 결혼 생활을 하고 있는 부부 50쌍을 연구했는데 거의 모든 경우에 이들은 자신들의 결합을 존중하고 소중하게 키워야 할 귀한 별도의 실체처럼 다루었다. 저자들은 좋은 부부관계라면 두 파트너가 자신의 개별적 정체성보다는 둘의 집단적 정체성을 더 소중히 한다고 결론을 내렸다.

궁극적으로 10-10-10을 통하여 아지타도 그 경지에 도달한 것이다.

아, 옛날이여

때로는 아이의 탄생이 아니라, 자식을 떠나보냄으로써 부부간의 갈등이 표면화되는 경우도 있다. 질리언의 남편 마이크는 성공적인 기업임원으로 한때 그녀의 인생의 전부였으나 이제는 같은 지붕 아래 사는 낯선 사람처럼 느껴지게 되었다. 수년 동안 부부는 둘 사이의 벽을 무시하기로 암묵적으로 합의를 하고 있었으나 막내아들이 대학 진학을 위해 집을 떠나자 두 사람의 데탕트는 무너졌다.

질리언이 술회하기를 "갑자기 내가 가진 건 깨끗한 집, 그 외에는 아무것도 없다는 것을 깨달았어요."

질리언에 따르면 마이크는 한 번도 그녀를 적대적으로 대한 적은 없지만 항상 정서적으로 부재인 상태였다. 남편은 물리적으로도 부재인 경우가 많았는데 질리언은 집 안을 감도는 침묵의 어색함을 회피하기 위하여 남편이 일부러 출장을 길게 잡는 것이 아닌가 생각했다.

"마이크와 결혼할 당시 그리고 신혼 시절 나는 정말 자유롭게 살던 예술가였어요. 우리 부부가 서로에게 완벽하다고 생각했던 건 서로 균형을 잡아줄 수 있었기 때문이죠." 질리언이 과거를 돌이켜보며 말했다. "우리 둘은 요트를 타거나 캠핑을 하면서 긴 주말을 함께 보냈고 저녁식사도 항상 함께 준비했지요. 남편은 내 전시회에 꼭 와주었고요. 하지만 마이크가 변하면서 나도 변했어요. 남편은 회사에서 엄청나게 성공을 했습니다. 나는 주부가 되었고요. 때로는 내가 남편에게 지루한 존재가 된 것이 아닌가 생각해요."

하지만 질리언이 마이크에게 생활의 활력을 되찾기 위해 다시 그림을 그리겠다고 하자 남편은 비웃었다. "질리언, 그만둬. 그 시절은 이제 끝났어."

낙담과 혼란에 빠진 질리언은 마이크에게 부부심리치료를 함께 받자고 애걸했다. 남편은 한 번은 가주겠다고 했다.

하지만 첫번째 상담에서 마이크는 흥미를 느꼈다. 왜냐하면 상담치료사가 다른 저의가 없다는 것을 마이크가 느낄 수 있었기 때문이다. 치료사는 단순히 두 사람의 결혼에서 아직 공통분모가 존재하는지를 알아보는 객관적인 방법으로 10-10-10을 소개했다.

그 첫 단계로 치료사는 질리언과 마이크 각각에게 가치있는 것들을 말해달라고 했다. 마이크는 금방 대답했다. "일반적인 것들이죠 뭐. 재정적 자유, 또 우리 아이들이 성공하는 거, 직장 사람들에게 존경받는 거죠."

질리언은 믿을 수 없다는 듯이 물었다. "우리 결혼은? 마이크, 우리 결혼은 당신의 리스트에서 어디에 있어? 내게 가장 중요한 가치는 그거거든. 우리 결혼과 우리 가족."

"질리언, 이 결혼은 더 이상 존재하지 않는다는 걸 알고 있잖아." 마이크는 딱 잘라 말했다.

다음 몇 주 동안 이 부부는 함께 있을 때와 헤어졌을 때 둘의 세계가 어떻게 다를지 상상하는 작업을 했다. 이 상담 세션은 침묵과 신랄함 사이를 오갔고 특히 마이크가, 질리언이 오랫동안 두려워했던 대로, 출장 중에 다른 여자와 함께했다는 사실을 인정함으로써 이혼이 불가피한 것처럼 보였다.

그러나 치료사가 설득력 있는 지적을 했을 때 돌파구가 생겼다.

"두 분 다 신혼 때의 관계를 사랑하셨잖아요. 두 사람 다 그 시절을 마치 친한 친구라도 잃은 것처럼 이야기하고 있어요. 어떻게 하면 새로운 버전의 신혼생활을 부활시킬 수 있을까요?"

즉각적으로 질리언과 마이크는 10-10-10을 이용해서 어떻게 하면 첫 10년과 같은 만족스러운 생활을 다시 살릴 수 있을까 고민하며 여러 가지 아이디어를 짜내기 시작했다. 그러자 곧 그러한 결혼생활의 재창조는 엄청난 변화가 수반되어야 한다는 것이 자명해졌다. 질리언은 마이크의 출장에 따라다녀야만 하고, 마이크는 질리언이 다시 그림을 그리는 것을 받아들여야만 했다. 또한 침실에서의 부부생활을 부활시키기 위해서는 엄청나게 많은 정서적인 장애들을 극복해야만 했다.

결론적으로 두 사람은 그들의 결혼을 그밖의 어떠한 것보다도 으뜸인 우선순위로 격상시켜야 했다.

마이크 입장에서는 아이들 때문에 이러한 계획을 한번 시도해볼 의향이 있었다. 마이크 생각은 아이들에게 가정을 구하기 위한 최소한 한 번의 노력은 보여줘야 한다는 것이었다. 그리고 아직까지도 자신이 질리언을 어떤 의미에서는 사랑하고 있고, 최소한 과거의 그녀를 사랑했던 것은 확실하다고 생각했다. 질리언의 동기는 더 낭만적이었다. 그녀는 마이크를 사랑했고, 아직까지도 그에게 강력하게 끌리고 있으며, 결혼 초기의 환상적이고 충만했던 관계를 되살리고 싶어했다.

두 사람이 그러한 결정을 내린 지 6개월 정도 지나서, 나는 최근에 질리언과 다시 연락을 했다. 그녀의 목소리를 듣자마자 일이 순조롭게 풀리고 있다는 것을 알 수 있었다. 그녀의 말에 따르면, 질리언과 마이크는 둘의 미래에 대해 매우 긍정적이었다. "우리가 하는 모든 일에 대해 10-10-10을 함께 해보지 않고 지나가는 날이 없어요. 요즘은 언제나 '좋아, 이 선택이 우리의 결혼생활에 단기, 중기, 장기적으로는 어떤 영향을 미칠까?'라는 말을 달고 살아요. 이건 마치 내비게이션 장치 같은 거죠. 우리가 경로를 이탈하지 않게 해준답니다."

나는 커플들이 길을 잃는 것을 예방해주는 도구라는 10-10-10의 이미지가 아주 마음에 들었다. 왜냐하면 가장 행복한 관계에서도 쉽사리 길을 잃을 수가 있고 또한 인생이 엉뚱한 길로 우리를 안내할 수도 있기 때문이다.

딸이자 아내인 삶

1987년에 낸시와 칼이 만났을 때 그녀는 서른여섯 살이었고, 한 번의 이혼과 한 번의 사별 경력이 있는 의료기록 담당자로 첫번째 결혼에서 십대 아들을 두고 있었다. 고집스럽게 독립심이 강했던 낸시는 남자를 또 만나면 인생을 망칠 수 있다고 굳게 믿었다. 동갑인 칼은 이혼의 충격에서 회복 중이었는데 주변 모든 사람들에게 자신은 다시는 결혼하지 않을 평생 독신남이라고 선언하고 다녔다. 하지만 집 근처 술집에서 벌어진 다트 경기에서 우연히 낸시를 소개받고는 칼은 얼른 마음을 바꾸었다.

첫 데이트를 한 지 2주 만에 칼은 낸시에게 청혼을 했다.

"은행 빚이 있거나, 양육비가 필요하신가보죠?" 그녀는 농담으로 받았다.

"아니요, 나는 드디어 자기 짝을 만난 운 좋은 남자일 뿐입니다." 칼은 흔들림 없이 대답했다.

낸시와 칼의 첫 12년의 결혼생활은 축복 그 자체였다. 때때로 낸시가 한밤중에 눈을 뜨면 칼이 행복에 겨운 눈빛으로 그녀를 바라보고 있었다. 그녀 역시 행복의 미소로 화답하곤 했다.

낸시는 "이 세상에서 가장 행복한 결혼을 했다고 확신하고 있었다"라고 말했다.

그러다가 이 부부의 아래층에 살던 낸시의 어머니 버지니아가 치매를 수반한 파킨슨씨병이라는 진단을 받았다. 낸시와 칼은 어머니를 적극적으로 보살폈지만 버지니아가 혼자 힘으로 식사를 하거나 목욕을 할 수도 없게 되자, 두 사람은 힘든 간병에 육체적으로 정서적으로 심하게 마모되기 시작했다.

기나긴 5년이 이렇게 흐르고 나서, 낸시는 결국 내키지 않았지만 어머니를 시설에 보내기로 했다. 그러나 죄책감 때문에 매일 일이 끝나면 어머니를 방문하려고 했다.

당연하게도 이러한 일정으로 인해 낸시는 과거 어느 때보다 더 지쳐갔다. 병원에서의 책임이 커져감에 따라 낸시가 어머니의 간병시설에 도착하면 거의 언제나 저녁 일곱 시 혹은 여덟 시 이후였다. 드디어 밤늦게 집에 돌아오면 지쳐 쓰러지기 일쑤였다. 칼은 인내심을 발휘했지만 참는 데 한계가 있었고 둘의 관계는 서로가 상상하지도 못했던 방식으로 삐걱거리기 시작했다.

"이렇게 결혼을 또다시 망치다니 믿을 수가 없어." 낸시는 절망 감에 울곤 했다.

그러던 어느 날 밤 낸시는 어머니를 방문한 후 좌절감에 울며 차를 몰고 집에 돌아오던 중에 전에 읽었던 10-10-10에 대한 글을 기억해냈다. 그러면서 갑자기 만일 그녀가 자신의 의무감을 넘어서서 다른 선택에 대해 마음의 문을 열면 과연 어떤 일이 일어날까 하는 생각이 들었고, 이 과정을 칼에게 제안해봐야겠다고 생각했다.

몇 시간 후에 두 사람은 마주 앉아서 10-10-10으로 과연 낸시가 매일 어머니를 방문하는 것을 계속해야 하는지를 생각해보았다. 두 사람은 종이와 펜을 이용하는 것을 생략하고 응접실의 소파에 나란히 손을 잡고 앉아 대화로 풀었다.

두 사람의 첫 10분에 대한 결론은 신속했지만 명암이 엇갈리는 그림이었다.

"나는 기분이 나쁘기도 하고 좋기도 할 거야." 낸시는 칼에게 탄식을 하며 말했다. "나는 죄책감이 들지도 모른다는 게 너무 두려워. 하지만 한편으로는…… 지금은 숨 쉬기조차 힘들어. 뭔가 대안이 필요해. 너무 지쳤거든. 당신이 너무 그리워, 칼."

"나도 당신이 너무 그리워, 여보." 칼이 말을 받았다.

"우리 엄마는, 글쎄…… 10분대라면 당장 엄마는 노여워할 거야." 그러곤 얼른 덧붙였다. "아마 날 미워할 거야."

칼이 부드럽게 상기시켜주었다. "장모님은 더 이상 장모님이 아니잖아. 낸시, 당신은 57년 동안 정말 완벽한 딸이었어."

"10개월 후라면 다른 가족들도 조금 더 자주 방문할 수 있을 거야." 낸시는 희망에 차 이야기했다. "오겠다고들 했거든. 그리고 다른 가족들이 엄마를 더 자주 방문해준다면 내가 좀 덜 갈 수도 있고. 그렇다면 우리 인생을 되찾을 수 있을지도 몰라."

"10개월 후라면 장모님도 다른 방문객에게 적응할 수 있을 거야. 알아보신다면 말이지."

하지만 낸시는 아직도 무엇인가 꺼림칙해서 칼에게 제안했다. "10년 후를 생각해보자. 엄마가 돌아가신 후에 나는 딸로서 도리를 다했다고 느끼고 싶어. 나는 '글쎄, 엄마가 나를 정말로 필요로 하기 전까지는 괜찮은 딸이었는데'라는 생각이 드는 건 싫거든."

칼은 낸시가 침묵 속에 한동안 골똘히 생각할 시간을 주었다. 그러자 그녀가 칼을 놀라게 했다.

낸시는 자신의 생각을 소리내어 말했다. 10년 후엔 과거를 돌아보며 '나는 엄마한테 잘했어'뿐만이 아니라 '나는 남편한테 잘했어'라고 생각하고 싶다는 것이었다. 그녀는 오래 함께하는 결혼, 그리고 부분의 합보다 더 큰 결혼이 인생의 중심이 되기를 원했다.

낸시는 갑작스럽게 확신에 차서 말했다. "당신을 사랑해, 칼. 당신이 곧 내 인생이야. 내가 왜 나 자신을 딸로서만 생각했는지 모르겠어. 아내이기도 한데."

다음날 낸시는 어머니를 만나러 가지 않았다. 그 후로도 사흘 동안 어머니를 방문하지 않았다. 그리고 드디어 낸시가 어머니를 찾았을 때 낸시의 어머니는 아무 일도 없었던 것처럼 대했다. 낸시는 어머니에게 신문을 읽어드리고 약 한 시간 동안 날씨 이야기, 버지니아가 기억하는 듯한 이웃 사람들에 대해서도 이야기, 낸시의 아들과 그의 새 아내에 관한 소소한 이야기로 시간을 보냈다. 떠날 때 낸시는 부드럽게 말했다. "사랑해요, 엄마."

"나도 사랑한단다." 어머니도 부드럽게 답했다.

얼마 전에 나는 낸시와 통화를 했는데, 남편 칼과 다른 가족들과 함께 크리스마스 시즌을 맞이하여 초콜릿이 덮인 마시멜로와 프레첼로 가득 채운 크리스마스 바구니를 준비하고 있었다. 주위에서 들리는 활발한 이야깃소리에 이 부부의 삶이 진정으로 제자리를 되찾았다는 것을 느낄 수 있었다.

내 추측이 맞느냐고 묻자 낸시가 대답했다. "그때는 두 사람의 결혼생활이 뒷전이었어요. 하지만 이제는 그렇지 않아요." 그리고 그 생각을 마무리하듯 그녀는 애정 어린 웃음을 터뜨렸다. 전화기 너머로 그녀의 행복한 목소리가 들려왔다. "여보, 제발 손가락으로 초콜릿 좀 찍어먹지 말아줘."

짝짓기 댄스

자, 그렇다고 해서 10-10-10이 이미 결혼한 단계에서만 도움이 된다는 인상을 주고 싶지는 않다. 새로운 관계가 탄생하고 만들어져가는 과정에서도 10-10-10이 건설적인 역할을 하는 것을 많이 보았다. 사실 모든 관계의 시작 단계는 매우 복잡한 역학이 얽혀 있다. 첫째는 유혹의 단계 혹은 '날 좀 보소'의 단계로서 두 파트너 모두 공작새가 부채꼬리를 펼치며 뽐내듯 가진 바 최고의 모습을 보이느라 엄청난 에너지를 쏟는 단계이다. 그 다음은 조사의 단계로 상대의 '최고의 모습'의 허와 실을 알아내려고 애쓰는 시기이다. 사랑의 초기 단계 중에는 상상력을 가동하는 단계도 있는데, 양측 다 이 관계가 어떻게 발전할 수 있을까를 그려보고, 또 그에 못지않게 친구들과 가족이 이 관계에 어떻게 반응할까를 상상해보기도 한다. 그리고 끝으로는 협상의 단계가 있는데 이 관계의 패턴과 친밀감의 깊이, 책임의 강도, 힘의 균형을 놓고 논쟁하고 이를 시험해보고 궁극적으로 설정을 마치는 시기이다. 이를 짝짓기 댄스라고 부르는 데는 다 이런 이유가 있는 것이다.

그렇다고 내가 구애의 과정을 고지식하게만 바라보는 것은 결코 아니다. 대다수의 커플들이 연애 초기에 상대 주변을 맴돌며, 서로 엮이려고 애쓰고, 가벼운 희롱을 주고받고, 자기를 은근히 과시하고, 상대를 은밀한 곁눈질로 훔쳐보는 과정들은 엄청나게 재미있고 짜릿하기 마련이다. 하지만 그러한 스릴에도 불구하고 짝짓기 댄스는 단점이 있다. 많은 경우에 이러한 구애 과정은 깊은 생각이나 가치평가가 거의 없는 허세와 작전이라는 것이 문제다. 연애 초기의 흥분과 황홀감을 완전히 억누를 수는 없겠지만 서로를 알아가는 과정에서 10-10-10은 두 사람 관계의 중심을 찾아줄 수 있다.

사이버 공간에서 재기를 꿈꾸다

하이디의 부모는 둘 다 시인으로 미국 중서부에서 자주 이리저리 직장을 옮겼다. 그녀는 아버지가 인문대학에서 가르치게 되어 열세 살 때 처음으로 안정된 가정생활을 했다. 하지만 그 안정도 오래가지 않았다. 2년 후 어머니가 유방암으로 돌아가셨고 슬픔에 빠진 아버지는 직장을 결국 그만두고 하이디를 데리고 다시 길을 떠났다.

열여덟 살에 하이디는 제롬이라는 이름의 연료배달부를 만났다. 짧은 연애 기간을 거쳐 두 사람은 결혼하여 세인트루이스 외곽에 있는 지하 아파트에서 살림을 차렸다.

초기에는 행복한 듯했지만 점차 제롬의 행동이 이상해져갔다. 어떤 날은 몽롱한 상태에 빠지기도 했고 또 어떤 날은 약간만 신경에 거슬려도 하이디에게 고래고래 소리를 지르곤 했다. 한동안 하이디는 제롬이 결혼생활에 발목이 잡혔다고 후회하는 것이 아닌가 의심을 했다. 하지만 제롬의 '이상한 무드'가 지나가기를 2년이나 기다려도 소용이 없자 이 부부는 의사를 찾아갔다. 제롬은 일명 로렌조오일병이라고 불리는 부신백질이영양증이라는 진단을 받았는데, 이는 주로 유년기에 어린이들에게 발병하지만 아주 드물게는 성인에게도 나타나는 유전성 신경질환이었다. 제롬은 7년간 힘든 투병을 하다가 세상을 떠났다.

몇 달이 지난 후 하이디는 같은 주이기는 하지만 다른 작은 마을로 이사를 가 공립중학교의 교사 자리를 얻어 새 출발을 했다. 하이디는 금세 이 직장이 자신에게 잘 맞는다는 것을 알았지만 집에 홀로 돌아오면 외로움과 고립감이 엄습해왔다. 어디로 가서 사람을 만날 수 있을까? 어떻게 누군가를 만날 수 있을까? 싱글 남성이 별로 없는 조용한 마을이고, 누구나 자기를 알아보는 이 마을에서 누구와 사귈 수는 없다고 결론지었다.

하이디는 인터넷의 데이트 사이트를 서핑해봤다. 이런 일을 처음 해본 대다수의 사람들과 마찬가지로 인터넷에서 누군가와 만난다는 사실에 호기심이 일기도 했고 싫기도 했다. '나는 그런 건 못 한다'라는 생각도 들었다.

과연 할 수 있을까?

하이디는 평생 떠돌며 외롭게 인생의 난관을 극복하며 살아왔다. 이제 스물일곱의 과부가 되니 그녀는 평생 정을 나누고 함께 인생을 설계할 수 있는 진정한 그 누군가를 갈망했다.

일찍부터 10-10-10을 활용하고 있던 하이디는 과연 온라인에서 사랑을 찾아야 할지를 결정하는 데 이 법칙을 적용해보기로 했다.

10분 후의 결과에 대해 하이디는 온라인 데이트는 어색하고 민망스러우며 아마도 애쓴 보람이 없을 것이라고 생각했다. 퇴짜를 맞을 수도 있고 그리하여 전보다 더 외로움을 느낄 수도 있을 것이다.

10개월 후, 그녀는 아무도 만날 수 없었기 때문에 온라인 데이트를 포기했거나 혹은 어색한 만남을 회피하기 위하여 그만두었을 것이다. 아마도 자신이 그런 시도를 했다는 자체를 웃으며 돌아보고 있을지도 모른다.

하이디는 10년 후를 생각했을 때 그녀가 노력하지 않았기 때문에 혼자 살든지 아니면 운이 좋아서 사랑하는 사람과 함께할 수도 있다고 생각했다. 그 외에 별다른 선택이 없는 상황에서 온라인 데이트를 포기하기에는 그 가능성이 너무 아까웠다. 그래서 한번 시도해보기로 했다.

6개월 후에 배우자를 잃은 사람들을 위한 게시판을 살펴보다가 하이디는 '산전수전'이라는 아이디의 홀아비를 만났다. 로버트는 은근한 유머와 온화한 성품을 가진 마흔다섯 살의 남성으로 십대 아들이 하나 있었고 시에 열광하는 사람이었다. 로버트와 하이디는 이메일을 시작했고, 그 후 통화를 하고, 나중엔 서로 왕래하게 되었다. 두 사람이 만날 때마다 하이디는 10-10-10을 이용하여 발견한 자신의 가치들을 반추해보는 것을 잊지 않았다. 하이디는 자신과 로버트가 서로를 '조사'하는 동안 솔직한 대화를 나눌 것을 원했다. 사랑을 오랫동안 기다려온 만큼 그녀는 지나치게 경솔하거나, 밀고 당기기 게임을 함으로써 사랑을 망치고 싶지 않았다.

오늘날 하이디와 로버트는 결혼하여 로버트의 고향인 캐나다에서 어린 딸을 키우고 있다. 그녀가 내게 말하길 자신의 10-10-10 결정은 단 5분에 다 끝났다고 했다. 그러나 10-10-10은 사랑을 찾기 위해 사이버 공간의 모험을 시작할 때 자신의 가치관에 진실할 것을 상기시켜줌으로써, 그녀가 꿈꾸던 삶을 현실에서 이룰 수 있게 해주었다.

주의해야 할 한 가지

10-10-10이 이제 막 시작된 관계를 반드시 결혼으로 이끌어준다고 생각하면 오해이다. 사실 때로는 이 과정에서 두 사람의 관계가 가지고 있는 함정이 드러나기도 하며 이를 통해 양쪽 파트너 모

두에게 주의하며 관계를 진행시키라는 메시지를 보내준다.

블레어와 안드레는 처음부터 어울리지 않는 커플이었다. 두 사람이 대학에서 만났을 때 블레어는 예술사를 전공하고 있었고 인생의 목표는 뉴욕에서 직장을 찾아 연로하신 부모님과 가까이 사는 것이었다. 안드레는 자나깨나 공부만 생각하는 열혈과학도로서 자신의 미래에 대해 구체적인 계획을 가지고 있는 남자였다. 그의 목표는 종양학 박사학위를 취득하여 권위 있는 의학연구자가 되는 것이었다.

두 사람의 감성은 이렇게 달랐지만 블레어와 안드레는 졸업할 때까지 2년간 다른 사람을 만나지 않고 열중해서 사귀었다. 졸업 후 두 사람 다 맨해튼에서 일자리를 잡았는데 블레어는 인권문제를 다루는 법률사무소의 보조직원으로 취직했고, 안드레는 병원 실험실의 연구진으로 취직했다. 두 사람의 관계는 대학 시절보다 약간 더 성숙해졌을 뿐 그대로였다. 그러던 어느 날 안드레가 상사에게서 도쿄병원의 특별연구원 자리를 제안받았다.

안드레는 블레어에게 이메일을 보냈다.

"짐 싸자. 우리 일본 간다!"

블레어는 깜짝 놀랐다. 그녀는 이것이 우회적인 청혼인지 궁금했다. 만약 그렇다면 받아들여야 할 것인가? 이것이 청혼이 아니라면 안드레의 의도는 무엇일까? 갑자기 블레어는 약속된 것도 없고 딱히 뭐라고 정의할 수도 없는 안드레와의 관계가 심히 불편하다는 것을 깨달았다. 그녀는 안드레와 이 문제에 대해 깊이 이야기를 해봐야겠다고 생각했다.

그러나 먼저 자신이 안드레와의 관계에서, 또 인생에서 원하는 것이 무엇인지 알아야 한다는 것을 깨달았다.

블레어는 법률사무소의 일을 사랑하게 되었다. 그녀의 상관은 30년 경력의 기업 변호사 생활을 성공적으로 마치고 주로 공익변호를 하고 있었다. 그를 따라 법원을 드나들면서 블레어는 자신이 사회정의에 깊은 관심을 가지고 있다는 것을 알게 되었다. 자신도 인권문제를 다루기 위해 로스쿨을 다니고 싶었고 마침 그녀의 상사도 로스쿨 지원과정을 여러모로 도와주겠다고 약속했다.

같은 법률사무소의 워킹맘 변호사가 그녀에게 10-10-10을 알려주었고 그날 안드레의 이메일을 받은 후 블레어는 이를 이용해 자신의 인생을 모색하기로 했다. 내가 과연 안드레와 함께 일본으로 가야 하는가?

우선 블레어는 10분, 10개월, 10년을 의미하는 네모를 그려 차트를 만들고, 각각의 네모 안에 '일' '사랑' '가정'이라는 소제목을 달았다. 과거에는 그 순서가 가정-사랑-일이었다. 그러나 직접 그리다보니 순위가 일-가정-사랑으로 바뀌었다는 것을 깨달았다.

블레어는 10-10-10을 통해 신속하게 확실한 결론에 도달할 수 있었다. 자신은 뉴욕에 남아 경력을 쌓고 또한 부모님을 보살피는 것이 마땅하다고 느껴졌다. 그렇다고 안드레와 헤어지고 싶다는 것은 아니었다. 그녀는 안드레를 사랑했고 그가 도쿄로 가게 되었다는 것이 더할 수 없이 자랑스러웠다. 하지만 이 관계가 발전하려면 안드레 또한 이 관계의 조건을 명확히 해야만 한다.

블레어가 내게 말했다. "제 결정은 최후통첩이 아니었어요. 그렇기 때문에 10-10-10 과정이 참 좋아요. 나는 안드레가 가게 되었다는 게 기뻤고 내가 남아야 한다는 것도 기뻤어요. 그래서 결국 우리 두 사람은 처음으로 우리의 장래에 대한 진지한 대화를 나눌 수 있었답니다."

그 미래엔 두 사람의 결혼이 포함되어 있을까?

블레어는 그건 확실치 않다고 말했다. "미래가 어떻게 될진 모르지만 최소한 10-10-10이 있으니까 우리 둘이 미래에 대해 이야기할 수 있는 공통의 언어가 있다는 것이죠."

자신의 불편한 마음을 무시하고 나중에 어떻게 되겠지 하는 태도를 취하는 대신 블레어는 10-10-10을 이용하여 어떤 선택이 자신의 가치관에 가장 부합하는지를 찾아보았다. 실제로 관계에서 무엇인가 어긋나고 있다는 느낌이 있어도, 대다수의 경우, 시간이 흐른다든지, 직장을 구한다든지, 다이아몬드 반지를 받는다든지, 아이가 생긴다든지 함으로써 관계의 불확실성이 사라지기를 막연히 기대하는 경향이 있는데, 블레어는 그렇게 대충 넘어가고자 하는 유혹을 피할 수 있었다.

관계의 불확실성이 외부적 이벤트에 의해 사라지는 경우란 거의 없다.

룰루라는 여인

나의 첫번째 결혼도 그렇게 어물쩍 넘어가려는 경향과 그의 단짝인 타성이 지탱해주고 있었다. 남편과 나는 고등학교에서 만나 오랜 시간의 공통분모를 갖고 있었지만 락시뮤직의 노래 〈아발론〉을 제외하고는 단 하나의 (슬프게도 이것은 과장법이 아니다) 공통 관심사가 없었다. 우리 둘 다 스물다섯이 채 못 되어 결혼식장에 들어섰지만 어느 누구도 우리에게 경고해주는 사람이 없었다. 어쩌면 우리가 못 들었는지도 모른다. 나중에 어머니는 "두 사람 다 너무 확신에 차 보였다"라고 했다.

오늘날까지 나는 우리가 무엇을 그렇게 확신하고 있었는지 알 수가 없다. 하지만 확실한 것은 엉뚱한 이유로 결혼을 하면 언젠가는 그 대가를 치른다는 것이다.

결혼이나 관계가 깨지는 이유가 그 무엇이든 간에, 10-10-10은 인생의 가장 고통스러운 전환기에 통찰을 주고 깊이 생각할 수 있는 방안과 위안을 줄 수 있다.

2000년 봄 어느 주말에 남편과 나는 다른 세 쌍의 부부와 우리 아이들을 데리고 라파예트 산으로 등산을 갔다. 대기는 따뜻해졌고 나무들도 새순을 틔우고 있었다. 우리는 한두 시간 산을 오른 후 등산로 중턱의 공터에서 일 때문에 늦게 도착하는 친구 론을 기다리기로 했다.

오후 세 시가 되어 만나기로 약속한 시간에서 두 시간이 지났는데도 론은 도착하지 않았고 그의 아내 레슬리는 안절부절못했다. 그녀는 걱정이 대단했다. "론이 해가 떨어진 뒤에 등산을 하면 안 되는데."

그때 저 멀리서 론이 등에 진 무거운 배낭을 들썩거리며 산을 올라오는 것이 보였다. 레슬리도 그를 보았고 갑자기 그녀는 남편을 향해 날아갔다. "론!" 그녀는 행복이 가득 찬 목소리로 외쳤다. "자기야, 왔구나!"

"룰루! 자기! 나 왔어!" 그가 저쪽에서 소리치는 것을 다들 들을 수 있었다.

두 사람이 얼싸안는 것을 보지 않기 위해 나는 고개를 돌렸다.

텐트를 치고 몇 시간 후 나는 야영장에서 약 2백 미터 떨어진 곳에 있는 절벽 끄트머리에 앉아서 일몰 속에 분홍빛과 붉은빛으로 물들어가는 산의 아름다움을 감상했다. 이 산들은 수백만 년 이 자리에 있었고 앞으로도 영원히 있을 것이다. 그런데 나는 마흔 살이었고, 내 인생은 너무 빨리 지나가고 있었다. 남아 있는 시간들은 어떻게 살아야 할까?

다른 여자라면 그날 밤 다른 결론을 내렸을지도 모른다. 하지만 나는 선택의 여지가 없다고 생각했다. 나는 어느 누구도 가짜로 살면서 의미있는 삶이라고 할 수는 없다고 굳게 믿었다. 그리고 나는 두 사람이 자신보다 결혼을 더 사랑했을 때 생겨나는 그 신성한 '제3의 세력'을 절실하게 원했지만 남편과 나는 결코 그런 경지에 이를 수 없다는 것을 알고 있었다.

이제까지 내 인생에 최우선순위는 아이들을 이끌고 보호하여 그들이 독립적으로 건강한 삶을 살 수 있도록 준비하는 일이었다. 바로 그 책임 때문에 이혼은 항상 불가능해 보였다. 그러나 그 산 꼭대기에 앉아 나는 갑자기 거짓된 삶을 사는 것이 좋은 엄마가 되는 데 하등 도움이 되지 않는다는 것을 깨달았다. 내가 아이들에게 어떤 역할모델이 되고 있는 것인가? 나 자신이 부부관계에서 희망이나 따뜻함, 진정한 교감을 보여주지 못하면서 어떻게 아이들에게 그것들을 가르칠 수 있다는 말인가?

하와이 출장은 4년 전이었지만 당시 10-10-10은 나에겐 그리 익숙하지 않은 과정이었다. 그러나 그 순간 내 인생에서 최고로 중대한 결정을 내리는 데 10-10-10에 의지했다.

10분 후 이혼의 결과란 우선 아이들이 식탁의 빈 의자와 빈 옷장, 교회의 우리 자리의 빈 좌석을 보면서 엄청난 고통과 혼란을 겪는 것이다. 또한 이혼 소식을 어떻게 부모님께 알려야 할지도 고민이었다. 거의 16년 동안 부모님은 내가 결혼생활로 힘들어하는 것을 보셨지만 포기하지 말라고 애원하셨다. 직장에서 동료들 얼굴은 어떻게 볼 것인가? 나는 항상 긍정적이고 자신감에 찬 모습을 보여왔다. 과연 그런 모습을 계속 보일 수 있을까?

다음은 10개월 후 시나리오를 생각해봤다. 그때는 상황이 더 악화되어 있을지도 몰랐다. 아이들에게는 그때쯤이면 이혼이 현실로 다가올 것이다. 그리고 모든 다른 이혼과 마찬가지로 법적인 문제와 재산상의 문제로 한바탕 전쟁을 치러야 할 것이다. 나는 한 번도 이혼과정에서 진정한 의미로 사이좋은 '재산 분배'를 본 적이 없다.

그러나 10년 후에는 드디어 진정한 나의 삶을 살 수 있을 것이라고 생각했다. 그것이 어떤 모습일지, 혹은 내가 어디에 있을지는 전혀 알 수 없었다. 하지만 그래도 진실된 삶일 것이다. 내가 그렇게 만들 거니까. 그리고 솔직히 남편도 그런 삶을 원한다고 알고 있었다.

며칠 후 어느 날 밤 우리는 조용히 대화를 통해 이혼하기로 했다.

내가 상상했던 최악의 악몽은 일어나지 않았다. 물론 어머니는 몹시 슬퍼했고, 친구들은 나와 전남편 중 택일하여 갈라섰다. 또 내 인생에서 워털루 전투의 패배 따위는 없었던 척하며 일하려다 보니 직장에서도 힘들기만 했다.

그러나 아이들은 눈 하나 깜짝하지 않았다. 나는 아이들에게 내 10-10-10 결정을 설명했고 아이들은 아이들 머리로 이해할 수 있는 만큼 알아들었다. 어느 날 나는 딸 소피아가 소꿉친구에게 하는 말을 들었다. "우리 엄마는 가짜로 사는 걸 참을 수가 없었대. 그래서 결정을 해야만 했대."

그래, 맞는 말이다. 이 엄마는 결정을 해야만 했다. 그리고 그 모든 과정에 안내자 역할을 해준 10-10-10이 고마웠다. 10-10-10이 없었더라도 내 결혼은 결국 끝났을 것이다. 하지만 아마 내가 선택하지 않은 방식으로 끝나고 말았을 것이다.

포도맛 풍선껌 한 통

2002년 부활절 다음날 10-10-10은 다시 한번 내 마음의 길잡이가 되었다.

그 즈음에 잭과 나는 깊이 사랑에 빠져 있었다. 하지만 우리의 상황은 말도 못 하게 복잡했다. 일단 두 사람은 다른 도시에 살고 있었다. 나는 스캔들에 휩싸여 직장을 그만둔 상태였다. 그리고 네 명의 아이, 커다란 개 한 마리, 그리고 작은 고양이 한 마리라는 '사소한' 문제가 있었다. 우리 모두가 어디서 살 것인가? 가족 한 사람 한 사람과 얼마만큼의 시간을 보낼 수 있을까? 우리는 어떤 가족이 되어야 하는가?

이런 유의 문제는 단순히 대화로 해결될 수 있는 문제가 아니다.

이런 문제들은 명쾌하게 표명이 되고 깊이 숙고해야만 해결될 수 있는 것들이다. 그래서 부활절 주말에 잭과 나는 아이들을 데리고 부모님들이 살던 집이 있는 웰플리트라는 어촌으로 자동차 여행을 갔다. 처음에는 모든 게 멋졌다. 날씨가 좋지 않았음에도 우리는 부활절 계란에 그림을 그리고, 예배에 참석을 하고는, 내가 몇 시간 정성을 들여 준비한 저녁 식탁에 촛불을 켜고 함께 앉았다. 그러나 곧 나는 아이들이 약간, 뭐랄까, 불편해하는 것을 느꼈다. 아이들은 내 인생에 다른 남자가 있다는 데 익숙지 않았고, 나의 애정을 다른 남자와 나누어 가져야 된다는 것이 싫었던 것이다.

그 다음날 아침 나는 모두 함께 산책을 가자고 제안했다. 하지만 곧 후회할 결정이었다. 우리는 모두 차를 타고 부둣가로 갔지만 내가 생각하던 대로 풀리지 않았다. 아들 둘은 서로 치고받고 넘어지며 야단법석을 부렸고 딸 둘은 텔레비전 드라마를 놓고 말다툼을 벌였다.

집으로 돌아오는데 나는 잭의 신경이 예민해지는 것을 느낄 수 있었다. 잭의 생각은 뻔했다. "나는 이 여자를 사랑한다. 하지만 이 말썽꾸러기 아이들까지 원했던 것은 아니다."

그의 옆에 앉아 나도 생각하고 있었다. "나는 아이들을 사랑한다. 하지만 이 남자를 양보할 수 없다."

그 순간 잭은 고속도로의 편의점을 발견하고 주차장으로 들어섰다. "나 껌을 좀 사야겠어요." 잭이 말했다. 하지만 실은 뒷좌석의 난리법석으로부터 잠시 숨 돌릴 틈이 필요했던 것이다.

"이따 봐요!" 나는 잭의 뒤통수에 대고 명랑하게 말했다.

나는 잭이 사라질 때까지 기다렸다. 그리고는 몸을 돌려 아이들을 마주 봤다. 나중에 아이들이 말하길 내 표정이 '미친 여자' 같았다고 했다.

우선 덥석, 가장 가까이 있던 녀석의 멱살을 잡았다. 마커스였다. 오늘날 마커스는 잘 자라 모범적인 십대가 되었다. 마커스의 지도교사는 우리 아들을 '어린 신사'라고 부른다. 하지만 그 시절에 마커스는 몇 시간이고 오리 목소리로 이야기를 하는 장난꾸러기 여덟 살짜리였다. 그날 운이 없게도 마커스는 내 팔의 사정거리 안에 있었다.

"너희들, 잘 들어!" 나는 마커스의 셔츠를 더욱 바짝 움켜쥐며 부글부글 끓는 목소리로 말했다. "내가 모를 줄 알아? 뒷자리에서 몸부림을 치고, 비명 지르고, 서로 찔러대면서, 무슨 동물들처럼 행동하는 이유를 모를 줄 알아? 너희들이 잭을 질리게 만들어서 떼어내려는 거 모를 줄 아니? 하지만 이건 몰랐지? 내가 그렇게 바보는 아니거든!"

내 아이들은 충격에 휩싸여 나를 바라보았고 나는 잭이 아직도 가게 안에 있는지 얼른 돌아보았다. 시간이 별로 없었다.

"똑바로 알아들어." 나는 볼모로 잡힌 내 청중에게로 고개를 돌리고 급히 말했다. "엄마가 드디어 사랑하는 남자를 발견했거든.

내가 이 남자와 함께하기 위해서 태어났구나 싶은 남자를 찾았다는 말이야. 너희들이 이걸 망치려고 했다면 잘못 생각한 거야. 이제 잭과 나는 한 팀이야. 우리는 함께야."

여기서 나는 크게 심호흡을 했다. "엄마는 우리 모두의 최선을 위해서 이러는 거야. 이제 우리 가족의 새로운 규칙들을 알려주마."

그리고 나는 새 규칙들을 소리쳐 말했다.

그 순간 덜컥 자동차문이 열렸다.

"포도맛 풍선껌 씹을 사람?" 잭이 명랑하게 물었다.

나는 얼른 쥐고 있던 마커스의 셔츠를 놓고 잭을 돌아보며 억지로 환한 미소를 지었다.

"괜찮아요!" 나 역시 명랑 버전으로 말했다. "얘들아, 너희들은?"

뒷좌석에선 쥐 죽은 듯 침묵이 흘렀다.

여기서 여러분이 알아야 할 것이 있다. 이틀 후 내가 언니들에게 편의점 앞 자동차 안에서 어떤 일이 있었는지 보고하자 두 사람은 완전히 야단이 났다. 둘이 소리치길 "너 그러면 안 돼, 수지! 어떻게 남자를 아이들보다 더 중요하다고 할 수가 있니!"

나는 언니들의 말을 고쳐주었다. "나는 잭을 우선시한 게 아니야. 나는 우리 가족의 새 규칙을 발표한 거라고."

그 즈음에는 10-10-10을 많이 연습해보았기 때문에 그 위력을 알고 믿고 있었다. 그랬기 때문에 잭이 풍선껌을 사는 동안 그 중요한 순간에 활용할 수 있었던 것이다. 사실 그날의 10-10-10 결정은 거의 시간이 걸리지 않았다. 종이와 펜도 필요치 않았다. 머릿속에서, 글쎄, 한 3나노 초 정도가 걸렸나보다.

10분, 10개월, 10년 후를 따져보아도 나를 포함한 어느 누구의 욕구나 필요사항보다도 우리 인생의 중심이 될 '제3의 세력'보다 더 중요한 건 없었다. 이건 잭과 나라는 부분의 합보다 더 크고 소중한 것이었다.

선택은 내려졌다.

"무슨 일이 있었어요?" 잭은 차 안의 분위기가 달라진 것을 의아해하며 물었다.

"아, 아무것도 아니에요!" 나는 얼른 무마하려 했다.

"정말?" 잭은 계속 물었다.

다시 한번 긴 침묵이 흘렀다. 그러다가 마커스가 침묵을 깼다. "엄마가 새로운 규칙을 말해줬어요." 마커스는 화를 내거나 반항하는 것이 아니라 단지 충격에 휩싸여 불쑥 말을 한 것이었다. 그리고 더 이상 오리 목소리로 말하지 않았다는 것을 알아주기 바란다.

마커스가 일러바쳤다. "엄마는 더 이상 '자기'만이 아니래요. 아저씨와 엄마, 둘이 함께래요."

잭은 행복한 웃음을 터뜨렸다. 그리곤 슬쩍 나를 바라보며 눈썹을 추어올렸고 나는 잭에게 진짜 미소를 보냈다. 우리 둘 사이에는 아무 말도 없었지만 잭의 얼굴을 보니 자신이 없는 동안 어떤 일이 일어났는지 대충 짐작하고 있었고 아이들에게 확실히 해준 것에 고마워하고 있었다. 그리고 무엇보다도 내 결정에 고마워했다. 신중하고 진실하며 오래갈 결정임을 알고 있었기 때문이다.

그렇게 조용히 우리라는 소중한 공동체가 희망차게 첫발을 내딛게 되었다.

5장

당장 그만둘까 좀더 버텨볼까

직장과 10-10-10

이 장은 일과 관련된 결정을 내리는 데 10-10-10이 얼마나 유용한가에 대한 것이다. 그러나 시간을 절약하기 위해서 자신이 다음 항목에 해당한다고 생각하면 이 장은 건너뛰어도 된다.

1. 당신은 일이 별로 중요치 않다. 중요하긴 하지만 그렇게 많이 중요한 것은 아니다.

2. 당신은 일이 중요하지만 일이 아주 쉽고 잘하고 있다.

3. 당신은 일하던 중에 "아이고, 내가 지금 여기서 뭘 하고 있는 거지?"라는 생각이 들면서 직원회의, 실적평가, 고객상담 등, 하여간 일하던 중에 한 번도 유체이탈을 경험한 적이 없다.

4. 당신은 내가 16년간 비밀에 부쳐온, 직장에서의 결정에 절대

로, 단언코, 전혀 관심이 없다.

5. 당신은 너무 교양 있고 남의 스캔들에 관심이 없어 어떻게 내가 두 번이나 해고당했는지 전혀 알고 싶지 않다.

위의 항목에 해당사항이 없다면 계속 읽어주시라.

만일 당신이 일을 사랑하지만 때로는 일이 두렵기도 하고, 또 매일 직장에서 힘들게 씨름하지만 다음날 아침이면 다시 달려가 일을 하고 싶고, 하는 일에서 더 큰 보람을 찾고 싶은 사람이라면 계속 읽어주기 바란다. 당신의 일이 설거지이건 기업 경영이건 상관없다. 그 일이 자신에게 만족감과 목적의식을 줄 수 있다면 어떤 일이건 가치있는 일이다.

10-10-10은 그 과정의 동반자가 되어줄 것이다.

1975년 여름 내가 처음으로 해고되었을 때 10-10-10이 없었던 것이 아쉬울 따름이다.

일은 책임이라고, 알겠니?

사건의 현장은 케이프 커드, 웰플리트의 컴버랜드 팜스 편의점이었다. 우연히도 27년 후 잭이 포도맛 풍선껌을 사기 위해 들어간 바로 그 가게, 그 짧은 순간에 내가 우리 가족의 새로운 규칙을 과감하게 선포하여 아이들을 경악시켰던 바로 그 현장이다.

그 옛날 내가 그 가게 계산대 점원으로 아르바이트를 할 때는 그 런 배포가 없었다. 물론 대다수의 열여섯 살짜리들이 다 그렇겠지 만 특히 나는 줏대가 없었다. 내가 해고당한 건 어머니와 맞서 싸 우지 못했기 때문이다. 영리하고 고집 센 우리 어머니는 워낙 기가 세서 어느 누구도 대적하지 못했다. 나도 마찬가지였다.

나의 몰락은 한 달밖에 걸리지 않았다. 가게의 매니저인 안토니 오 시벨리 씨는 콧수염을 풍성하게 기른, 사람 좋은 이탈리아계 이 민자로 내가 여느 직원과 마찬가지로 일주일에 5일간, 9시부터 5시 까지 일하기를 원했다. 그러나 불행히도 어머니는 날씨가 좋을 때 면 온 가족이 보트를 타고 블루길을 잡으러 가야 한다고 우겨댔다.

"하지만 엄마, 내 아르바이트는 어떻게 해요?" 나는 부두로 가 는 길에 가게 앞을 지날 때면 자동차 뒷좌석에서 웅얼거렸다.

그러면 어머니는 잘라 말했다. "시벨리 씨가 날 좋아하잖아. 이 해하실 거다. 가족이 우선이니까."

시벨리 씨가 우리 어머니를 약간 좋아했던 것은 사실인 듯하다. 비가 오는 바람에 내가 일하러 가게에 갈 때면 어머니는 항상 가게 로 먼저 들어서서 "보세요, 토니, 수지가 왔어요"라고 꼭 요란하게 선언을 했고 그러면 시벨리 씨는 마냥 좋은 듯 활짝 웃으며 얼굴이 환해지곤 했다.

그러나 하루는 비가 오는데도 나는 가게에 가지 않았다. 어머니가 그날은 지하실을 정리해야 한다고 했기 때문이다. 그러자 시벨리 씨는 화가 나서 우리 집으로 전화를 했다. "가게가 지금 너무 바쁘단 말이다! 당장 나오너라!" 그는 억센 이탈리아어 억양으로 소리쳤다. "내가 왜 너한테 월급을 준다고 생각하니?"

나는 부들부들 떨며 어머니에게 가게까지 태워다달라고 부탁했지만 어머니는 거절했다. 800미터 정도의 거리니까 뛰어갈 수도 있었지만 어머니의 후환이 두려웠다. 그리하여 결국 나는 패잔병처럼 지하실에 남아 쓰레기를 정리했다.

다음날 날씨는 여전히 우중충했고 어머니는 시내로 들어가는 길에 나를 가게에 내려주기로 했다. 그러나 내가 수치스러운 마음에, 땋은 머리를 푹 숙인 채로 가게에 들어서자 시벨리 씨가 달려왔다. 그는 "너 여기 뭐 하러 왔냐?"라며 따졌다.

"일하러 왔는데요." 나는 기어들어가는 목소리로 말했다.

그는 폭발했다. "너는 일을 어떻게 하는지 몰라! 일은 책임이야. 알겠니? 일은 '하고 싶으면 하고, 말고 싶으면 마는' 그런 게 아니야. 그런 식으로 하면 너는 어떤 직장에서도 일 못 해!"

"알아요. 저도 알아요." 나는 옹색하게 중얼거렸다.

"됐다!" 시벨리 씨의 고함으로 내 목소리는 완전히 묻혀버렸다. "나가. 어서 가, 가라고!"

나는 그렇게 쫓겨나왔고 그 후 계속 마음속으로 시벨리 씨에게 사과하며 살았다. 비록 열여섯 살이었지만 나도 일이란 꼭 지켜야 하는 약속이라 믿고 있었던 것이다. 하지만 나는 그 믿음대로 살지 못했다.

우리 인생의 나날

사회학자들은 오래전부터 일이 우리 정체성의 일차적인 근원이 며 삶의 방향과 목적을 제시해주고 우리 생활을 관장하는 중요한 원칙이 된다고 했다. 경제부 기자로 활동해보니 더욱 그 말이 옳다 는 생각이 든다. 신문기자와 잡지사 에디터로 일하면서 나는 노동 조합 사무실, 공장작업장, 소규모 벤처기업과 고층빌딩의 대기업 이사회실을 두루 누볐다. 거의 모든 곳에서 내가 보고 들은 바에 의하면 일은 단순히 사람들이 종일 하는 작업에 불과한 것이 아니 었다. 일은 바로 그 사람 자체이기도 하다.

최근 엄청난 규모의 새로운 데이터가 쏟아져나오면서 나 자신 도 일이란 어떤 것인지, 또 사람들이 일을 어떻게 경험하는지에 대 한 이해의 폭이 많이 넓어졌다. 매주 남편 잭과 나는 미국의 『비즈 니스 위크』지에 칼럼을 쓰고 있는데, 이 칼럼은 『뉴욕 타임즈』와 의 계약을 통해 세계 50여 개국에서 읽히고 있고, 수백 명의 독자 들이 편지를 보내온다. 이 편지들을 보면 독자층은 다양해도 한 가 지 뚜렷한 공통의 메시지가 있다. 사람들은 자신의 일에 열정을 가지고 있다는 것이다. 자신의 일 때문에 뿌듯해하기도 하고, 미친 듯이 화를 내기도 한다. 결론적으로 말해 일은 사람들에게 의미를 준다는 것이다. 어느 초등학교 소프트볼 코치가 우리에게 이런 편지를 보냈다. "내 친구 중에는 '너는 일개 체육교사잖아, 보브. 그렇게 잘난 체는 이제 그만해라'라고 말하는 사람도 있습니다. 나는 그들에게 당당하게 말합니다. '그래 맞다. 하지만 나는 선생님이다. 나는 아이들의 인생을 바꿀 수 있는 사람이다'."

어떤 형태이건 위기에 빠진 회사의 임원들에게 상담을 해주는 친구가 있다. 그녀는 자신의 일이 결국 경제를 살리는 일이라고 생각하고 있다. 내 언니 엘린은 졸업식이나 크리스마스카드 용 인물 사진을 주로 다루는 사진 사업을 하고 있다. 언니의 말에 따르면 자신의 일은 가정을 찬양하는 일이며 가족의 사랑을 강화하는 일이라고 했다.

어느 라틴 철학자가 이런 말을 했다. "인 오푸스, 마이에스타스 (*In opus, maiestas*)". 즉 노동 속에 존엄이 깃든다. 세상에는 변치 않는 진리도 있나보다.

그러나 요즘 같은 힘든 세상에는 집중적인 노력 없이는 일에서 존엄성을 찾기란 쉽지 않다. 요즘 일이란 전광석화처럼 빠르게 돌아간다. 요구사항도 점차 복잡해진다. 일 자체도 계속 변한다. 그리고 절대 끝나지 않는다. 자신의 최선을 다한다 해도 안정적인 일이란 없다.

대다수의 사람들에게 일이 아홉 시 출근, 다섯 시 퇴근이던 시절은 10년 전에 끝났다. 그 이유는 기술이다. 좋건 싫건, 블랙베리폰, 휴대폰, 노트북 덕분에 우리는 언제 어디서나 일할 수 있게 되었다. 세계 경제는 항상 깨어 있기에 비즈니스는 잠들지 않는다. 그리고 점점 더, 우리는 모든 것을 일에 쏟아붓고, 일은 개인의 사적인 시간까지 밀고 들어온다.

따라서 과거 어느 때보다도 일과 관련된 결정이 우리의 삶을 뒤흔들지 않고, 우리를 '위한' 결정이 되도록 하는 장치가 필요하다.

가상의 컨설턴트

직장에서는 10-10-10이 두 가지 중요한 역할을 할 수 있다.

첫째, 10-10-10은 채용이나 승진, 예산배정과 같은 복잡한 관리, 전략, 운영에 관한 결정을 도울 수 있다. 둘째로 10-10-10은 같이 일하는 사람들을 관리하거나 훈련시키고 조언을 해줄 때도 유용하다. 두 경우 모두 10-10-10은 건설적인 토론을 할 수 있는 틀을 제시해주고 상충하는 가치와 의제 들을 짚어볼 수 있는 공통의 언어를 제공한다.

내 경험을 비추어보면 10-10-10이 직장에서 유용한 것은 그것이 일에서 부딪히는 문제의 핵심을 찌르기 때문이다. 당신이 신제

품을 어느 제조공장에서 만들 것인지 고민하는 기업인이건, 고객 방문을 준비하는 영업직 사원이건, 특별 프로젝트 팀원을 선발해야 하는 엔지니어이건, 지구 반대편에 새 사무소를 개설해야 하는 임원이건, 일의 성격과는 무관하게 모든 의사결정이란 시점이 현재인지, 가까운 미래인지, 아니면 먼 미래인지에 따라 상반된 요구사항에 부딪히게 되어 있다. 모든 결정은 얻는 것이 있으면 잃는 것도 있기 때문에, 각기 다른 시간대에 따라 나올 수 있는 결과를 면밀히 평가해봐야 한다. 이런 중요한 순간 10-10-10은 가상의 컨설턴트로서 정보를 수집하고, 가설을 시험하고, 가능한 선택을 파악해내고, 그 선택에 따라 달라지는 결과를 탐색하게 한다.

나도 『하버드 비즈니스 리뷰』의 편집장으로 일하면서 10-10-10이 훌륭한 컨설턴트 역할도 할 수 있다는 것을 경험했다.

『하버드 비즈니스 리뷰』의 목표는 우리 회사의 사훈에 따라 '경영관행을 향상시킬 수 있는' 기사를 싣는 것이다. 일반적으로는 통찰력 있고 협조적인 작가와 기고가 들과 일하고 있지만, 간혹 유명한 하버드대 교수가 독선적이고 완성도가 떨어지는 아이디어를 가지고 자신의 원고를 한 줄도 손대지 않고 실어줄 것을 종용하는 경우가 있다. 만일 잡지사가 거절하면 그 교수는 잡지사의 공식 대표이자 소유주인 하버드 경영대학장에게 항의할 수도 있었다.

어느 날 동료들과 나는 바로 그런 시나리오와 씨름하게 되었다. 문제의 기고자는 하버드 캠퍼스에서 이름을 날리는 교수인데, 여기서는 일단 햄튼 교수라고 하자. 이 교수는 자신이 과거에 『하버드 비즈니스 리뷰』에 썼던 글을 재탕해서는 우리가 수년간 지양하고자 했던 어려운 학술용어로 가득 찬 원고를 보내왔다.

동료 중 하나가 하루 종일 햄튼 교수와 대화로 풀어보려고 했지만 전혀 소용이 없었다. 그녀는 편집회의에서 그 글을 그대로 싣자고 했다. "너무 오래 끌었으니 이제 되돌아갈 수도 없잖아요."

"아직 준비가 덜 된 글을 왜 실어줘야 하나요?" 다른 동료가 반박했다.

누군가가 친절하게 말했다. "실어줘야지. 그래야 편집장이 학장한테 전화를 안 받죠. 물론 그런 일 하라고 돈 받는 거지만요."

"이 문제를 10-10-10으로 풀어보면 어때요?" 갑자기 이 결정도 결국 다수의 이해당사자가 있고 시간대별로 다양한 결과가 나올 수 있는 딜레마라는 생각이 들었고, 집에서 사용하는 10-10-10 과정에 딱 맞는 문제라는 생각에 나는 얼른 제안했다. 그리고 그 방에 있던 사람들에게 재빨리 10-10-10을 설명했다.

"한번 해봅시다." 한 에디터가 말하자 테이블에 둘러앉은 이들이 동의했다. "질문은 간단하지요? 과연 햄튼의 글을 실어야 하나, 말아야 하나?"

10분 후의 시간대에 대해서는 신속한 합의가 도출되었다. 기사를 실으면 딱딱하고 재미없는 우리 잡지의 브랜드 이미지를 쉽게 읽어볼 수 있는 잡지로 만들어보려는 노력은 한 발짝 후퇴하는 것이다. 그러나 우리가 거절하면 고위층에서 달갑지 않은 잡음이 들릴 것이 뻔했다.

10개월 후의 결과도 그다지 신통치 않았다. 그 기사가 그대로 나가게 되면 다루기 힘든 다른 교수들에게도 선례를 남기게 되어, 미래에도 수준에 못 미치는 원고를 거절하기 어려울 것이다. 한편, 햄튼을 거절하면 윗선들의 심기를 거슬러 향후 계속해서 원치 않는 원고를 억지로 받아야 하는 처지가 될지도 모른다.

그러나 10년 후를 생각하면 그림이 더 뚜렷해졌다. "10년 후에도 여기서 일하실 분?" 내가 방 안의 에디터들에게 묻자 모두 손을 들었고, 그중의 한 사람이 즉석에서 색다른 관점을 제시했다.

"잠깐만요, 이 기사는 반려해야 합니다." 그의 말에 한두 명이 고개를 끄덕였다. "안 그러면 5년, 8년, 10년 후까지 이 자리에서 똑같은 말을 계속하고 있을지 모릅니다."

다른 에디터가 반격을 했다. "그 반대죠. 이 즈음에서 더 이상의 손실을 막고 햄튼을 실어야 합니다. 우리의 브랜드는 이 기사 하나보다 더 큰 것입니다. 더 이상 문제를 일으킬 필요가 있을까요?"

모든 사람들이 나를 쳐다보았다. 모두 내가 『하버드 비즈니스 리뷰』를 현대적 감각으로 바꾸고 싶어한다는 것을 알고 있었다. 나는 이 잡지를 사랑하고 존경했지만 너무 무겁고 근엄하다고 생각했다. 반면에 나도 하버드 대학 측에 잘 보이고 싶기도 했다. 내가 편집장이라는 지위도 있고 나름 이 분야의 전문가라고 인정을 받고 있다 하더라도 윗선의 지지와 대학의 후원 없이는 두 손이 묶이는 격이었다.

드디어 나는 결정했다. "이번에는 햄튼을 실어야 할 것 같습니다. 『하버드 비즈니스 리뷰』를 변화시키는 것이 우리의 장기적인 목표라면 이 원고를 거부한 대가를 너무 비싸게 치르게 됩니다. 우리가 그런 폭탄을 투하한다면 우리가 '적'이 됩니다. 그래서는 할 수 있는 것이 거의 없잖습니까?"

그날 그 방에 있던 사람들이 내 결정에 모두 동의했는지는 알 수 없다. 그러나 최소한 나 자신을 포함해서 모두에게 내가 왜 그런 결정을 했는지를 이해시켰다. 그것은 리더의 임무 중 하나이다.

키울까 내보낼까

그 후로부터 나는 10-10-10을 직장에서의 여러 가지 상황에 활용해왔다. 예를 들어 수년 전의 나는 10-10-10 덕분에 내 비서를 해고하려던 멍청한 결정을 하지 않을 수 있었다. 메건 라모스는 수학과 철학에서 학위를 받은 매우 똑똑한 콜게이트 대학 졸업생이었다. 불행히도 그녀는 비서계의 '사오정'으로 실수연발의 말썽꾸러기였지만 워낙 성격이 좋아서 다들 참고 지냈다.

메건이 나와 일한 지 1년쯤 되었을 때 우연히 그녀의 책상 옆에서 있는데 전화가 왔다. 낸시 바우어라는 매우 유능한 내 친구가 터프츠 대학에서 정년을 보장받는 교수로 임명되었다는 소식을 알리는 전화였다. 나는 소리를 치며 기쁨에 겨워 펄쩍펄쩍 뛰었다. 전화를 끊고 나는 메건에게 이유를 설명했다. "꽃을 보내자! 정말 멋진 뉴스야."

약 두 시간 후 내 책상 전화가 울렸다. 우리 딸이 다니는 초등학교 교장실에서 온 전화였는데, 그 교장은 우연히 내 친구와 이름이 같은 까탈스러운 여자였다. 그녀는 사무적인 목소리로 말했다. "내 책상에 노란 장미 스물네 송이가 와 있는데 이유를 모르겠네요."

'이젠 더 이상 못 참아.' 나는 복도 끝에 있는 메건의 사무실로 향했다. 점잖지 못한 말들을 중얼대며 씩씩거리고 가다가 문득 정신을 차리고는, 다시 마음을 가라앉히기 위해 내 자리로 돌아왔다.

단기적으로 메건은 나를 미치게 할 것이 분명했다. 그녀는 창조적인 에너지와 경험 미숙의 복합체로, 그 둘 중 후자의 비중이 더 큰 경우였다. 하지만 생각해보니 나도 한때 그렇지 않았던가? 내 상사들도 나를 인내하며 가르치려 하지 않았더냐 말이다. 그녀는 잠재력도 있고 정직하고 항상 선의를 가지고 일했는데, 10개월 후라면 그녀는 훨씬 향상될 수도 있을 것이다. 10년 후 커리어만 잘 선택한다면 크게 성공할 수도 있을 것이다.

그래서 어떻게 했느냐? 그 자리에서 메건을 해고하는 대신 메건에게 내가 왜 해고까지 생각했는지 설명했다. 그리고 3개월 더 그녀에게 내 에너지를 쏟겠다고 하고는 그때까지도 내 투자가 헛되다 싶으면 다른 길을 찾아야 할 것이라고 했다.

오늘날 메건은 저명한 경영대학원의 졸업을 앞두고 있다. 그녀는 여전히 성격 좋고 창의력이 넘쳐나지만 이제는 더 차분하고 남을 배려할 줄 알고 무엇보다도 세부사항을 끝까지 꼼꼼히 챙기는 버릇이 들었다. 그녀가 나를 자신의 멘토라고 말하는 것을 들을 때마다 너무 자랑스러워 기절하고 싶을 정도다. 메건 덕분에 나는 더 나은 상사가 되는 법을 배웠다.

사장님의 동지

혼자 사업을 하는 사람들에게 10-10-10은 특히 유용할 수 있다. 주위에 상의할 동료가 별로 없을 때 자신의 여러 가지 아이디어를 다각적으로 검토해볼 수 있는 방법이기 때문이다. 통계수치로 보면 그것은 결코 사소한 일이 아니다. 미국에서 20명 미만의 직원을 고용하는 사업장의 수는 거의 2100만 개이다. 또 정확한 숫자를 제시하기는 힘들지만 5명 미만의 직원을 두고 있는 사업장은 약 1500만 개에 이를 것이다. 요즘처럼 경제가 힘든 시기에도 매일 2500명으로 추정되는 사람들이 자기 사업을 시작하고 있다. 실업률이 늘어나면 이 수치는 더욱 늘어날 수밖에 없다.

다행히도 정부는 소규모 자영업자들에게 저비용의 지원 서비스를 제공하고 있고 이런 기업인들의 모임이 전국에 광범위하게 퍼져 있다. 반면 10-10-10도 사업상의 선택들을 자세히 따져볼 수 있게 해주기 때문에 회사를 설립하고 운영하는 데 도움이 될 수 있다. 또 사업가들은 직감에 의거한 결정을 내리는 경향이 있는데 이를 검증해볼 수 있는 빠르고 쉬운 과정이기도 하다.

조앤은 교사로 출발했지만 초등학교에서 상담교사로 잠시 일하면서 큰 보람을 느끼고는 다시 학교로 돌아가 사회복지 분야의 학위를 땄다. 몇 년 후 언니에게서 자금을 지원받아 자영업의 세계로 과감히 발을 들여놓았다. 조앤은 가족치료사로 정식 간판을 내걸고는 주로 친구들과 예전 동료들, 그리고 옛날 학생들의 가족을 고객으로 사업을 시작했다. 그러나 곧 조앤은 의료보험료를 내고 주택융자를 갚고 가계지출을 계속 유지하기 위해서는 좀더 안정적인 소득이 필요하다는 것을 깨닫게 되었다. 현지 의사들과 보험회사들로부터 환자를 소개받을 수 있을까 해서 약속을 잡는 데 몇 주일을 투자했다. 그 결과 몇 명을 소개받기는 했지만 충분치 않았다.

어느 날은 너무 힘들어서 옛 학교의 교장이자 친한 친구인 메리 루이스에게 전화를 걸어 푸념했다. "혼자 사업하는 게 쉽지 않으리라는 것은 알고 있지만 이러다 첫 1년도 버티지 못하겠어."

메리 루이스가 이베이의 오프라인 대행사업을 통해 최근 처음으로 수익을 낸 자신의 남편 빈의 이야기를 했다. "빈은 지금 사업에 성공하기까지 사업을 세 번이나 실패했어. 계속해서 여러 가지를 해봐야 해. 조앤, 정말 할 수 있는 건 다 해봐. 인터넷으로도 한 번 해보고. 그쪽이 미래에는 가능성이 있어."

조앤은 난색을 표했다. 사실 그녀도 작은 웹사이트를 만들어볼까 고려했지만, 이름과 연락처를 올리는 정도만 생각했었다. 조앤은 초기 생각을 이렇게 설명했다. "내가 돈이 남아도는 것도 아니잖아요. 그래서 '생각해봐. 온라인에서 정신과 상담을 하는 사람이 어디 있겠어?'라며 포기하고 말았지요."

하지만 메리 루이스의 말을 듣고 조앤은 평소 개인생활에서 자주 사용하던 10-10-10으로 자신의 이런 가정들을 재검토해보기로 했다. 문제는 예산이었다. "온라인 홍보에 과연 얼마의 돈을 투자할 것인가?"

조앤은 10-10-10을 진지하게 하려면 우선 정확한 데이터가 필요하다는 것을 알고 있었다.

데이터 수집은 그리 오래 걸리지 않았다. 온라인으로 간단한 검색을 해보니 여러 종류의 치료사들이 자신의 학력과 상담방법을 광고하고 있었고, 내담자들의 블로그 소개라든가 동영상, 사진, 팟캐스팅 등을 통해 자신을 알리고 있었다. 또한 게시판과 토론방에 들어가보니 많은 잠재 고객들이 치료사를 선정하는 과정에서 웹사이트를 이용했고 또 온라인 홍보에 관심이 있다는 것을 알았다.

얼마 전에 둘이 함께 이야기를 나눴을 때 조앤이 말했다. "나는 원래 리스크를 싫어합니다. 하지만 이제는 혼자서 운영을 해가야 하니까 익숙해져야 되겠죠. 따라서 리스크를 관리하는 방법이 필요했어요. 10-10-10을 해보니까 사업적인 측면에서 보면 돈을 쓰지 않았을 때 위험부담이 더 크다는 것을 깨달았지요."

결국 조앤은 웹사이트 디자인에 5천 달러를 투자했고 웹사이트를 직접 관리하는 강의도 들었다. 이 새로운 접근방법이 무척 즐거웠고 비즈니스에도 도움을 주었기 때문에 2년이 지난 지금 디지털 비즈니스를 더욱 확장하여 웹사이트를 통해 연결된 새 고객들에게 구독료를 받는 이메일 뉴스레터까지 생각하고 있다.

기존 고객들로 조앤의 사업은 당분간 충분히 유지되겠지만, 그녀는 웹사이트에서의 활동을 줄일 생각이 없다. 이제까지 사업가로서 그녀가 배운 것이 있다면 절대 방심해서는 안 된다는 것이기 때문이다.

사업가라면 가능한 모든 도구를 동원해서 자신의 사업을 오늘뿐만 아니라 수개월, 수년 앞을 내다보며 발전시키려고 끊임없이 노력해야 하는 것이다.

직감은 이제 그만

내가 이 책을 쓰기 위해 조사를 시작하고 나서 얼마 후 친구가 이메일을 보냈다. "너의 10-10-10 아이디어를 구글에서 검색해 봤는데 모든 인생 상담 코치들이 10-10-10을 쓰고 있다는 거 알고 있는 거지?"

사실 나는 전혀 모르고 있었다. 내가 이제까지 만난 10-10-10 사용자들은 나처럼 이 과정을 주로 혼자서 하고 있었고, 간혹 친구나 파트너의 도움을 받아 진행해본 사람들이었다.

하지만 그 이후로 10-10-10이 교사, 간호사, 치료사, 심리학자처럼 남을 돕는 직종에 종사하는 사람들을 위한 도구가 되었다는 것을 알게 되었다. 예를 들어 메사추세츠 주의 가족상담사인 앤 졸스는 10-10-10을 이용해서 아이들이 자라 떠나야 할 때 자녀들을 선뜻 놔주지 못하고 있는 부모들을 돕는 데 사용하고 있다. 또 온라인 인생상담사인 메도 디보르는 10-10-10으로 부부관계 혹은 직장과 가정 생활을 병행하면서 일어나는 문제로 고민하는 내담자들을 돕고 있다. 그리고 10-10-10 덕에 용기를 얻어 온라인 데이트를 했던 교사 하이디를 기억하는지? 하이디는 10-10-10을 수업에 응용하여 고3 학생들에게 자기 인생에서 가장 큰 결정이 무엇이었는지 선택을 하게 한 후, 이를 10-10-10으로 소급 분석하게 했다. 그리하여 자신의 결정이 가져올 결과에 대해 좀더 체계적으로 심사숙고했더라면 다른 결정을 내렸을 것인지 점검해보는 것이다.

하이디는 그 경험에 대해 이렇게 이야기했다. "아이들이 배우는 과정을 눈으로 직접 보기란 힘들잖아요. 하지만 그 숙제는 한 해 동안 내가 받은 모든 글 중에 가장 내용이 좋고 깊이 있는 것들이 었죠. 거의 모든 아이들이, 심지어 정말 다루기 힘들었던 학생들 까지도 이 과정을 거침으로써 새롭게 눈을 떴습니다. 자신의 행동 에 대한 결과가 무엇인지 알 수 있었고 어떤 경우에는 자신의 선택 이 실수였음을 깨닫기도 했어요."

킴벌리 스미스 마르티네즈는 샌안토니오의 심리학자로 이제 막 개인 클리닉을 열었지만 과거 청소년 사법제도 내에서 관선 상담 사로 일을 했을 때는 10-10-10을 자주 활용했다. 킴벌리가 다루 었던 청소년들은 대부분 사회에서 완전히 도태되기 직전까지 간, 벼랑 끝에 서 있는 아이들이었다. 킴벌리는 아이들의 선택이 가져 올 결과들을 보여주기 위해 10-10-10 과정을 그림으로 만들었 다. 우선 어린 내담자들에게 가로 세 칸, 세로 두 칸의 도표를 만들 게 했다. 가로칸 위에는 각 '10일' '10개월' '10년'이라고 적었다. 세로칸 옆에는 한 줄은 '찬성', 두 번째 줄은 '반대'라고 적었다. 그리고는 내담자와 함께 각각의 가능한 결과를 적어가면서 현재 의 갈등을 풀어보았다.

내가 킴벌리와 이야기를 했던 날 그녀는 임신한 십대 소녀와 이 과정을 진행하고 오는 길이었다. 이 소녀는 자신의 임신을 탐탁지 않게 여기지만 안정된 환경의 가족과 함께 지낼 것인지 아니면 그 녀를 사랑하지만 성격이 불안정하고 마약을 하는 남자친구와 합칠 것인지를 망설이고 있었다. 10-10-10을 이용해서 이 어린 여성은 결국 집을 선택했는데, 그녀의 가족과 함께한다면, 아기가 태어난 이후 자신이 학교로 돌아갈 수 있는 환경이 조성될 수 있기 때문이라고 했다. 남자친구와 헤어지는 것은 서운했지만 결국 미래에 독립할 가능성이 자신에게 더 가치있다고 결정했다.

"현실적으로 이 어린 여성의 앞날이 어찌 될지는 아무도 모릅니다." 킴벌리의 말로는 대다수의 내담자들은 가족 중 최소한 한 명이 사망하거나 혹은 감옥에 있다고 했다. "내가 만나는 청소년들은 절대로 미래를 내다보고 살지 않아요. 하지만 10-10-10을 함으로써 그들이 평소에 못 보는 걸 살짝이나마 엿볼 수 있답니다. 바로 미래의 자신의 모습이죠. 무턱대고 본능에만 의존하지 않게 해주는 겁니다."

열두 명의 성난 남자들

내가 킴벌리의 내담자들보다 불과 몇 살 위였을 때, 나도 직장에서 순전히 직감에 의존해서 결정을 내린 적이 있었고, 그 후 16년간 그 결정을 비밀로 간직했다. 나중에 10-10-10을 통해서야 내 개인사의 고통스러웠던 한 페이지를 이해하고 덮을 수가 있었다.

1985년이었다. 나는 스물여섯 살로 보스턴의 AP통신에서 야간 데스크 담당이었다.

참 웃기는 일이었다. 스물여섯 살짜리가 상관이 될 수 없어서가 아니었다. 가족이 경영하는 기업이나 막 창업한 회사에서는 늘 있는 일이다. 하지만 오랫동안 회사 측과 세력 다툼을 해온 다루기 힘든 노조 조합원들을 직원으로 둔 경우에는, 당연한 얘기겠지만, 흔치 않은 일이다.

그러니 직원들이 나를 봤을 때 얼마나 기가 막혔을지 상상이 갈 것이다. 나는 겨우 신문사 경력 4년에, '수지 선샤인'이라는 별명 대로 명랑하고 발랄하게 일을 하려 들었으니 아마 이 사람들은 내게 거의 살의를 느꼈을 것이다.

나도 냉소적인 어투에 거들먹거리는 그들이 별로였다. 자신들의 적대감을 최고 경영진에 퍼부을 수 없으니 그들은 대신 나를 표적으로 삼았다. 그들은 나에게 어머니가 아일랜드 출신이 아닌 사람은 신뢰할 수 없다고 했다. 또한 대학은 '부자 샌님들이나 가는 곳'이며, 특히 내가 나온 대학은 '돈만 많은 바보 샌님들의 학교'라고 했다. 매일 새벽 네 시면 이 사람들은 '점심'을 먹으러 나갔고 그중 몇은 꼭 한 시간 후에 술 냄새를 팍팍 풍기며 돌아왔다. 나는 내 친구들에게 이 사람들을 영화 제목처럼 '열두 명의 성난 남자들'이라고 불렀다(그러나 사실 야간조에는 보통 다섯 명밖에 없었다).

나는 사소한 놀림은 크게 개의치 않았다. 나를 '미스 하버드'라고 부른다든가 또는 퓨즈박스의 스위치를 내려 내가 혼자 어둠 속에 앉아 있게 하는 정도의 장난은 참을 수 있었다. 하지만 정말 견디기 힘들었던 것은 그중 몇 명이 내 책상에서 3미터 떨어진 화장실에 들어가 내 이름을 외치며 혼자 '재미' 보는 흉내를 내는 것이었다. 나로서는 그것이 그저 흉내이기를 바랄 뿐이었다.

야간 데스크는 1년이 임기였다. 그동안 나는 상관에게 절대 불평하지 않았다. 부모님, 친구, 동료, 당시 남편에게도 이야기하지 않았다. 내가 처음 이 일을 털어놓은 사람은 잭이었다. 그때 나는 마흔두 살이었다.

"그 자식들, 아직 살아 있어?" 잭이 물어보았다. "살아 있으면 내가 가서 죽여놓으려고."

그러고는 진지하게 물었다. "왜 그때 고소하지 않았어?"

나는 당시의 내 결정에 10-10-10을 소급 적용하면서 잭에게 설명했다.

첫째, 나는 잭에게 당시 시대상황을 상기시켰다. 1985년에 '성희롱'은 간혹 언급되는 개념이었지만 그때까지도 구체적으로 자리 잡지 못할 때였다. 대다수의 여성들이 이제 겨우 직장에 발을 들여놓은 상태였고 그 여성 중에 누구든 힘든 상황에 대해 불평을 하면 당장 불평분자로 찍혀 해고당하거나 한직으로 좌천되었다. 성공하기 위해서는 남자직원만큼이나 배짱이 있거나 혹은 그보다 더 강인하다는 것을 증명해야 했다. 그렇다고 그러한 상황이 옳았다는 것은 아니다. 우리 딸들은 절대 그런 상황에서 일하지 않기를 바란다. 하지만 그것이 당시의 현실이었고 그 시대의 많은 여성들처럼 나도 싸울 이슈를 조심스럽게 골라야 했다.

10분대에 만일 내가 이 '열두 명의 성난 남자들'의 행동을 보고 했다면 얻는 것은 없이 잃을 것만 많았다. 그들은 조합원이기 때문에 기나긴 민원과 소송과정을 거치지 않고는 해고할 수가 없었다. 그렇다면 그동안, 전보다 나를 더욱 증오하는 남자들을 이끌고 일해야 한다. 나를 야간 데스크에서 빼달라고 상사에게 요청할 수도 있겠지만 그 이유를 설명하지 않는다면 마치 야간조가 힘들어서 견디지를 못한다든가 아니면 관리자로서 능력이 없다든가 하는 인상을 줄 것이다.

10개월 정도만 버티고 입을 다물고 있으면 주간 데스크로 금의 환향할 수 있을 것이다. 그 시절 신문사에서는 야간조를 거치지 않고는 승진을 할 수 없었다. 통과의례 같은 것이었다. 내가 야간 데스크직에서 살아남는다면 그 나쁜 남자들 때문에 내 진로를 포기하지 않았다고 스스로 대견해할 것이다.

만일 내가 입을 연다면 10년 후에도 나는 우리 업계에서 '농담도 못 받아들이는 여자'로 치부될 것이다. 왜냐하면 '열두 명의 성난 남자들'이 자신들이 한 짓을 부인했을 것이기 때문이다. 한편 내가 불평을 하지 않는다면 나는 남성들의 규칙을 고분고분 잘 따른 덕분에 성공한 여자가 되어버린다.

내 커리어의 발자취를 돌이켜보면 당시 내 결정이 완전히 틀린 것은 아니었다. 하지만 침묵함으로써 나도 대가를 치렀다. 그 후 1년 동안 주간 데스크였음에도 불구하고 사무실에서 지내는 게 불편했다. 이유는 몰랐다. '열두 명의 성난 남자들'을 굳이 의식한 것도 아니었는데도 힘들었다. 결국 나는 경영대학원을 가려고 그 직장을 그만두었다. 하지만 상사로서 해야 할 일에 대한 주제가 수업 중에 나올 때마다 자신감이 사라지는 것을 느꼈다. 내가 아는 게 뭐가 있겠어? 부하직원들에게 휘둘림만 당했지, 나는 정말 아무도 관리하지 못했잖아.

지금도 그때를 생각하면 참 답답하다. 그러나 10-10-10을 하면서 내가 '열두 명의 성난 남자들'을 참아냄으로써 고소를 했거나 도망갔을 경우보다 훨씬 더 남자에 대해, 경영에 대해, 그리고 나 자신에 대해 배웠다는 것을 깨달았다. 요즘은 심지어 이 경험을 밥슨 대학의 여성리더십센터에서 강연할 때 사례로 인용하기도 한다. 여성들의 직장환경은 지난 30년 동안 장족의 발전을 했고 대다수의 우리 학생들은 나와 같은 경험은 하지 않을 것이다. 하지만 그들도 살다보면 자신의 선택이 본인의 정체성에 깊게, 오래 각인될 딜레마들을 겪게 될 것이다. 자기 자신에게 그리고 다른 사람들에게 설명할 수 없는 결정은 내리지 말라고 나는 우리 학생들한테 이야기한다.

그리고 절대 내 첫번째 해고를 예로 들지 않는다는 것을 말해두

고 싶다. 나는 주로 두번째 해고당한 경험을 타산지석으로 이야기
하곤 한다.

자업자득이오

2001년 10월에 나는 처음 잭을 만나러 뉴욕으로 갔다. 잭은 제
너럴 일렉트릭 사의 회장 겸 CEO로서 20년간의 성공적인 경력을
마치고 은퇴했고 그의 베스트셀러 자서전을 위한 홍보투어를 하
던 중이었다. 내 임무는 『하버드 비즈니스 리뷰』 편집장으로서 그
를 인터뷰하는 것이었다. 잭은 카리스마 있고 고집이 세다고 알려
져 있었다. 인터뷰를 잡기 위해 사전통화를 하는 도중에도 잭은 내
가 몸담고 있는 이 학술저널을 얼마나 싫어하는지 감추려 하지 않
았다. (그가 했던 말 그대로를 인용하자면 이렇다. "그런 잡지는
안 읽습니다.") 그래서 정해진 시간에 잭의 사무실에 도착했을 때
나는 엄청나게 꼼꼼히 준비한 질문지를 한 꾸러미 들고는 극도로
긴장한 상태였다.

그날 우리 두 사람이 사랑에 빠지는 데 얼마나 시간이 걸렸는지
나도 정확하게 알 수가 없다. 왜 그렇게 되었는지도 설명할 길이
없다. 나는 잭에게 리더십에 대해 질문을 했다. 그러면 그는 자서
전에서 내가 읽었던 이야기로 답했다. 다음에 나는 경영전략에 대

해 물어보았다. 마찬가지의 답이 돌아왔다. 세번째 질문을 던지자 그는 내가 답답해 죽겠다는 듯이 명령조로 말했다. "그 녹음기 좀 끄세요." 내가 군말 없이 시키는 대로 하자 그가 물었다. "사귀는 사람 있어요?" 당황한 나는 보스턴에 있는 의사를 가끔 만나고 있다고 말했고 그것은 사실이었다. "헤어지시죠. 지루한 사람일 텐데." 잭은 단언하며 선견지명이 있었는지 이렇게 덧붙였다. "그 사람은 당신에게 안 맞아요." 그러고는 왜 내 결혼이 실패로 끝났는지 물어보았다. 그의 질문은 단도직입적이었고 반사적으로 내 답도 그렇게 나왔다. "전 남편은 아마 내가 한 번도 자기를 사랑한 적이 없었다고 말할 거예요. 하지만 나는 16년간 그런 척하며 지냈고 그 역시 그런 척하며 받아주었죠. 종국에는 우리 둘 다 그런 척을 그만두기로 한 거죠." 잭은 내 눈을 똑바로 들여다보며 내 말 뜻을 정확하게 이해했다는 듯 끄덕였다. 그러고는 믿을 수 없게도 우리 대화는 결혼생활의 어려움과 풀리지 않는 사랑의 신비 쪽으로 흘러갔다.

약 30분 만에 우리의 '인터뷰'는 겁이 날 정도로 너무 친밀해지는 느낌이었기에 녹음기를 다시 틀었고, 나머지 한 시간 동안 인수합병과 주식시장의 기술적 변화, 인적 자원의 역할과 식스 시그마로 알려져 있는 품질향상 프로그램에 대한 이야기를 나누었다.

그의 사무실에서 작별인사를 하면서 잭이 말했다. "당신은 전혀 내가 기대했던 것과는 다르네요." 나도 답했다. "당신도 마찬가지예요."

그 후 몇 주 동안 잭과 나는 자주 통화를 했다. 표면상으로는 기사의 진척상황을 확인한다는 거였지만 실은 그 외 모든 이야기를 함께 나누었다. 정치, 영화, 우리 아이들, 그 사람 아이들, 종교, 야구, 그리고 내가 골프를 칠 줄 몰라 창피하다는 이야기까지 망라했다. 마치 우리가 살아온 세월의 이야기들을 다 따라잡아야만 할 것 같았다.

한 달 후에 나는 『하버드 비즈니스 리뷰』의 '에디터스 레터' 면을 위하여 잭과 함께 사진을 찍어야 했기 때문에 뉴욕으로 갔다. 나는 (이유를 알 수 없었지만) 그를 만난다는 것이 어찌나 기쁜지 엘리베이터 안에서 온몸이 떨렸다. 그의 사무실로 들어서자 잭은 환하게 웃으며 두 팔을 벌리고 내게로 뛰어왔다. 그러고는 우리는 어색하게 악수를 했다.

그날 오후에 점심을 먹으러 가서 우리는 서로의 감정을 고백했고 상황이 상황이니만큼 우리 둘 사이에선 어떠한 일도 일어날 수 없다고 합의를 보았다.

하지만 몇 주 후에 일은 일어나고 말았다.

그리하여 우리는 스캔들을 위한 완벽한 공식을 제공했다. 유명한 유부남 CEO와 하버드 대학과 연관이 있는 훨씬 젊은 여자. 언론은 야단법석이었다. 언론은 재미를 보고 있었는지 모르지만 우리는 힘들었다. 잭과 부인 사이에는 이미 오래전부터 정기적으로 이혼 이야기가 나오고 있었고 최근에는 다른 대륙에 떨어져 살기도 했지만, 우리 관계가 잭의 결혼생활이 법적으로 끝나기 전에 시작됐다는 사실은 아무리 해도 좋게 이야기할 수 없는 것이다. 그로 인해, 또 언론의 센세이션 때문에, 안타깝게도 잭의 부인은 많은 사생활 침해를 당했다.

또한 내가 『하버드 비즈니스 리뷰』에 끼친 피해 때문에도 고통스러웠다. 비록 내가 잭을 인터뷰한 기사가 나간 것은 아니었지만 직장동료들 중 몇 명은 그 상황과 나의 부적절한 행동에 격분했고 내가 사직하기를 원했다. 그중 한 사람이 내게 화가 나서 말했다. "당신이 잡지에 대한 책임보다 당신 사생활을 우선시했으니 이건 자업자득이오."

물론 절대적으로 그가 옳았다. 잭과 함께하기로 한 내 결정이 『하버드 비즈니스 리뷰』에 너무나 많은 분란을 일으키고 있었기 때문에 나는 떠나야만 했다.

그런데 왜 스스로 사임하지 않았을까? 떠나야 함을 알면서도 포기하지 않고 버틴 그 4개월에 대해 내가 할 수 있는 최선의 설명은 찬찬히 숙고할 시간이 절실히 필요했지만 모든 것이 너무 빨리 일어나고 있었다는 것이다. 물론 내 인생에는 10-10-10이 있었다. 그러나 동시에 내 집 앞에는 텔레비전 방송국 트럭들이 포진하고 있었다. 기자들은 부모님께 전화를 해대고 내 전 남편 집 앞에 불쑥 나타나기도 했다. 내가 마커스를 안고 연쇄상구균감염 검사를 하러 병원을 가는데도 사진기자가 쫓아왔다. 사방에서 사람들이 조언을 했다. 잭, 변호사, 동료, 가족, 친구, 대학동창들은 물론이고 거리에서 만난 낯선 이들까지 할 말이 있었다. 슈퍼마켓에서 한 신부님이 내게 다가와 나를 위해 기도하겠다고 말했다. 이 모든 난리법석 속에서 그나마 정상적인 삶을 찾아보려고 동네 헬스클럽의 러닝머신에서 뛰고 있었는데 문득 화면을 보니 텔레비전 토론 프로그램에서 소위 '전문가' 패널이 내 딜레마를 처리하는 방법에 대해 이러쿵저러쿵 논하고 있었다. 내 마음은 한 순간은 '지금 당장 그만둬'라고 소리치다가 다음 순간에는 '포기하지 말고 싸워나가'라고 격려했다. 이 모든 소음과 혼란 속에서 10-10-10이 나를 실망시킨 것이 아니라 내가 10-10-10을 배신한 것이다.

결국 내 상사는 다음과 같은 말로 나를 해고했다. "당신은 다시는 일할 수 없을 거야."

그녀는 아마도 시벨리 씨와 이야기를 한 적이 있나보다.

나는 이제는 이렇게 농담도 할 수 있게 되었다. 하지만 사실은 나로 인해 우리 가족의 삶이 뒤집혔고 잭의 가족도 그들이 혐오하는 스포트라이트를 받게 되었다. 내가 친구라고 생각했던 동료들에게 상처를 주었고 존경받는 잡지사도 혼란에 빠뜨렸다. 내 인생 두번째의 해고는 내가 그때까지 겪지 못했던 최악의 재앙이었고 그것은 전적으로 내가 잘못 판단했기 때문에 생긴 일이었다.

회사에서도 10-10-10

일이 그렇게 풀리지 않을 수도 있었다.

많은 경우, 아니 대다수의 경우 직장에서의 의사결정도 문제를 잘 해부해서 가치, 편견, 욕구, 두려움 등의 프리즘을 통해 검토해보고, 부분적으로 나누어 분석하고, 충분히 고려한 다음 합리적으로 해결할 수 있다. 그런 의미에서는 우리가 인간관계에서 부딪히는 문제들과 전혀 다를 바 없다. 우리의 모든 선택은 지금 그리고 미래에 영향을 미친다. 우리는 그 결과들에 대하여 솔직함과 용기를 가지고 마주 서야 한다. 그렇게 해야만 우리가 어떤 삶을 살고 싶은지 결정할 수 있다.

케이프 커드의 작은 편의점에서 처음 일을 시작한 후, 나는 일로 인해 사람이 깊은 혼란과 갈등에 빠질 수 있다는 것을 배웠다. 하지만 확고한 의지를 가지고 일할 때는 이를 통해 삶의 의미와 목적, 또 큰 기쁨까지 얻을 수 있다는 것도 배웠다. 오늘날 내 커리어는 주로 일에 대한 탐구와, 일과 관련된 사람들의 에너지와 창의력, 희망, 열정을 연구하는 일이다.

왜냐하면 노동이란 신성한 것이기 때문이다.

10-10-10이 그 신성함을 지켜줄 것이다.

【6장】

내게 맞는 일을 찾을 수 있을까

커리어와 10-10-10

기업 경쟁력 전략, 글로벌 시장, 통화정책. 잭과 내가 매주 쓰는 칼럼에 대해 독자들의 질문을 처음 받았을 때는 이런 무거운 경제 토픽들에 대한 내용이 주가 될 것이라고 생각했다.

그리고 어느 정도는 그런 질문도 있었다.

하지만 그보다는 커리어에 관련된 질문이 압도적으로 많았다. 실제, 오늘날까지도, 자신에게 맞는 일을 어떻게 찾는가, 일단 그런 일을 찾은 다음에 어떻게 성공할 수 있는가 하는 질문이 대다수를 차지한다.

잭과 나는 커리어에 관한 많은 질문에 대하여 가능한 한 많이 답변을 하려고 하지만 그것도 참 힘든 것이 우리가 받는 질문들은 그 질문을 보내는 사람만큼이나 천차만별이고 그 사람의 가치관에 따라 답이 달라질 수 있기 때문이다. 그러한 전형적인 예를 보면 다음과 같다. "나는 음악을 직업으로 삼고 싶어요. 하지만 그렇게 되면 집이나 차도 못 사고 우리 아이들의 교육도 제대로 할 수 없을까봐 걱정이 됩니다. 어떤 선택을 해야 할까요?" 또다른 여성 독자는 자신의 직업적 성취에 대한 열망과 스트레스를 줄이라는 가족의 요구가 상충하고 있다고 호소했다. "우리 집 사람들은 내가 일을 너무나 사랑한다는 걸 왜 이해하지 못할까요? 나는 출장 가는 것도 좋고 저녁 늦게까지 일하고 싶어요. 나는 스트레스 받는 게 아니거든요. 오히려 충만함을 느낍니다."

껍데기를 깨고 한발 앞으로

일과 관련된 갈등으로 감정적으로 반응하게 되거나 혼란스러울 때면, 10-10-10의 엄격하고 체계적인 과정을 통하여 우리의 욕구, 희망, 가정 들이 한꺼번에 얽혀 있는 문제를 풀어내고 전진할 수 있다. 10-10-10은 가능한 선택들을 가늠해보고 모르는 영역도 탐구해보고, 이것들을 자신의 가치와 목표와 비교할 수 있게 해주는 가이드이다. 또한 그 과정이 투명하여 자신과 그 결정에 연관된 모든 사람들에게 설명할 수 있다는 것도 중요한 장점이다.

캐롤 앤은 오랫동안 부동산 중개업을 해온 싱글맘으로서 2년 전에 플로리다의 회의에서 만났다. 그녀는 큰 키의 금발머리 여성으로 밝은 노란색 옷을 입어 적극적이고 과감하게 보였다. '큰언니' 혹은 '통 큰 여자'라고 불릴 타입이었다. 그녀의 외아들이 얼마 전 대학에 입학하여 떠나자 캐롤 앤은 드디어 "근무가 끝난 후 매일 밤 집으로 달려가는 대신 친구들과 인생을 즐길 수 있게 되었다"라며 웃었다.

그러나 캐롤 앤의 회사는 다른 계획이 있었다. 회사에서는 캐롤 앤이 지난 20년간 살아왔고 일했던 템파를 떠나 텍사스 휴스턴 본사에서 연수팀을 맡기를 원했다. 새로운 기회가 가져다주는 지위, 명예, 게다가 상당한 연봉 인상이 그녀에게는 반가운 소식이었다. 하지만 외로울 수도 있다는 사실은 달갑지 않았다.

캐롤 앤의 요청에 따라 우리는 함께 10-10-10을 해보았다.

10분대에서나 향후 몇 주 동안 캐롤 앤은 이 승진에 대해 매우 기뻐할 것이다. 자신의 성취감에 흡족해하고 아들의 학자금 융자를 갚아버릴 수 있어 한시름 덜게 될 것이다. 현재 부동산 시장에 매물이 쏟아져나와 있는 휴스턴 시내에서 집을 구한다는 것도 기분 좋은 일이었다. 그녀는 호탕하게 웃으며 말했다. "나는 싸다면 사족을 못 쓰거든요."

10개월 후의 그림은 조금 더 복잡했다. "내 일은 멋질 거예요. 하지만 사교생활은 전무하겠죠. 텍사스에 아는 사람이 아무도 없거든요. 10개월 후라면 밤이 너무 적막하고 외로워 죽을 거예요."

그러면 10년 후는 어떠할까? 캐롤 앤은 답을 하기 전에 잠깐 멈칫했다. "그때쯤이면 은행예금도 넉넉할 것이고 은퇴계획도 잘 준비되었을 거예요. 항상 재정적으로 빠듯했기 때문에 그렇게 되면 바랄 게 없겠죠." 그녀는 깊은 한숨을 내쉬었고 갈등하느라 미간에 주름이 잡혔다. "하지만 그 과정에서 내 옛 친구들은 다 잃어버렸겠지요."

"잃는 친구들도 있겠죠." 나는 다른 의도보다도 그녀를 떠보기 위해 말했다. "이사 갈 때는 항상 일어나는 일이잖아요. 하지만 성격상 곧 새로운 친구들을 많이 만들 것 같은데요."

"아마 그렇겠죠. 어쩌면 남자도 만날 수 있을지 모르겠네요." 캐롤 앤은 다시 웃었다.

그러고는 나를 놀라게 했다.

"그거 아세요? 나는 슈퍼마켓 전단지에서 쿠폰을 오리며 살고 싶지 않아요. 나는 편안하고 여유있게 은퇴하고 싶어요. 그래서 이번 승진이 필요해요. 재미있을 거예요. 우리 회사에서 나보다 나은 세일즈우먼은 없거든요. 아무에게나 물어보세요."

내가 캐롤 앤의 결정을 축하하기도 전에 그녀가 먼저 번복했다. "하지만…… 친구들을 그냥 두고 떠나기가 뭐하네요."

나는 캐롤 앤에게 혹시 친구들을 두고 떠나는 게 문제가 아니라 그녀가 떠난다고 그들에게 '말하는 게' 더 큰 문제가 아닌지 물어보았다. 그녀가 떠난다고 발표를 하면 그것이 친구들에게는 "이것봐, 애들아…… 너희보다는 돈이 더 중요하단다"라고 들리지 않을까 우려될 수도 있었다.

"당신 친구들이 영원히 언짢아할 것 같아요?" 나는 계속 밀어붙였다. "친구들 중에는 재정적인 안정을 중시하는 당신의 가치관을 이해하는 사람들도 있을 거예요."

캐롤 앤의 얼굴에 서서히 미소가 번지기 시작했다. "무슨 말씀인지 알겠어요. 1년 후에는 친구들에게 이야기했던 순간을 기억도 못 할 거예요." 캐롤 앤은 나의 손을 덥석 붙잡았다. "그런 것이 두려워 내 인생을 펼치지 못하면 안 되는 거죠. 이번 승진을 수락할래요. 내가 뭘 원하는지 사실 알고 있었어요." 그녀의 선언이었다.

10-10-10은 캐롤 앤에게 확신을 주는 파트너였다.

캐롤 앤의 경우는 현재 생활의 즐거움과 새 삶의 약속 사이의 갈등에서 비롯된 딜레마이다. 하지만 대다수의 직업과 관련된 갈등은 크게 세 종류인데, 이것들을 분류해서 이야기하자면 이런 것들이다. "내 직업이 잘 맞지 않는 것 같다." "커리어가 더 이상 발전이 없다." "일과 가정을 다 병행하려니 돌아버릴 것 같다."

이제부터는 이 세 종류의 갈등을 차례로 살펴보면서 이를 바라보는 다양한 관점을 제시하려 한다. 이를 통해 당신이 다음에 일과 관련된 10-10-10을 할 때, 더 뚜렷한 목표와 더 많은 정보를 가지고 최적의 해결안을 찾을 수 있기를 바란다.

인생을 어떻게 살 것인가

대학에서 강연을 할 때면 어떻게 기자가 되기로 결심했느냐는 질문을 자주 받는다.

일반적인 나의 답은 이렇다. "기자가 되겠다고 결심한 기억이 없어요. 그냥 알았죠. 늘 그렇게 생각했어요. 기자 말고는 하고 싶은 게 없었거든요." 그 증거로 나는 4학년 때부터 직접 장식한 작은 공책에 일기를 썼는데 그 일기장 겉표지에는 이렇게 써놓았다. "내 미래를 위한 연습으로 이 일기장에 매일 밤 글을 써야만 할 것이다(그렇다, '써야만'이라고 했다. 지금 생각하니 민망하다)." 아홉 살 때는 미국의 모든 도시에서 출판되는 신문 이름들을 외울 수 있었고 대학교 1학년 때는 내 침대 머리맡에 용감하기로 이름났던 이탈리아 전쟁기자 오리아나 팔라치의 포스터가 걸려 있었다. 그녀는 나의 역할모델이요 우상이었다. 나도 그녀처럼 되고 싶었다.

인정한다. 내가 그 목표에서 많이 벗어났다는 것을 나도 알고 있다. 하지만 지금의 나는 본질적으로 내가 어렸을 때 되고 싶었던 사람이다. 나는 여전히 미래를 위해 자신을 단련하는 중이다.

이렇게 따지고 보면 내 경우는 일반적이기보다는 예외적이다. 커리어가 어떻게 형성되는지에 대한 글을 쓰면서 발견한 것은 대다수의 사람들이 자신에게 맞는 직업을 찾기 위해 상당히 많이 방황한다는 것이다. 일단 특정한 직업을 시도해보았다가 관련된 분야나 자리를 오락가락하다가 마지막에 드디어 제대로 자리를 잡게 된다.

불행히도 그 과정은 10년 이상 걸릴 때도 있어서 '커서 무엇이되고 싶은가?'를 정말로 다 커서야 발견하게 되는 아이러니도 생긴다. 여성의 경우에는 더 오래 걸리기도 하는데 출산과 육아 때문에 커리어를 중단했다 다시 시작하거나, 가정을 돌보기 위해 출퇴근이 자유로운 일로 선회하기 때문이다.

그럼에도 불구하고 당신의 커리어를 더 빨리 발전시키고, 원하는 좌표까지 오래 끌지 않고 더 빨리 도착하는 것도 가능하다. 하지만 그런 결과를 원한다면 상당한 계획이 필요하다.

이때 10-10-10이 여러분의 가이드가 될 수 있다. 그러나 이 과정을 더 원활히 하기 위해서 스스로 당신의 직장에 대해 네 가지 질문을 해볼 것을 제안한다. 이 질문에 대한 답이 의미있는 커리어 결정을 내리기 위해 필요한 '자료'가 되어줄 것이다.

나는 나와 '같은 과'들과 일하고 있는가? 나와 삶에 대한 감성이 비슷한 사람들끼리 일하고 있는가 아니면 직장에서 하루하루 버티기 위해 한 귀로 흘려듣고, 꾸며대고, 매번 연기를 해야만 하는가? 이 질문의 핵심적 단어는 '감성'이다. 즉 같은 영혼을 가진 사람들끼리 느끼는 가치관, 행동, 성격적 특성 들이다. 만약 직장 동료들과 유사한 감성을 공유하고 있다면 일하는 속도도 비슷하고, 갈등이 생겨도 서로 비슷한 수위로 언성을 높일 것이고 (혹은 반대로 같이 목소리를 낮출 것이고) 회의 때도 서로 통하는 농담을 주고받을 수 있다. 그렇다고 유사한 감성을 갖는 사람들이 다 같다는 뜻은 아니지만 그런 사람끼리는 서로 호감을 갖게 마련이다.

나는 가족을 통해 몇 년 전에 만났던 '서니'라는 별명의 열정적인 여성을 잊을 수 없다. "대학을 졸업했을 때 어디든 상관없이 하이힐을 신고 서류가방을 들고 다닐 수 있으면 좋겠다고 생각했어요. 나는 시골 출신이기 때문에 그러면 성공했다는 뜻이었거든요." 그 이상 깊이 생각하지 않고 서니는 법률사무소에 법무 보조원으로 취직을 했다.

2년 후 그녀는 법률사무소를 나왔다. "정말 고문이었어요. 내가 재밌다고 생각하는 일에는 아무도 웃는 사람이 없었어요. 어떤 문제가 있을 때 거기에 대해서 끝까지 논쟁하고 토론하자고 하면 다들 분위기 파악을 못 한다고 생각하더라고요. 심지어 내가 좋아하는 음악을 좋아하는 사람도 아무도 없었어요."

서니는 '그 직장이 꼭 나빴다는 것은 아니다'라고 결론지었다. "단지 '내 과'가 아니라는 것을 깨달았죠."

서니의 다음 직장은 출장 연회 회사였다. 최소한 정장을 입지 않아도 되는 직장이었다. 하지만 1년 후 일이 지루해지자 그만두었다. 그 다음은 생활고를 해결하기 위해서 박물관 설치물 회사의 프로젝트 매니저로 들어갔다. 이번에는 입사하자마자 뭔가 다르다는 것을 금방 느낄 수 있었다. 일이 창의적이고 동료들도 참 좋았고 처음으로 저녁 늦게까지 남아 아이디어를 제안하고 고객과 교감하는 일이 자연스럽게 느껴졌다. 서니는 승진에 승진을 거듭하다가 관련 분야인 수족관 행정에서 큰 성공을 거두었다. 티셔츠에 반바지, 편한 샌들을 신고 출근하며 서류가방 같은 건 갖고 있지도 않다. 그녀가 가장 중요하게 여기는 것은 이런 것이다. "같이 일하는 사람들이 좋아요. 관심사도 서로 비슷하고요. 한마디로, 세상을 보는 시각이 같다는 것이죠."

사실 주변에 같이 일하는 사람들이 당신과 같은 가치관을 갖고 있지 않고, 있는 그대로의 당신을 받아들이지 않는다면, 어떤 직장이나 직업도 맞지 않을 것이다. 우리는 인생 대부분의 시간을 일을 하며 보낸다. 어떤 갈등으로 10-10-10을 하든 꼭 이 점을 감안하도록 하자. 커리어에 대한 만족도가 높으려면 같이 일하는 동료들을 좋아해야 하고 그들과 있을 때 솔직한 모습일 수 있어야 한다.

내 일이 두뇌의 한계를 확장하고 기술을 연마해야 하며 편안함 속에 안주하지 않도록 계속 자극을 주는가? 내가 그 직장에서 가장 똑똑하다고 생각되면 당연히 기분은 좋을 것이다. 그러나 시간이 흐른 후에는 그러한 만족감에 안주하다가 커리어가 사장될 수도 있다. 일에 대해 충만함을 느끼기 위해서는 자신도 성장해야만 한다.

여기에 문제가 있다. 사람들이 특정한 직업에 끌리고 그 직업에 머무는 이유가 단순히 자신이 그 일을 잘하기 때문인 경우가 많다. 영문학 전공자들은 출판업으로 진출한다. 수학 전공자들은 월스트리트로 간다. 내 언니 엘린은 고등학교와 대학교에서 과학 성적이 뛰어났는데 따라서 '자연스럽게' 대학원으로 진학하여 의료 연구진이 되었다.

그러나 적성이 있다고 해서 항상 열정이 있는 것은 아니다. 13년 전 언니가 마흔 살이 되었을 때 그녀는 결국 자신과 친구들에게 (우리 부모님들에게까지) 다시는 현미경을 들여다보고 싶지 않다고 고백했다. 언니는 과학 분야에서 손을 떼고 진정 소명의식을 느낄 수 있는 일을 찾았다. 그러다가 사진을 만났다.

직업을 바꾸는 것이 처음에는 힘들었다. 엘린은 사진에 관한 지식을 넓히기 위하여 선배 사진작가들 밑에서 도제생활을 했고 조명과 기술에 대한 여름 워크숍을 쫓아다녔다. 전단을 만들어 이웃에게 돌렸고 보스턴의 노스 쇼어 인근 지역으로 영역을 확장하려고 새로운 방안들을 열심히 연구했다.

언니는 그 순간들을 정말 즐겼다고 했다.

사업도 성공했고 언니도 매우 만족하고 있으니 나도 기쁘다. 이 이야기의 교훈은 만일 당신의 10-10-10이 직업을 바꾸는 것에 대한 것이라면 단순하게 "내가 새 직업에 맞는 능력을 갖추고 있는가?"라고 묻지 말고 오히려 "새 직업에 필요한 능력과 기술을 배워나가는 도전을 즐길 수 있을까?"라고 물어보아야 한다는 것이다.

　내 일이 다른 길로 통하는 문을 열어줄 수 있을 것인가? 언뜻 들으면 모순된 이야기 같지만 당신의 일이 다른 일로 이어질 잠재력을 가지고 있다면 그것은 당신에게 맞는 일자리이다. 왜냐하면 정의상 커리어라고 하는 것은 끝이 없기 때문이다. 커리어는 다른 기회로 이어지는 여러 가지 기회의 집합체이다.

　밥슨 대학에서 가르치다보면 간혹 10-10-10을 이용해서 두 직장 중 하나를 선택하고 싶다는 4학년 졸업반 학생들이 있다. 그중 한 학생인 크리스틴이 기억나는데 나와 상담하는 자리에 자신에게 가능한 선택들의 장단점을 빼곡히 적은 리스트를 준비해왔고 표정은 절박해 보였다. 그녀는 결정을 못 하겠다고 했다. "한쪽 직장은 향후 1, 2년 동안 나에게 큰 도움이 될 거예요. 작은 신규회사거든요. 일도 재밌고 사람들도 좋아요. 하지만 이 회사가 생존할 수 있을지가 불분명해요. 다른 회사는 평판도 좋고 연수 프로그램도 잘되어 있고 승진 기회도 많아요. 10년 후를 생각하면 두번째 직장이 더 말이 되죠. 양쪽 다 장단이 있어서 결정을 못 하겠어요."

　나는 크리스틴에게 모든 10-10-10 해결안은 결국 그 과정을 진행하는 사람의 가치관에 달려 있다고 상기시켜주었지만 별로 도움이 되지 않는 듯했다. 두 직장 다 자신이 원하는 것을 갖추고 있다고 했다. 지적 도전, 팀워크, 괜찮은 보수.

나는 크리스틴에게 직업에 관한 자신의 가치관을 좀더 깊이 탐색해보라고 종용했다. "글쎄요, 지위나 명예 같은 건 그렇게 중요하지 않아요." 그녀는 한참 생각하더니 말했다. "나는 권위보다는 더 많은 책임을 원해요." 크리스틴은 결국 알고 보니 자신이 진정한 영향력을 행사할 수 있는 작은 벤처사업에 관한 경력을 쌓아 결국에는 자신도 그런 기업을 하는 것이 꿈이었다.

"둘 중 어느 직장이 그런 가능성을 열어주겠어요?" 내가 이렇게 물었지만 우리 둘 다 벌써 답을 알고 있었다. 크리스틴은 얼마 후 창업회사를 직장으로 선택했다.

이제 평생 한 직장을 다니는 시절은 사라지고 있다. 따라서 10-10-10을 이용해서 직장을 선택할 때는 당신이 선택하는 일이 다른 직장이나 일로 연결될 수 있는 기회가 있는지 고려해야 한다.

내가 하는 일이 나에게 의미가 있는가? 방학 때 우리 아이들이 돌아오면 우리는 함께 다음 학기에 들을 강의를 고른다. 그 과정은 항상 "앞으로 인생에서 무엇을 할 것인가?"라는 대화로 귀결된다. 그리고 방학 때마다 나는 우리 아이들에게 자신이 싫어하는 일을 하면서 위대한 커리어를 구축한 사람은 아무도 없다는 것을 강조한다.

나는 항상 말한다. 좋아하는 일을 하라. 그럼 나머지는 따라온다.

"그렇겠죠, 엄마. 아무렴요." 아이들은 내 말을 가볍게 무시한다. "지금은 바이오테크가 인기 업종 아니에요?"

나는 포기하지 않는다. "인기 산업이지. 바이오테크를 좋아하는 사람들에겐 인기지."

생각해보라. 완벽한 일, 완벽한 커리어는 일하는 사람이 행복하게 느낄 때에야 완벽한 것이다. 큰 계약을 성사시켰다든가, 동료들과 함께 일해 마감일을 맞추었다든가, 신참을 가르치거나 고객을 도와주었다든가, 무언가 자신이 한 일로 희열을 느낄 수 있어야 한다. 그러면 일이 소중하게 느껴지고 영혼의 충만을 느끼게 되는 것이다.

내 커리어의 첫 디딤돌이 되었던 『마이애미 헤럴드』에서 기자로 일할 때가 생각난다. 오리아나 팔라치가 꿈이었던 기자에겐 1980년대의 마이애미만큼 좋은 곳은 없었다. 1981년과 1982년의 마이애미는 인종차별적인 폭력으로 기소되었던 백인 경찰이 배심원의 무죄평결로 풀려나자 이에 항의하는 오버타운과 리버티시티 지역 주민의 폭동에 휩싸였다. 폭도들의 방화와 약탈이 너무 심해지자 치안을 위해 국가방위군이 동원되었고 통행금지 조치가 시행되었다. 그 후 1983년에는 마이애미로 수천 명의 난민들이 쏟아져들어왔는데 대다수가 피델 카스트로가 막 쿠바 감옥에서 풀어준 상습 범죄자들이었다. 다른 한편에서는 코카인 마약상들이 백주대낮의 거리에서 자기들끼리 총격전을 벌이고 있었다.

마이애미는 실제 전쟁지역은 아닐지라도 거의 전쟁터를 방불케했다. 당시 여기자로 산다는 것은! 젊어서 뭘 모르던 그 시절, 취재를 나가면서 방탄조끼를 입으며 얼마나 자랑스러웠던지. 어느 날은 경찰기동대와 함께 페린에 위치한 코카인 제조공장으로 침투했는데 신참 경찰 하나가 내 손에 권총을 쥐어주며 말했다. "이게 필요할지도 몰라요." 또 하루는 눈을 떠보니 내가 사는 조용한 코코넛 그로브의 주택가 골목에 정부군 탱크가 지나가는 것을 보고는 '큰일났다!'라는 생각은 안 들고, 속으로 '할렐루야!'를 외치기도 했다. 정말 사방에 기삿거리가 널려 있었다. 물론 그 상황이 다 신나고 흥분되는 일만은 아니었다. 마이애미의 주민들은 자신의 도시가 붕괴하는 것을 보고 공포와 슬픔에 빠졌고 폭동지역 주민들은 폭력사태로 엄청난 피해를 입었다. 하지만 나는 절실하게 그들의 이야기를 듣고 싶었다. 그래서 가슴 에이는 절절한 사연을 세상 사람들에게 들려주고 싶었다. 내가 하는 일은 그러한 커다란 선물과 기회를 주었다.

30여 년이 흘렀지만 내 마음은 마이애미를 잊은 적이 없다. 그 경험은 내게 커리어라는 것이 어떤 느낌을 주어야 하는지 가르쳐주었다. 그리고 또한 내게 커리어 갈등으로 10-10-10을 시행할 때 여러 가지 선택의 기준 중에 '즐거움'의 요인을 절대로 뺄 수도 없고 빼서도 안 된다는 것을 가르쳐주었다.

시선을 높여라

비행 레슨을 받는 친구가 있었다. 자신이 재미있다고 생각하는 일을 내가 무섭다고 하면 그는 웃으면서 가볍게 받아친다. "수지, 비행은 굉장히 쉬워. 비행기 코를 지평선보다 높게 두기만 하면 돼."

커리어도 그렇다. 커리어를 유지하기 위해서는 좀더 높은 곳을 바라보고 가기만 하면 된다.

그리고 자신의 코가 자꾸 바닥을 향하기 시작하면 재빨리 그 점에 주목해야 한다. 승진을 놓쳤다, 보너스가 늘지 않는다, 상사가 중요한 회의에 나를 부르지 않는다. 이런 경우라면 보통 무엇인가가 잘못되고 있는 것이다.

무엇인가가 막혀 있다는 뜻이다.

만일 여기서 10-10-10을 하면 저도 모르게 '직장을 계속 다녀야 하나 말아야 하나' 유의 극단적인 질문으로 빠지기 쉽다.

왜냐하면 그 순간은 따돌림을 당한 기분, 또는 혼란과 불안 탓에 사람이 감정적이 되기 쉽기 때문이다. 실제 다른 사람들이 다 아는 것을 나만 모르고 있다는 의심이 슬그머니 인다면, 이보다 더 마음을 불편하게 하는 것도 없다. 이러한 자신의 감정을 극복하기 위해서는 다시 한번 의도적인 노력이 필요하다. 잠시 의심과 생각을 멈추고 한 발짝 물러서서 결정을 내리기 전에, 거쳐야 하는 모든 과정을 충실히 다 밟겠다고 자신과 약속을 해야 한다.

일단 직장에서의 문제점을 파악해보라는 말이 듣기에는 쉬울지 모른다. 하지만 많은 사람들은 문제의 원인을 경기가 나빠서라든가 상사가 나쁜 사람이어서 혹은 나를 음해하는 동료 때문에 등등 자신의 통제 밖에 있는 여러 요인들을 탓했다. 물론 불가피한 상황들이 실제로 존재할 수 있다. 하지만 진정 의미있는 10-10-10을 하기 위해서는 그전에 자신의 행동에도 원인이 있지 않은지 살펴 봐야 한다.

냉정한 진실은 일을 제대로 하고 있을 때 커리어가 주춤거리는 일은 거의 없다는 것이다. 제대로 한다는 것은 단순히 시키는 일만 하는 것이 아니고 그 이상을 해내고 있을 때를 말하는 것이다. 요즘같이 경쟁이 심한 세상에서 우리의 상사들이 원하고 필요로 하고 또 기대하는 것은 정해진 목표를 초월하는 성과이다. 따라서 만일 자신의 '코끝'이 자주 땅을 향한다 싶으면, 자기 자신과 혹은 신뢰하는 동료와 함께 자신의 업무성과에 관해 솔직한 대화를 해볼 필요가 있다. 내가 '진짜로' 얼마나 잘하고 있는 것인가?

불행히도 우리가 그 질문에 대한 답을 알아냈을 때는 너무 때늦은 경우가 대부분이다. 그 이유에 대해서는 논쟁의 여지가 없다. 대다수의 관리자들은 부하직원의 불만스런 성적에 대해 붙잡고 이야기해줄 배짱이 없거나 시간이 없거나 혹은 둘 다이기 때문이다.

나도 그러한 관리자였다는 내 죄를 인정한다.

내가 최초로 해고한 직원은 데이브였다. 그는 내가 오기 몇 년 전부터 그 회사에서 일해왔기에 내가 자신의 상사로 부임하자 내 권위를 쉽게 인정하지 못했다. 업무실적을 보면 처음에는 보통이었으나 시간이 흐르면서 저조해졌다. 그는 정치적인 사람이어서 분열을 조장했고 생산성도 떨어졌다. 결국 나는 그가 제 갈 길을 가야 한다고 결정했다.

지금 생각해보면 데이브가 앉아서 해직 통고를 그대로 받아들일 것이라고 생각한 내가 이상한 사람이었다. 그는 해고당할 것이라고는 꿈에도 몰랐다. 왜냐하면 내가 한 번도 그의 업무실적에 문제가 있다고 지적한 적이 없기 때문이다.

데이브를 해고한 후 후폭풍이 몰아쳤다. 그는 회의에서 소리를 지르며 내게 항의했고 동료들을 통해 복직운동을 펼치며 나중에는 상당한 금전적 보상이 없으면 회사를 고소하겠다고 했다(결국 법정 밖에서 조용히 해결을 보았다).

만일 당신의 커리어가 주춤거린다면 자신의 마지막 '진짜' 업무평가의 날짜와 내용을 정확하게 짚어보라. 상사가 문제 있다고 말하지 않았다고 덮어놓고 잘하고 있다고 가정하지 말아야 한다. 또한 그만둘까 말까의 10-10-10은 자신의 인사고과에 대한 진솔한 피드백이 나오기 전에는 금물이라는 것을 기억하라. 완전한 평가가 나온 뒤에야 이것이 일시적인 슬럼프라서 회복 가능한 것인지 아니면 그나마 회사를 빠져나오는 것이 유일한 희망인지를 결정할 수 있기 때문이다.

업무성과의 문제와 아울러 우리의 커리어의 발목을 잡는 두 가지 다른 이유가 있다. 리더로서 잘못된 태도 아니면 선입견이다.

영웅의 추락

내게 모든 사람이 리더가 될 수 없다는 사실을 상기시켜줄 필요는 없다. 하지만 내가 터득한 바에 따르면 거의 모든 회사에서 직원들 모두가 리더십을 발휘할 것을 원하고 있다. 그렇기 때문에 자신이 책임지고 이끌어갈 수 있다는 것을 언젠가는 보여주어야지 그렇지 못하다면 서서히, 그러나 확실히 옆으로 밀려나고 나중에는 떠나야 하는 지경에 이를지도 모른다.

그러면 남을 이끌 수 있는 사람은 도대체 어떻게 생긴 사람인가? 보편적인 리더의 특성은 없다. 어떤 회사는 리더에게 기술적인 숙련성을 요구한다. 다른 회사는 글로벌한 경험을 필요로 한다. 특정한 졸업장을 원하는 곳도 있다. 하지만 거의 모든 기업에서 효과적인 리더가 되기 위해 한 가지 필수적인 속성으로 꼽는 것이 있다. 그것은 자기 개인의 성공이 중요한 것이 아님을 아는 사람이어야 된다는 것이다. 중요한 것은 팀의 성공이다. 좋은 리더라면 자기 밑에서 일하는 사람들의 성공에 희열을 느끼는 법이다.

당신이 좋은 리더라면 자존심을 세우기보다 부하직원들이 성장하는 것을 진심으로 더 즐거워할 것이다.

약 3년 전 잭과 나는 우리 칼럼 독자가 보낸 '영웅에서 꽝으로'라는 제목의 슬픈 이메일을 받았다. 그는 재직하고 있던 금융회사에서 '숫자의 귀재'로 통하며 6년 동안 승승장구했고 그 과정에서 급여도 고공행진을 계속했다.

그러나 이상한 일이 일어났다고 그는 말했다. 숫자놀음에 지쳤던 것이다. 리더가 되고 싶었다. 그래서 특정 부서의 관리직을 맡고 싶다고 회사에 요청했다.

"지금 농담하는 거지?" 상사의 답이었다.

"회사 측은 내가 동료들의 아이디어에 관심도 없고 그들이 클 수 있도록 어떻게 도와줄 수 있을까 한 번도 생각해본 적이 없다는 겁니다. 회사 측에서는 내 업무실적은 대단히 우수하고 내가 원한다면 평생 이 자리에서 일해도 좋지만 회사 내에서 더 이상 클 수가 없다고 합니다." 그가 쓴 이메일의 내용이었다.

'영웅에서 꽝으로'는 그 다음 이야기가 어떻게 전개되었는지 다시 메일을 보내오지 않았지만, 내가 보았을 때는 이 사람의 마음가짐에 급진적인 변화가 없이는 여전히 어디선가 '숫자의 귀재'로 일하고 있을 것이다.

다시 한번 말하지만 모든 사람이 리더가 될 수도 없고 또 원하지도 않을 것이다. 하지만 만일 당신의 경력이 정체되어 10-10-10

을 해보려 한다면 남들이 자신을 어떻게 보고 있는가, 회사가 자신을 어떻게 보고 있는가 하는 질문을 해볼 필요가 있다. 당신이 남을 관리할 수 없는 사람이라고 보고 있다면 회사는 당신을 도태시키는 쪽으로 관리할 것이다.

과거를 잊어주세요

커리어의 지체현상이 일어나는 또다른 이유는 진위와는 무관하게 따라다니는 나쁜 평판이다. 몇 년 전에 어떤 임무를 완전히 망쳤거나 혹은 실패한 프로젝트와 상품에 관련이 되었거나 아니면 자신을 고용한 상사가 나중에 추문의 그늘 속에 회사를 떠났거나 하는 경우이다. 이런 경우에 과거의 전력이나 누군가 혹은 무엇인가에 연루되어 손해를 보게 된다.

그러나 뿌리 깊은 선입견이 전혀 구체적이지 않은 이유에서 비롯되는 경우도 있다. 바로 기대치의 한계 때문이다.

트럭 운전수와 식당 매니저의 딸로 태어난 조디는 가족 중에 처음으로 대학을 간 사람이었고 오늘날까지도 주립대학에서 졸업하던 날을 자기 인생에서 가장 자랑스러운 날로 생각하는 사람이다. 그녀는 회계학 학위와 평균학점 3.5로 오하이오에 위치한 기계제조 공장의 경리직을 맡게 되었다.

5년간 조디는 완벽하게 자신의 임무를 수행했는데, 상사에 따르면, 업무에 에너지를 불어넣을 줄 알며 통찰력 있고 체계적인 해결안을 제시해왔다. 그녀는 동료들에게도 인기가 있었다. 조디는 정직과 근면을 중시하는 직원으로 팀워크가 뛰어난 인물이라고 평가받았다.

그랬기 때문에 조디는 부서에서 조금 높은 자리로 승진할 기회가 있었을 때 지원했다 떨어지자 의아해했다. 조디는 자신의 상사에게 찾아가 그 이유를 물었다. "제가 그 일을 잘할 수 있다고 확신합니다." 조디는 주장을 펼쳤다.

그녀의 상사도 동의했다. "나도 알고 있어요. 하지만 그 직책은 MBA가 있어야 하거든요."

이에 굴하지 않고 조디는 더욱더 결의에 차 자신의 직무를 수행하면서 동시에 MBA과정을 밟았다. 18개월 후 MBA학위를 거머쥐고 그녀는 다시 한번 그 자리에 도전했다. 하지만 또다시 떨어졌다. 그녀는 절망했다.

그녀는 상사에게 따졌다. "이해가 되지 않습니다. 회사 측에서 원하던 자격을 땄잖아요."

그녀의 상사도 딱 부러지게 이유를 설명하지 못했다. 솔직하게 말할 수 있는 이유가 아니어서일 것이다. 하지만 나는 조디 같은 경우를 많이 보아왔기 때문에 조디가 뿌리 깊은 선입견의 '희생자'라는 것을 알고 있다. 회사 측 관점에서는 그녀는 MBA학위가 있건 없건 언제나 경리에 불과했던 것이다.

그 후 조디는 자신이 딴 학위를 이용해서 다른 회사에 입사했고 이 회사에서는 조디의 학위와 능력과 잠재력을 신선한 시각으로 평가해주었다.

만일 커리어 딜레마 때문에 10-10-10을 수행하다가 자신은 변화했는데 자신에 대한 평판과 평가가 변화하지 않았다는 것을 깨달았다면 이 해피엔딩을 기억하길 바란다.

일-가정의 딜레마

커리어에 관한 불안의 마지막 근원이며 어떻게 보면 가장 감정적인 원인은 '일과 가정의 균형' 문제이다. 새로운 사업에 대한 꿈을 막 펼치려 했을 때 갑자기 연로하신 부모님을 돌보아야 했던 린 스캇 잭슨을 기억해보라. 혹은 잘나가는 대기업 임원으로서 어린 딸과의 관계가 소원해지자 10-10-10을 해볼 수밖에 없었던 재키 메이저스를 기억해보라. 10-10-10을 통해서 두 여성 모두 세 가지 시간대에서 가능한 선택과 그 결과에 대해 가늠해볼 수 있었고, 그들의 가장 깊은 열망과 욕구에 부합하는 해결책을 찾을 수 있었다.

이 두 사람의 열망과 욕구는 매우 다른 것이다. 린은 '일과 가정의 균형'의 등식에서 더 많은 일을 원했다. 재키의 경우는 그 반대였다.

그렇다면 요점은? 일-가정의 딜레마를 풀기 위해서는 각 가치의 상대적인 중요성에 대해 자신이 명확하게 알고 10-10-10을 해야 한다는 것이다. 왜냐하면 여기서 '균형'이라는 것은 그릇된 신화에 불과하다. 일과 개인생활 사이의 갈등이 생기는 것은 그 둘이 등가교환의 관계에 있기 때문이다. 그렇기 때문에 나는 차라리 '일-가정 사이의 선택'이라는 용어를 선호한다. 만일 당신이 전문적인 성취와 부를 가치있게 생각한다면 실질적으로 일에 더 많은 시간을 투자하겠다고 '선택'하는 것이고 그 이외의 활동에는 그만큼 시간을 덜 쓰겠다는 것이다.

만일 당신에게 가장 중요한 가치가 아이들이 자랄 때 항상 곁에 있는 것이라고 하면 당신은 실질적으로 CEO가 되지 않기로 '선택'한 것이다. 기업 내 승진의 사다리를 오르기 위해서는 언제든 회사가 부르면 달려갈 수 있어야 하고, 다른 곳에 신경 쓰지 않고 몰입할 수 있어야 한다. 또한 전업주부가 되는 것도 마찬가지다.

모든 것을 동시에 다 가질 수는 없다.

그런데 이러한 사실을 모든 사람들이 자명하게 알고, 다들 받아들이고 있다고 생각한다면 그것은 오산이다.

많은 경우에 여성들이 10-10-10이 완벽한 삶의 '균형'을 찾아주는 마술적인 힘이 있다고 믿고는 이 법칙을 붙잡고 씨름하는 것을 보았다. 10-10-10이 직업적 성공과 잘 키운 아이들, 행복한 결혼, 즐거운 휴가, 날씬한 허벅지를 동시에 가능하게 만들어줄 것을 기대하는 것이다.

그럴 때 나는 항상 무엇인가를 포기해야 한다고 조언한다. 그 목표들 중 둘을 포기하라, 혹은 더 현실적으로 셋을 포기하라고 말한다. 그러면서 나의 경우를 증거로 제시했다. 내가 『하버드 비즈니스 리뷰』에서 경력을 쌓는 것을 최우선순위로 삼았던 시절에는 아이들 학교 연극과 스케이트 발표회도 못 갔고 밤마다 숙제 도와주는 일도 거의 못 했다. 저녁식사는 거의 핫도그와 사과조각으로 때웠고 허벅지를 날씬하게 토닝할 시간은 더더욱 없었다.

나는 내가 의도적으로 선택한 가치관에 의거해서 살고 있었고 따라서 그 결과에 대해서도 내가 책임을 져야 했다.

물론 우리 회사가 더 가족친화적이 아니라고 탓할 수도 있었다. 하지만 회사는 수익을 내기 위해서 존재하는 것이지 내 인생을 편안하게 해주기 위해 존재하는 것이 아님을 나는 알고 있었다. 이 사회가 육아 책임의 반을 남자에게 지우지 않는다고 원망할 수도 있었다. 하지만 수천 년 동안 존재해왔고 또 여성이 임신을 한다는 생물학적 현실에 기초한 제도에 화를 내봤자 무슨 소용이겠는가?

생각해보면 나는 현실주의자였다. 그리고 지금도 그렇다. 따라서 일-가정의 '균형'에 관한 딜레마가 생길 때면 단순히 자기의 가치관이 무엇인가에 대해서만 열심히 생각할 것이 아니라, 그 가치들의 우선순위를 매겨볼 것을 촉구한다. 그래야만 각 가치의 중요도가 10-10-10에 제대로 반영될 수 있다.

우리는 디즈니랜드로 간다

내 말이 잔인하게 들리지 않기 바란다. 10년 혹은 15년 동안 직장과 가정을 양립하려고 애써온 시간들이 마치 끝없는 고난의 행진처럼 느껴질 때가 있다는 것을 너무도 잘 알고 있다. 때론 며칠 동안 몇 주 동안 당신의 선택이 어느 누구도, 특히 자기 자신도, 완전히 행복하게 못 한다고 느껴질 때가 있다는 것도 알고 있다.

일하는 주부들은 끊임없이 솔로몬과 같은 선택을 해야 하기에, 매일 자신과 내면의 대화를 하며 보낸다. 10-10-10이 도움은 되지만 그렇다 해도 우리가 직면한 많은 직장-가정 사이의 선택은 어느 쪽을 택해도 만족할 수 없는 비관적인 요소가 다분하다. 그것은 솔직히 말해두고 싶다. 10-10-10은 내가 아는 한 최고의 자녀 양육 도구이다. 10-10-10의 위력과 효율성은 셀 수 없이 목격한 바 있다. 그러나 10-10-10이 있다고 해서 당신의 일-가정 간의 갈등이 사라지는 것은 아니다. 단지 갈등을 더 잘 이해, 관리하여 원만하게 타협할 수 있도록 도와준다는 것이다.

바버라는 미 서부 해안에 위치한 소매유통회사의 임원으로서 이십대에 결혼을 했다. 그러나 신경과 의사인 남편과 그녀는 두 사람의 커리어가 점점 쌓여감에 따라 아이를 가질 시간도 없었고, 가지고 싶다는 생각도 없었다. 하지만 바버라가 마흔다섯번째 생일을 맞았을 때, 그녀에 따르면 두 사람은 '아기 병'에 걸렸다.

"존과 나는 갑자기 우리 인생에서 뭔가 커다란 것이 빠져 있다는 것을 깨달았어요. 우리에겐 서로가 있었지만 절실하게 아이를 갖고 싶어졌습니다. 갑자기 잠에서 깨어난 것 같았어요."

1년간 임신을 시도하다 실패하자 중국에서 아기를 입양하기로 했다. 이에 대해 이 부부는 어떤 실망감도 없었다. "아기는 아기잖아요. 그리고 모든 아기는 축복이라고 생각해요." 바버라는 이렇게 설명했다. 하지만 절차 때문에 아기와 가정을 이루는 꿈이 1년 더 지연되었다. 드디어 부부는 베이징으로 날아가 새 딸 에이미를 데리고 올 수 있었다.

그러나 미국으로 돌아오는 비행기 안에서 바버라는 구역질이 나기 시작했다. 그리고 가족이 집으로 돌아온 후 3주 동안 계속 토할 것같이 속이 메슥거렸다. 그것은 입덧이었다. 그리고 7개월 후 또 한 명의 딸이 태어났다. 부부는 둘째딸을 제시라고 이름을 짓고 에이미의 방 안에 아기침대를 하나 더 놓았다.

그 후 몇 년은 정신없이 보낸 나날의 연속이었다. 존과 바버라는 일을 하면서 가정을 돌보고, 1년에 아이 둘이 동시에 생겨 정신이 없었다. 물론 부부는 딸들을 사랑했고 행복했다. 하지만 그들은 항상 지쳐 있었다. 존은 집에서 더 가까운 곳에서 일할 수 있도록 병원을 옮겼고 좀더 예측 가능한 일정으로 일할 수 있기 위해 응급실을 맡았다. 바버라는 베이비시터 관리를 예술의 경지로 끌어올렸다. 그리고 두 딸과 아침에 더 많은 시간을 보내기 위해 그녀는 매주 토요일 밤에 출근해 서류업무를 처리했다.

드디어 아이들이 다섯 살과 여섯 살이 되었을 때 바버라와 존은 분위기를 바꾸어 좀더 보통 사람들처럼 살 필요가 있다고 생각했다. 그래서 아이들을 디즈니랜드로 데려가고자 했다.

바버라는 대기업의 모범적인 조직원으로서 상사에게 휴가 일정을 6개월 전에 통보했다. 한편 집에서 그녀와 존은 매일 저녁 두 딸과 함께 컴퓨터 앞에 앉아서 디즈니랜드 여행계획을 꼼꼼하게 세웠다. 팅커벨과 함께 아침식사를 하고 신데렐라와 점심을 먹고 그 사이에는 '스페이스 마운틴'과 '이츠 어 스몰 월드'에 가기로 했다.

그런데 디즈니 출발 일주일 전에 바버라 또래인 여성 상사가 짤막한 이메일을 보내왔다. CEO가 방문을 한다, 바버라는 휴가를 연기하라.

바버라는 충격과 분노를 삼키며 자기 사무실에서 방 몇 개 떨어진 곳에 있던 상사 사무실의 문을 두드렸다. 바버라는 애써 침착하게 말했다. "휴가를 그렇게 쉽게 취소할 수 없어요. 아이들에게 약속했거든요."

상사는 냉정하게 대답했다. "내가 이 회사에서 아무런 희생도 하지 않고 이 자리에 오를 수 있었다고 생각합니까? 어린 자녀가 있다고 해서 당신이라고 예외가 될 수 있다고 생각해요? 그리고 남자들도 자녀가 있는 건 마찬가지예요."

상사는 자신의 블랙베리폰을 체크해보고는 다시 바버라에게 시선을 돌렸다. "우리 아이들은 지금 열아홉 살, 스물네 살이에요. 둘 다 건강하고 행복한 어른이 되었지요. 그런데 난 평생 일주일에 50시간씩 일해왔어요."

그날 밤 집으로 돌아와 바버라는 이 문제로 10-10-10을 해보기로 했다. 첫째로 자신의 가치관을 검토해보았다. 바버라는 일을 사랑할 뿐만 아니라 남편보다도 수입이 더 많았다. 하지만 자신이 너무 늦게 엄마가 되었으므로 단 한 순간도 그냥 흘려보낼 수 없다고 생각했다. 무엇보다도 딸들이 자신을 한바탕 휘젓고 지나가는 태풍 같은 존재가 아니라 인간적으로 알게 되길 바랐다. 자신도 아이들에게 문제가 생겨서 함께 있어야 할 때뿐만이 아니라, 그렇지 않은 자연스러운 순간들 속에서 서로를 알아가길 바랐다.

10분 후를 생각해보니 두 가지 중 어떤 선택을 해도 그녀는 위기에 봉착한다. 상사가 실망하거나 아니면 두 딸이 낙담하는 것이다.

10개월 후의 그림은 좀더 복잡했다. 바버라의 느낌으로는 10개월 후라면 완고한 입장이 조금은 누그러져 있을 것이라는 생각이 들었다. 바버라는 말했다. "상사가 기세등등하게 나왔지만 내가 충분히 이제까지 회사를 위해 희생했다는 것을 그 사람도 알고 있어요. 나도 할 만큼 했거든요. 전에도 휴가를 많이 취소했었고요. 사실 다시 상사에게 돌아가서 내 '희생'의 전적을 들먹일 수 있을 정도로 쌓아놓은 것이 있을 거라고 믿었어요. 그녀도 이 한 번으로는 나를 평가할 수는 없을 거라는 생각이 들었죠."

반면에 바버라가 휴가를 취소할 경우 10개월 후의 그림을 생각해보면 그 여진이 집에서는 계속될 것이며, 아이들은 엄마한테는 항상 일이 먼저이고 엄마의 약속은 신뢰할 수 없다는 생각을 가지게 될 것이다.

바버라의 계산에 따르면 10년 후에 그녀와 존은 예순두 살로 은퇴를 3년 남겨놓고 있을 것이고 딸들은 십대 청소년이 되어 있을 것이다. 그녀는 스스로에게 물어보았다. 그 시점이라면 자신의 커리어를 한 단계 더 높여서 은퇴하는 것보다 딸들과 신뢰와 친밀감을 쌓는 것이 더 가치있지 않을까?

가족은 계획대로 디즈니랜드로 휴가를 떠났다.

일주일 후 바버라가 회사로 복귀하자 상사로부터 이메일이 와 있었는데 CEO와의 미팅은 성공적이었고 특정한 전략계획에 대해서 CEO와 즉각적으로 추가 논의를 할 수 있도록 하라는 내용이었다. "솔직히 그 메시지를 봤을 때 가슴이 뜨끔했어요. 아, 정말 큰일 났구나 생각했죠." 바버라가 그때를 떠올리며 한 말이다. "하지만 순간 내가 어떻게 그 결정을 내렸는가를 상기했습니다. 이미 양

쪽을 다 생각해보고 내린 결정이었거든요. 10-10-10은 내 죄의
식의 지우개 역할을 해주었습니다."

그녀는 상사의 요청사항을 메모해놓고 다시 자신의 일상으로
돌아갔다.

올리비아의 탄식

며칠 전 저녁에 칼럼을 쓰다가 문득 고개를 들어보니 소피아가
아름다운 젊은 여성과 함께 내 책상 앞에 서 있었다. 내가 매우 혼
란스러워 보였던 모양이다. 소피아는 웃음을 터뜨리며 소개했다.
"엄마, 기억 안 나요? 올리비아잖아요!" 딸이 소리쳤다.

아, 그랬구나. 눈을 반쯤 감고 보니 옛날에 무척 귀여워했던 발
랄한 옆집 소녀가 보이는 듯했다. 하지만 그 후로 몇 년이 흘렀다.
알고 보니 그녀는 대학생이 되어 전공을 결정해야 하는데 소피아
와 함께 자신의 갈등에 대해 이야기하다가 결국 나의 조언을 구하
기로 했던 것이다.

올리비아가 입을 열었다. "정말 이것 때문에 미치겠어요. 나는
멋진 일을 하고 싶거든요. 뭔가 중요하고 신나는 일이요. '찌질
이' 말고요. 그런데 그것이 무엇인지 모르겠어요."

"'찌질이' 말고요"라는 말이 귀여웠지만 내가 올리비아의 탄식

에서 주목한 것은 다른 부분이었다. 그것은 올리비아가 첫 커리어 갈등을 경험하고 있다는 사실이었다. 그리고 올리비아도 여느 사람과 마찬가지라면 살아가면서 더욱더 많은 커리어와 관련된 갈등을 겪게 될 것이다.

나는 올리비아에게 그렇게 말해주었다.

"어, 안 돼요." 그녀는 즉각적으로 항의했다. "나는 수지 아줌마처럼 되고 싶어요."

그녀가 나를 믿고 따른다는 사실에 감동받았다. 하지만 나는 내가 커서 무엇이 되고 싶은지 어렸을 때부터 알고 있었다. 그럼에도 불구하고 성인이 된 후 나는 여전히 직업에 대해 혼란을 느끼고 심지어 절망하는 순간도 있었다. 내가 마이애미를 떠날 때 내 마음은 두 동강이 났다. 한쪽은 내가 사랑하던 일을 떠난다는 슬픔에 요동치고 있었고 나머지 한쪽은 보스턴의 새로운 직장에 대한 흥분에 들떠 있었다. 그날 전 재산을 자동차 안에 쓸어넣고 내가 살던 집 앞에서 직장동료들에게 작별인사를 한 후, 마지막으로 부드러운 열대지방 공기를 들이쉬며 나는 왜 꼭 필요할 때 오리아나 기자 같은 용기가 없을까 하고 자책했던 기억이 생생하다. 나는 조지아 주 경계를 넘을 때까지도 울고 있었다.

나는 올리비아에게 어떠한 직업을 선택하든 직업에 관련된 딜레마는 항상 있을 것이라고 했다.

그리고 그 갈등들은 살아가면서 해결하면 된다. 그 갈등이 어디

에서 유래하는지 이해함으로서, 더 중요하게는 자기 자신을 이해
함으로써 풀어갈 수 있는 것이다.

7장

우리 아이의 미래는
누가 결정할까

아이 키우기와 10-10-10

10
minutes
10
months
10
years

마커스가 다섯 살 때 뜬금없이 내게 선언을 했다. "엄마, 내가 크면 어디 사는지 엄마에게 안 알려줄 거야." 한 치의 악의 없이 한 말이다. 지금도 자신의 자유 선포에 기뻐하며 천진난만하게 웃던 아들의 얼굴이 눈에 선하다. 그래도 나는 가슴이 아팠다. 나는 하루하루를 마커스라는 그릇에 내 사랑을 쏟아부으며 살았는데, 내게 평생 헌신하지 않겠다는 말로 아주 무심하게 되갚아주는구나 싶었다.

이런 생각을 했던 기억이 난다. "장난이 아니다. 엄마 노릇도 점점 하기 힘들구나."

정말 장난이 아니다.

20여 년간 해보니 아이 키우기야말로 세상에서 가장 어려운 일이라고 인정할 수밖에 없다. 애간장이 타기도 하고 화가 치밀기도 하고 모멸감을 느끼기도 하고 마음의 상처를 받기도 한다. 그러면서도 한편으로는 아이들이 주는 친밀감과 자부심 그리고 기쁨에 가슴이 벅차 내가 전생에 뭘 잘해서 이런 복을 누리나 싶기도 하다.

아이를 키우는 것이 결코 쉬울 수는 없지만 10-10-10은 양육 과정의 많은 결정을 더 명쾌하고 일관성 있고 차분하게 해줌으로써 부모가 죄책감에서 벗어날 수 있게 해주고 아이와 부모가 서로 신뢰를 구축할 수 있게 도와준다. 10-10-10을 잘 활용할 때 무계획적이고 부담스러운 순간들이 줄어들게 되고, 반대로 "나는 내가 바라는 부모상이 되고 있다. 그리고 놀랍게도 잘되고 있는 듯하다"라고 느끼는 날들이 늘어나게 된다.

그리고 더 큰 장점은 10-10-10이 가족생활을 더 즐겁게 해준다는 것이다. 실제 내가 가장 즐겁게 웃었던 순간도 10-10-10 덕분이었는데 작고 깜찍했던 마커스가 크고 건장한 열여섯 살 청년이 되었을 때였다. 어느 날 오후 수영 연습을 마치고 둘이 함께 집으로 걸어오는데 마커스가 몸을 돌리더니 난데없이 나를 껴안으며 말했다. "있잖아요, 엄마. 내가 결혼하면 엄마가 우리 집에 함께 살면서 아이를 키워주세요. 그러면 좋겠어요."

가운데 낀 엄마

나는 하와이에서 돌아온 직후, 훌라 스커트 사건의 충격이 채 가시지 않았을 때부터 아이들과 관련된 결정에 10-10-10을 적용했고 그 후로도 빠뜨린 적이 없다. 하지만 10-10-10 법칙을 처음 적용했던 사례가 가장 기억에 남는다. 내가 싱글맘이 된 지 얼마 안 되어, 어느 날 아침 나는 아이들에게 퇴근 후 집에서 저녁을 함께하겠다고, 더 중요하게는 우리가 가장 좋아하는 시트콤 〈가운데 낀 맬컴〉을 함께 보겠다고 약속했다.

아이들이 이 프로를 좋아했던 것은 어리지만 꾀가 많은 맬컴이 괴짜 가족들의 방해에도 불구하고 항상 자신이 원하는 것을 얻었기 때문이다. 내가 이 시트콤을 좋아했던 것은 맬컴의 어머니가 때때로 화를 펄펄 낼 때에도 그 집 아이들은 '5등급짜리 분노'라며 태풍처럼 등급을 붙여 이를 어여삐 봐주기 때문이다.

그러나 그날 저녁 퇴근을 하려고 짐을 싸는데 상사가 나를 불렀다. "나쁜 소식이에요. 카터 원고가 방금 취소됐어요. 좀더 남아 있어줘야겠어요."

나는 겁에 질려 물었다. "얼마나 늦게까지요?"

"몇 시간만 더 하면 될 것 같아요. 미안해요, 하지만 이건 비상사태예요."

당시 나는 엄마로서의 가치관이 매우 뚜렷하게 정립된 상태였다. 나는 부모로서의 내 책임은 우리 아이들에게 따뜻한 마음과 정직함, 진솔함과 같은 훌륭한 인격의 속성들을 가르치는 것이라고 생각했다. 또한 부모 자신이 행복하고 의미있는 삶을 살아야 아이들도 행복하다고 믿었기 때문에 나는 계속해서 풀타임으로 일을 했던 것이다. 부모로서 내가 생각하는 궁극적 가치는 상호존중이었다. 어떤 어머니들은 자식에게 사랑을 받는 것이라든가 자식이 순종하는 것을 최고의 가치로 삼을지도 모른다. 하지만 나는 서로 터놓고 이야기할 수 있는 가정을 만들고 싶었다.

10분 후를 생각해보면 남아서 일을 하게 될 경우 아이들이 난리가 날 것이다. "엄마가 약속했잖아요!"라든가 "왜 항상 일이 먼저예요?"와 같은 대대적인 신음과 탄식이 난무할 것이 뻔했다. 반면에 상사가 필요한 순간에 내가 부응함으로써 그녀에게서 긍정적인 평가를 받게 될 것이다.

10개월 후라면? 그때쯤이면 직장에서 업무평가를 할 시기로서 상사는 회사가 필요할 때 내가 달려왔다는 것을 아마 기억할 것이다. 집에서 나와 아이들은 여전히 계속되는 맬컴의 모험을 시청하고 있을 것이며, 평소의 상당히 양호한 내 출석률과 5등급짜리의 격분이 상대적으로 거의 없음을 고려할 때 엄마의 단 한 번의 '실종'은 잊혀졌을 것이다.

10년 후라면 나의 결정은 별로 의미가 없어 보였다. 남아서 일을 하든지 퇴근을 하든지 오늘 하루 저녁에 내린 선택은 인생의 큰 그림을 놓고 보았을 때는 별 문제가 되지 않았다.

나의 딜레마는 갑자기 너무나 쉽게 풀렸다. 내 직장생활의 가까운 미래가 아이들의 즉각적인 욕구충족보다 더 중요하다고 보았다. 또 아이들에게도 세상이 자신을 중심으로 돌아가지 않는다는 교훈이 될 수도 있는데, 내 입장에서는 아이들에게 필요한 가르침이라고 보았다. 나는 다시 사무실로 돌아가 상사에게 남아 있겠다고 말했다. 상사는 정말 고마워했다.

그러고는 집으로 전화를 해서 소식을 전했다. 아이들의 항의가 터져나왔지만 그것은 5분 만에 평정되었다. 내가 베이비시터에게 스피커폰을 켜달라고 하고는 아이들에게 내 10-10-10 과정을 설명하자 상황은 종료되었다. 잠시 침묵이 흐르고 나서는 아이들의 "알았어요"와 "오케이" 합창이 들렸다. 심지어 소피아는 내일 아침에 내가 못 본 에피소드를 이야기해주겠다고 약속했다.

전략적인 사고

그 일이 있은 후 나는 10-10-10 법칙을 다른 워킹맘 친구들에게 이야기하기 시작했는데 그들이 최초의 사용자들이었다. 그중 하나는 과학 과외를 그만두고 싶다는 아들의 문제에 적용했고, 또 다른 친구는 여름휴가 계획을 놓고 벌어진 십대 딸과의 갈등을 풀기 위해 사용했다. 이렇게 10-10-10을 사용해보았던 어머니들과 다른 사람들은 아이들과 관련된 까다로운 결정이 이 과정을 통해 더 단순해지고 효율적이 되었다고 전했다.

시간이 흐르면서 아이 키우기 전략으로서의 10-10-10이 정말 매력이 있다고 느꼈던 것은 직감에 의존한 결정을 든든하게 받쳐주는 능력이었다. 아이에 관한 결정들은 찬찬히 생각할 시간이 있는 경우도 있지만 많은 경우에는 그렇지 못하다. 파티에 가기 위해서 차를 빌려도 돼요? 오늘밤 존의 집에서 자고 와도 돼요? 친구들하고 쇼핑몰에 가려는데 20달러만 빌려주실래요? 일주일 동안 생각할 여유를 주고 이런 질문을 던지거나, 차분하고 명료하게 생각해볼 수 있는 상황에서 부탁하는 아이들은 별로 없다. 일반적으로 이런 질문들은 즉석에서 그것도 옆에 자기 친구들이 듣고 있는 데서 하는 경우가 많다. 또한 당신이 다른 일에 정신이 팔려 있을 때 서둘러 중요한 결정을 내려달라고 성화인 경우도 많다. 예를 들어 우리 아이들은 내가 꼭 통화 중이거나 무슨 일에 잔뜩 늦었거나 자동차에 막 타려 하는 순간에 허락을 구하는 것이 가히 예술의 경지라 하겠다.

다행히도 당신이 머뭇거리며 주저하다 그냥 허락하는 데 드는 시간이면 10-10-10 분석을 할 수 있다. 그리고 직감에 의거한 결정을 내리고는 거기다가 온갖 조건과 경고를 다느라 이야기하는 시간이면 10-10-10 결정에 도달한 논리적인 이유를 충분히 설명할 수 있다. 삼촌의 장례식에 가야 하나를 결정해야 했던 어머니 나탈리를 기억하는지? 아들 하나는 축구 연습에 태워다달라고 했고 다른 아들은 치과에 가야만 했다. 그리고 그녀의 본능은 시간적, 거리적 효율을 택하라고 말하고 있었다. 하지만 2분 이내로 나탈리는 더 건전한 결정을 내렸다. 아들들에게 책임감과 존경심을 가르치려면 자신이 실천으로 모범을 보여야 했다. 그러므로 나탈리는 장례식을 택했다.

사랑과 일 문제와 마찬가지로 10-10-10은 우리의 신경학적 편향을 바로잡아주고 자녀 문제로 스트레스가 높은 상황에서 생기는 '폐쇄 고리 사고'를 멈추게 한다. 아들이 전학을 가겠다고 애원했던 폴라가 바로 그런 경우이다. 10-10-10은 무뚝뚝한 수학 선생과 같이 전혀 생각지 못했던 사람의 조언에도 마음의 문을 열게 해주었다. 궁극적으로 10-10-10은 자신이 좋아하지 않았던 사람의 말에도 귀를 기울일 수밖에 없도록 함으로써 폴라가 후퍼의 진짜 문제의 뿌리를 찾을 수 있게 해준 것이다.

부모의 죄의식

한편 10-10-10은 또다른 측면에서 자녀에 관한 결정에 영향을 끼친다. 우리 사회의 모성에 대한 문화적 '시대정신'에 해독제 역할을 하기 때문이다. 현재 난무하는 자녀교육에 대한 견해와 지침들은 부모의 마음에 의심을 심어주고 부모의 삶을 죄의식으로 옭아맨다.

그렇다. 나도 그 단어를 말해버렸다. 죄의식.

당신이 부모인데 10-10-10과 같은 일관된 원칙을 가지고 있지 않다면 아마 항상 죄의식이 따라다닐 것이다.

이것은 결코 무시할 수 없는 일인 것이, 지금 미국 사회에는 어떻게 아이를 키우는 것이 옳은가에 대한 논쟁이 치열하기 때문이다. 그중 가장 큰 쟁점은 과연 어머니들이 집에서 아이만 키워야 하는지, 나가서 일을 해야 하는지 혹은 둘 다 해야 하는지에 대한 것이다. 양육 전쟁으로 인해 이 분야의 책과 기사로만 먹고 사는 사람들이 생길 정도이지만, 이 싸움은 다른 곳에서보다 엄마들의 블로그에서 가장 치열하다. 엄마들의 인터넷 커뮤니티 활동은 매우 활발하다. 내가 관찰한 바로는 어떤 블로그들은 완전 중립적으로 사이버 사랑방 역할을 하며 우호적으로 아이 키우기의 비법을 주고받는다. 하지만 어떤 블로그들은 극단적으로 정치화되어 일과 가정에 관한 각자의 선택을 놓고 상대를 노골적으로 매도하고 공격하는 싸움터가 되고 있다.

그러나 이 싸움에 끼어들려고 굳이 온라인까지 갈 것도 없다. 나는 어느 칵테일파티에서 만난 전업주부를 잊을 수가 없다. 여기선 릴리언이라고 부르자. 그녀는 내 일 이야기를 듣고 기분이 상한 나머지 "자신이 너무나 잘났다고 생각하는 워킹맘들을 보면 어처구니가 없네요"라고 일격을 가했다.

"난 그렇게 생각하지 않는데요!" 나는 자동적으로 쏘아붙였다.

릴리언은 경멸의 한숨을 내뱉었다. "아니요, 그렇게 생각하고 있어요! 당신들은 나 같은 전업주부들은 직장에 뛰어들 엄두도 못 내고 직장에서 살아남지도 못할 거라고 생각하죠."

다시 한번 나는 아니라고 했지만 릴리언은 내 말을 완전히 무시하며 외쳤다. "사무실에서 워킹맘끼리 모여 '전업주부들은 하루 종일 뭐 하면서 사는지 몰라?'라며 비웃잖아요." 그녀는 강경하게 주장했다. "우리가 시시하다고 생각하죠, 안 그래요?"

나는 계속 부인했다. 그때는 칵테일파티 중이었으니까. 하지만 릴리언이 옳았다. 같이 일하는 엄마들끼리 모여 간혹 전업주부들에 대해 혀를 찬 적도 있다. 어떤 동료는 어떻게 전업주부들이 권태롭고 단조로운 육아와 집안일을 견뎌내는지 상상할 수 없다고 했다. 너무 지루하지 않을까? 어느 날 20년이 흐른 뒤 정신을 차려보니 아이들에게는 의미있고 보람된 미래를 열어주었지만 자신들에게는 그런 미래가 없다는 것을 왜 깨닫지 못하는 것일까?

"전업주부들 때문에 일하는 엄마들이 혼란스러울 때가 있어요." 나는 결국 한 발짝 양보했다.

"자신 때문에 혼란스러운 거죠. 마음의 죄의식이 하는 말에 귀를 기울이지 않아서 혼란스러운 것이겠죠." 그녀의 대답이었다.

그 죄의식이라는 단어가 우리 사이를 잠시 어색하게 만들었다. 그리고 나는 마지막으로 슬쩍 화해의 손길을 내밀었다. "우리 언니들은 전업주부로 아이들을 키워요. 하지만 언니들도 일하지 않는 것에 대해서, 내가 일할 때 느끼는 것만큼 죄의식을 느낀다고 하더라고요."

"안 그럴걸요?!" 릴리언이 딱 잘라 말했다.

이번에는 내가 탄식을 할 차례였다. 마치 우리 두 사람 사이에는 중립지대가 없는 것 같았다. 그 후 우리는 각자의 길을 갔다. 릴리언이 그 대화를 끝으로 어떤 생각을 했는지 모르겠지만 나는 오늘날의 모든 어머니들과 마찬가지로 매우 방어적이 되었고 또 모순된 생각들에 시달렸다.

신뢰의 검은띠

10-10-10은 그러한 죄의식을 지우고자 하는 끝없는 여정에 매우 든든하고 효과적인 동반자가 되어준다.

〈가운데 낀 맬컴〉 때문에 했던 10-10-10이 있은 후 1, 2년이 흘렀고 내 일은 꾸준히 잘 진행되어 곧 승진의 기회가 생겼다. 그렇기 때문에 상사는 내게 기회가 닿을 때마다 회사에 좋은 모습을 보일 것을 당부했다. 그리고 크게 집안일에 방해를 하지 않는 범위

내에서 잘하고 있었다. 그러다가 큰 기회가 왔다. 회사에서 주말에 개최하는 외부회의의 사회를 맡아달라는 요청을 받은 것이다.

그러나…… 그 회의 날짜와 시간이 당시 열두 살이었던 로스코가 가라테 어린이부 검은띠를 따는 바로 그날이었다. 뉴햄프셔에 있는 우에치류 가라테 본원에서 '센세이' 심판들 앞에서 시험을 보는 매우 진지한 행사였다. 로스코의 12년 인생에서 가장 중요한 순간이 될 것이다. 내가 그 사실을 잘 알고 있는 것은 로스코가 이 시험에 대해 얘기할 때마다 얼굴이 주홍색으로 상기되고 곧 기절할 것같이 목소리가 희미해졌기 때문이다.

10분 후의 결과는 도무지 쉬운 결정이 아니었다. 직장 경력상 외부회의를 주재한다는 것은 커다란 성과가 되겠지만, 로스코는 내가 가지 않아 상처받고 혼란스러울 것이다. 수년 동안 나는 로스코가 가라테를 열심히 연습하고 엄격한 수련을 하는 것이 너무나 기특하다고 말해오지 않았던가? 그날 왜 로스코만이 엄마와 같이 오지 않은 유일한 아이가 되어야 하느냐는 말이다.

10개월 후라도 내가 보았을 때는 거의 비슷한 제로섬 게임이 될 것이다. 물론 나는 외부회의에 참석하지 않았던 것을 만회하기 위해 더 열심히 일할 수도 있다. 혹은 로스코에게 점수를 다시 따기 위해 무척 노력하여 모든 가라테 연습에 참석을 하며 가라테 무도 정신을 예찬할 수도 있을 것이다. 하지만 결국 별 뾰족한 수가 없었다. 어느 쪽을 선택하든 그 여파를 여전히 겪고 있을 것이다.

그러나 10년 후를 생각하면 좀더 명쾌한 비전이 보였다. 먼 미래의 내 경력은 한 번 회의에 불참했다는 것으로 결정되는 것이 아니고, 기나긴 우여곡절의 마라톤 끝에 결정된 지위에 올라 있을 것이다. 그러나 로스코의 검은띠는 한 번밖에 딸 수 없는 것이다. 10년 후 로스코는 대학에 가고 없을 것이다. 그때까지 우리가 함께하는 시간은 화목할 수도 있고 불편할 수도 있다. 만약 내가 아들 인생 최초의 중대 이벤트에 나타나지 않는다면 후자가 될 확률이 높다는 것을 부인할 수 없었다. 다시는 엄마가 필요할 때 곁에 있어줄 것이라고 믿지 않을 수도 있기 때문이다.

그 주말에 나는 로스코가 한 동작 한 동작 정확한 '품세'를 선보이는 것을 구경하며 내가 옳은 결정을 했다는 사실을 한 순간도 의심한 적이 없었다.

따지고 보면 로스코의 유단자 시험에 참석하는 것은 그전에 내가 내렸던 〈가운데 낀 맬컴〉의 10-10-10 결정과는 백팔십도 다른 결정이다. 그렇다고 내 가치관이 바뀐 것은 아니다. 다만 내 결정이 어떤 영향을 줄 것인지에 대한 평가가 달랐기 때문이다. 그리고 본능적인 직감이나 죄책감, 불안, 또는 모성의 도리에 대한 문화적인 통념, 그 어느 것에도 구애받지 않고 내가 내린 결정을 실천에 옮길 수 있었다.

카인의 두 얼굴

몇 년 전 나는 발달심리학자인 주디스 리치 해리스가 쓴 『개성의 탄생: 나는 왜 다른 사람과 다른 유일한 나인가』를 흥미롭게 읽었다. 이 책은 주제가 도발적이어서 오늘날의 환경에서 아이를 키우는 모든 부모들이 한 번쯤 자신을 돌아보게 하는 책이다. 그 내용인즉슨 아이들의 개성은 주로 유전자와 또래집단의 가치관에 가장 큰 영향을 받는다는 것이다. 해리스의 결론은 결국 아이들의 행동은 부모가 잘해서, 혹은 부모가 잘못해서라고 말할 여지가 거의 없다는 것이다.

모든 사람이 이에 동의할 수만 있다면 얼마나 좋을까! 아마 커다란 안도의 한숨소리를 들을 수 있지 않을까 싶다. 하지만 우리 사회의 대중문화는 이와는 정반대의 메시지를 전파시키고 있다. "완벽한 부모가 완벽한 아이를 만든다. 문제 있는 부모들은 뿌린 대로 거둘 것이다." 그러다보니 어머니들이 밖에서 일을 해야 하는가 마는가에 대한 질풍노도와 같은 논쟁에 휘말리고, 부모들은 성공적인 자녀양육에 관한 백과사전식 지식의 바다에서 허우적대야만 한다. 가을에는 아이들을 축구팀에 넣어야 하고 봄이면 야구단에 넣어야 한다, 아이들이 세 살이면 피아노 레슨을 시작해야 한다, 아이들에게 최신형 노트북을 사줘야 한다, 고1이 되면 학력고사 과외반에 등록해야 한다, 중국어 교육을 잊어서는 안 된다 등등.

텔레비전에서는 닥터 필과 닥터 노라가 (그 외 다수의 덜 유명한 인사들도) 거의 매일 부모들을 야단치고 있다. 모든 서점은 올바른 자녀양육법에 대한 섹션을 따로 두고 있다. 그리고 심지어 잡지에 브리트니 스피어스의 자녀양육법에 관한 기사가 실리고, 리얼리티쇼 중에서는 역기능적인 자녀양육 방식을 보여주며 시청률을 올리는 프로그램들도 있다. 나도 솔직히 저녁에 〈아내 맞바꾸기〉라는 프로그램을 가끔 본 적이 있다. 외설적인 제목이지만 내용은 그렇지 않다. 오히려 이 방송은 도덕적 교훈을 주기 위한 프로그램으로, 두 가족이 일주일간 어머니를 바꾸어 생활해보면서 상이한 가치관이 충돌하며 생기는 여러 가지 해프닝을 다루고 있다.

'슈퍼 자녀'를 키워내야 한다는 이 사회의 압력이 너무 강하기 때문에 때로는 인성에 높은 가치를 두고 있다고 주장하며 버티던 어머니들도 흔들린다. 나도 고백하건대, 수년 동안 나는 우리 아이들의 성적이나 외적인 성취는 그렇게 중요하지 않고, 아이들이 '올바른 인간'으로 자라는 것이 더 중요하다고 말해왔다.

하지만 로스코가 전국 고교 레슬링 대회에 참여했을 때 나는 아들의 우승을 위해 지쳐쓰러질 정도로 열렬히 응원하는 바람에 시합이 끝날 때마다 남편 잭이 내 코에다 암모니아수를 들이대서 정신이 들게 해주어야 할 지경이었다. 로스코가 결국 6회전에서 패했을 때 나는 정말 그 자리에서 드러누워버렸다.

나중에 정신과 의사인 친구가 친절하게 나의 이런 이상스러운 행동을 이해할 수 있도록 도와주었다. "오늘날의 어머니들은 아이들의 성공을 통해 서로 경쟁을 합니다. 자녀를 완벽하게 키워야 한다는 이 사회의 고정관념이 너무 강하기 때문에 어머니들끼리 경쟁하지 않기란 거의 불가능합니다."

친구는 나더러 로스코에게 전화를 해서 그가 대학 시절 레슬링을 그만두겠다고 했을 때 내가 한동안 못마땅해했던 것에 대해 사과하라고 제안했다. 나도 그의 매우 합리적인 제안에 응할 계획이다…… 언젠가는.

아이들도 한자리

아이 키우기에 관한 논쟁도 골치 아파 죽겠는데 여기에 또다른 복잡한 요인을 고려해야 한다. 과거 아버지를 최고의 권위자로 인정하던 지휘-통제식 자녀양육의 시절은 끝난 지 오래다. 대다수의 아이들이 자신이 열넷 혹은 열다섯 살이면 성인이라고 생각하고, 따라서 의사결정의 테이블에 자신도 한자리 차지해야 한다고 생각한다.

왜 아이들은 그렇게 생각할까? 요즘 아이들은 옛날 세대의 아이들에 비해서 더 어린 나이에 인생에 대해서 많은 것을 알게 되기 때문이다. 어떻게 그렇지 않을 수 있겠는가? 집에서 텔레비전을 끄고 인터넷을 금지시킬 수도 있지만, 사이비 종교집단의 공동체 속에 살고 있지 않는 한, 모든 종류의 매체를 다 못 보고 못 듣게 할 수는 없다. 나는 몇 년 동안 우리 집에서 텔레비전을 어린이 관람가 수준으로 유지하려고 노력해왔다. 부끄럽지만 한때는 잠시 만화영화 〈심슨 가족〉을 보는 것도 금지한 적도 있었다. 내용이 너무 반사회적이라고 생각했기 때문이다. 하지만 1998년에 나는 이런 시도들을 포기했다. 당시 아홉 살이던 소피아가 신문에 난 모니카 르윈스키의 사진을 척 보고는 엄마로서 듣기에 가슴이 쓰릴 정도로 천연덕스럽게 "뭐가 문제인지 모르겠어요. 진짜 섹스도 아니었잖아요"라고 말하는 것을 듣고 나서였다.

나는 괴팍한 할머니처럼 '요즘 아이들'이 어린이다움을 잃어버렸다고 탄식하고자 하는 것이 아니다. 오히려 요즘 청소년들이 자신이 다 컸다고 생각하는 데는 그럴 만한 이유가 있다고 본다. 요즘 아이들의 역할모델들이 사실 어른처럼 행동하고 있기 때문이다. 한때 시트콤의 쌍둥이 스타였던 메리 케이트 올슨과 애슐리 올슨이 고등학교도 졸업하기 전에 수백만 달러짜리 기업을 운영하는 세상이다. 십대 시리즈물의 여주인공이었던 밀리 사이러스와 십대 랩퍼인 릴 바우 와우는 음반산업의 주역들이다. 이 청소년들이 설사 뒤에서 어른의 감독을 받고 있다 하더라도 그 부분은 보통 드러나지 않는다.

하지만 현실에서는 대부분 어른들이 아이들을 감독하고 있다.

그리고 오늘날 우리 자녀들이 커가는 환경이 과거 어느 때보다 복잡하기 때문에 10-10-10은 더 의미가 있다. 전문가 의견과 비판, 다른 부모들의 의견, 자녀들의 의견까지, 모든 논평의 불협화음들로부터 객관적인 거리를 두고 자신이 의도한 자녀양육의 가치관에 의거해서 선택을 할 수 있게 해주기 때문이다. 10-10-10은 아이들도 자신의 본질적인 독립성을 잃지 않으면서 부모와 함께 의사결정 과정에 참여할 수 있는 소통의 틀과 공통의 언어를 제공해준다. 결론적으로 말하면 10-10-10은 우리 세대의 부모가 필요로 하고 아이들이 원하는 결정을 내릴 수 있게 해준다. 그것은 바로 합리적이고 일관성 있고 투명한 결정이다.

비뚤어진 딸

릭은 미니애폴리스에서 혼자 딸을 키우는 아버지이다. 그는 어느 날 열다섯 살짜리 딸이 손을 쓸 수 없는 지경으로 멀어져가고 있다는 것을 깨닫게 해주는 전화 한 통을 받고 아버지로서 고통스러운 딜레마에 빠졌다.

티나는 학교 축구팀에서 뛰었고 공부도 괜찮게 했지만 아버지 릭에 따르면 그녀의 취미는 '파벌 싸움'이었다. 티나는 매일 밤 컴퓨터 앞에 앉아 몇 시간씩 메신저로 남들에 대한 소문을 퍼뜨리거나 다른 여학생들에게 싸움을 걸었다. 릭은 이런 딸의 행동이 정말 못마땅했지만 매우 무기력하게 느끼고 있었다. "모든 십대 여자애들이 티나처럼 행동할 것이라고 생각해버렸습니다. 시간이 지나면 저런 못된 행동도 그만둘 거라고 믿었죠."

하지만 티나의 행동은 멈추지 않았고 몇 주 후엔 티나가 공격했던 여학생 브리아나의 어머니가 릭에게 전화를 걸어 아버지로서 조치를 취해달라며 화를 냈다. 릭은 브리아나의 어머니가 전화로 읽어준, 티나의 '페이스북'에 브리아나에 대해 올린 글뿐만이 아니라 티나가 브리아나를 공격했던 이유가 브리아나의 언어장애라는 사실을 알고는 창피해서 어찌할 바를 몰랐다.

릭은 내게 "우리 딸은 성격이 너무나도 비뚤어져가고 있었다"라고 술회했다.

릭은 10-10-10을 통해서 대응책을 찾아보기로 하고 우선 자신이 선택할 수 있는 것들은 무엇인지 살펴보았다. 릭은 컴퓨터를 못 쓰게 함으로써 티나에게 벌을 줄 수도 있었다. 또는 티나를 상담받게 하여 문제의 근원을 알아볼 수도 있었지만 그 선택은 비용이 부담스러웠다. 혹은 티나가 원하는 대로 어머니에게 보낼 수도 있었다. 티나의 어머니는 오랫동안 자신의 문제와 씨름하다가 드디어 술을 끊은 상태였다.

그 다음 릭은 자신의 가치관을 점검해보았다. 부부의 이혼으로 인해 딸이 입은 정서적인 상처에 가슴이 아팠고 자식과 한 지붕 아래 살아야 한다고 굳게 믿었다. 함께하면 가족이지만 따로 떨어지면 가족은 존재하지 않는 것이었다. 또한 릭은 자식들에게 자신이 교육받은 대로 미국 중서부 고유의 겸양과 상식에 의거한 사고의 미덕을 가르치고 싶었다.

릭은 이 결정을 혼자 할 수 없다는 것을 알고 있었다. 다른 십대들과 마찬가지로 티나는 자신의 삶에 대해서 아버지보다 자신의 발언권이 더 컸으면 컸지 적다고 생각하지 않기 때문이다. 릭은 티나와 10-10-10 대화를 하기 위하여 한 시간 정도를 비워두었다.

실제 대화는 두 배로 길어졌다. 수차례 벽에 부딪힐 때마다 릭은 두 사람의 대화를 다시 10-10-10의 틀 안으로 끌어들였다. 예를 들어 만일 티나가 옛날에 있었던 일을 언급하면 릭은 "10개월 후를 한번 생각해보자"라는 말로 다시 방향을 잡아갔다. 드디어 아버지와 딸은 둘 다 동의할 수 있는 조건을 찾았다. 티나는 릭과 함께 살면서 컴퓨터는 계속 이용하기로 했다. 또한 티나가 상담을 받고 브리아나 같은 약한 소녀들에 대한 그녀의 공격성을 분석해볼 필요가 있다고 동의했다. 하지만 상담에 들어가기도 전에 티나는 브리아나에게 사과편지를 쓰고 그녀를 저녁에 초대하기로 결정했다.

최근에 만난 릭은 "둘이 함께 세 가지 시간대에서 모두 최상의 해결안을 찾아갔다"라고 회상했다. "나는 티나가 제자리로 돌아가 주변 사람들에게 피해를 주지 않도록 하는 것이 목적이었죠. 그렇기 때문에 당분간은 딸의 행동에 대한 대가가 따라야 하고 중장기적으로는 기저에 깔려 있는 심리적인 문제들을 해결하기 위한 상담이 필요하다는 것을 알고 있었습니다." 릭은 티나가 두 사람의 대화에 많은 통찰을 가지고 임했다는 데 놀라워하고 기뻐했다. 예를 들어 브리아나에게 사과편지를 쓰겠다는 것도 티나의 생각이었고 자신이 오랫동안 사귀어온 또다른 '나쁜 친구'와의 관계를 끝내겠다는 것도 티나의 제안이었다. 릭은 "아마 티나 자신이 그러한 결정의 일부가 아니었다면 결코 어떠한 해결책에도 동의하지 않았을 것"이라고 결론지었다.

부모도 힘들다

릭은 티나 때문에 상당히 노심초사했고 아버지로서 등골이 오싹할 정도로 겁나는 순간들도 겪었다. 하지만 따지고 보면 부모가 되기 위해 누구나 겪는 과정이다. 아이들이 정도를 벗어나면 다시 바른 길을 가도록 유도하고, 또다시 길을 벗어나면 좀더 세게 다시 바른 길로 밀어넣는 것이 부모이다. 대부분의 경우 아이를 키운다는 것은 결국 아이가 '남이 해주기를 바라듯 남에게도 행하라'라는 황금률에 따라 살도록 이끌어주는 과정이다. 아이들은 자꾸 여기서 벗어나려 하고 부모는 다시 이를 바로잡는다.

그러나 불행히도 일반적으로 부모가 겪는 과정을 훨씬 초월하는 노력이 요구되는 경우도 있다. 사실 살다보면 모든 부모들은 최소한 한 가지 큰 갈등을 겪는다. 가정에 따라서는 두 가지, 세 가지도 겪을 수 있다. 십대에 임신을 한다든가, 음주운전으로 체포된다든가, 거식증에 걸린다든가.

디트로이트 교외에 살고 있는 세 아이의 엄마 아나에게는 마약이 문제였다. 아나의 아들 바비는 열세 살 때부터 마리화나를 피우기 시작했다. 열일곱 살이 되자 그는 학교를 중퇴하고 시내에 있는 파티하우스에서 다른 마약중독자들과 함께 살았고 이런 아들의 행동은 단란한 가정에 엄청난 충격을 던졌다. 아나의 딸 캐라는 당시 열한 살이었는데 더 이상 공부에 집중하지 못했고 여덟 살짜리 아들 브라이언은 비디오게임에 빠져들었다. 나중에 두 아이는 바비 때문에 밤마다 벌어지는 부모의 싸움을 피해 매트리스를 지하실로 끌고 가 그곳에서 자기 시작했다. 아나는 아들을 구하기 위해 모든 것을 하려고 했지만, 자동차공장에서 금속제련 노동자로 일하고 있는 남편 게리는 바비와 부자간의 인연을 끊고자 했다.

5년간 바비는 간혹 집에 들러 며칠씩 묵고 갔는데 그때마다 집안에 큰 분란을 일으켰다. 바비는 돈도 훔치고 때로는 아무 이유도 없이 브라이언을 때리기도 했다. 이 가족은 겉으로는 학교와 직장을 다니며 정상적인 생활을 하는 것처럼 보였지만 실제의 가정생활은 정상적인 것이 하나도 없었다. 바비와 게리는 서로 한 마디 말도 하지 않았지만 두 사람이 서로를 얼마나 미워하는지는 누구나 느낄 수 있었다. 캐라와 브라이언은 살얼음판을 걸으며 그들만의 보이지 않는 세상에 살고 있는 듯했다. 그럼에도 아나는 바비가 집에 올 때마다 일단 거리를 헤매지 않는 것만으로도 안도하며 환영했다.

바비가 스물세 살이 되자 상황은 극단으로 치달아 게리는 아내 아나에게 만일 바비가 다시 집으로 들어온다면 자신이 집을 나가겠다고 선언했다.

아나의 첫 반응은 두려움이었다. 어떻게 그녀가 생계를 꾸려나 갈 수 있을까? 아이들은 어떻게 될까? 그러나 곧 분노도 밀려왔다. 왜 남편이 자신에게 남편과 아들 사이의 선택을 강요하는 것일까?

고통 속에서도 아나는 한 가지 질문 때문에 고민했다. 만일 바비가 죽으면 어떻게 될까? 침실 경대 위에는 가족 중에 마약중독자가 있을 때의 대응방법에 대한 책들이 가득 쌓여 있었다. 어떤 책은 만일 바비가 다시 집으로 돌아오면 가택침입으로 체포할 것을 권유하고 또다른 책은 어머니로서 문제자녀에게 '부정적인 대응'은 금물이라고 했다.

아나는 자신의 목소리를 들을 필요가 있었다. 어느 날 밤 방에 혼자 앉아 그녀는 10-10-10을 시작했고 곧 자신이 강하게 믿는 가치들이 있다는 것을 발견했다. 그녀는 오랫동안 캐라와 브라이언이 침묵 속에 절망하고 있는 것을 외면해왔다. 이제 그들을 구해야 한다는 것을 깨달았다. 아나의 유일한 선택은 이 두 아이를 다시 품에 보듬고 미래에 대한 희망을 주고, 맏아들만 사랑하는 것이 아니라 그들도 사랑하는 엄마가 있다는 것을 확인시켜주어야 하는 것이다. 캐라의 소프트볼 게임에 가본 지도, 브라이언이 숙제를 다 했는지 물어본 지도 오래되었다. 그리고 두 아이들에게 더 이상 지하실에서 자지 말고 자신의 침실로 다시 돌아가라고 이야기한 것이 언제였는지 기억도 나지 않을 정도였다.

이제는 맏아들 바비를 집에 다시 들이느냐 하는 질문에 대해 자신의 선택과 그 결과를 가늠해보았다. 10분 후, 10개월 후, 10년 후를 생각해본 것이다. 아나가 생각하기에 첫번째 시간대에는 절대 남편 게리를 떠나게 둘 수 없었다. 남편의 부재는 캐라와 브라이언을 절망에 빠뜨릴 것이며 미래를 위해 가정을 재건할 희망은 영영 사라질 것이다.

10개월 후 만일 그녀가 캐라와 브라이언에게 헌신하며 바비를 멀리한다면 어쩌면 그녀와 게리가 다시 서로에 대한 신뢰를 되찾고 함께 가족으로 거듭나는 환경을 만들 수 있을지도 모른다.

10년 후의 결과를 생각하면 아나는 마음이 아팠지만 더 이상 그 가능성을 무시할 수 없었다. 수차례 반복해서 그녀는 바비를 구하려 했지만 소용이 없었다. 궁극적으로 아나는 아들이 죽고 사는 것은 그녀의 선택이 아니라, 아들 자신의 선택으로 결정됨을 알고 있었다. 그녀가 아들에게 그리고 가족에게 줄 수 있는 최상의 선물은

문을 굳게 닫는 것이었다.

그날 밤 아나는 남편의 뜻에 따르겠다는 결정을 알렸다. 대신 남편에게 캐라와 브라이언을 위해 다시 정상적인 가정이 되도록 도와달라고 부탁했다. 얼마 전에 내가 아나에게 안부를 물어보았을 때, 바비는 마약소지로 감옥에 갔다가 현재 법원이 지정하는 재활 프로그램에 참여하고 있고, 그녀가 한 달에 한 번씩 방문을 한다고 말했다. 그러나 바비가 함께 하든 하지 않든 가정의 미래에 대해서는 낙관적이었다. 그녀는 게리가 브라이언을 데리고 여름방학 때 낚시를 갈 예정이고 캐라의 성적이 올랐다고 말했다.

하지만 그녀가 가장 기뻐했던 것은 최근에 일어난 변화이다. 아나에 따르면 두 아이 모두 매트리스를 들고 다시 이층 자기 방으로 돌아왔다는 것이다.

사랑의 긴 여정

아나와 전화통화가 끝나자 이 일이 내게도 있을 수 있는 일이라는 생각이 들었다. 아나는 자녀를 매우 사랑하는 어머니였지만 그녀의 아들은 조숙한 아기에서 문제 십대로, 나중에는 살아 있는 악몽으로 자랐다. 물론 아나도 맏아들을 집에 들이지 않기로 한 결정에 대해 오장육부가 뒤틀리는 죄의식으로 여러 번 고통을 받았다.

그러나 아나는 그럴 때마다 10-10-10의 논리를 되새기고, 그 합리성을 떠올리며 후회나 회의에 빠지지 않을 수 있었다.

모든 갈등마다 세부적인 내용은 다르겠지만, 자녀가 심한 문제가 있거나 정서장애라면 부모는 자신의 두려움과 본능적인 반응에 맞서 싸우고, 몇 개월 혹은 몇 년 동안의 힘든 과정을 버틸 수 있게 해주는 의사결정 절차가 꼭 필요하다.

코너가 열두 살일 때 어머니 매기는 아들의 행동이 좀 이상하다고 느꼈다. 코너는 재미있고 정도 많은 아이로, 공상과학 소설을 열렬히 좋아하고, 가족이 키우는 늙은 개를 엄청나게 사랑했다. 하지만 코너는 자주 버스 시간에 맞추는 것에 대해 예민하게 반응했고, 예를 들어 양말 서랍장 정리가 잘못된 경우처럼, 집 안에서 정해진 질서가 약간이라도 어긋날 때는 거의 난동을 부렸다.

몇 주 동안 매기가 관찰해보니 코너는 점점 더 깊은 불안의 늪으로 빠져들고 있었다. 절박해진 그녀는 아들이 등교하기를 기다렸다가 아들의 일기를 찾아 읽었다.

"나는 무엇인가를 꼭 만져야 한다"라고 시작되는 페이지가 있었다.

매기는 심장이 멎는 것 같았다. 그녀는 내게 말했다. "내가 아들에게 병을 유전시켰다는 것을 알게 됐어요. 당시 머릿속에 떠오른 생각은 '내가 어떻게 이런 짓을 할 수 있었을까. 내가 어떻게 감히 아이를 가질 생각을 했을까' 하는 것이었죠. 아마 내 인생에서 가장 슬픈 순간이었던 것 같습니다."

매기가 강박신경장애로 고생하기 시작한 것은 대학교 1학년 때였다. 2년 후에 우울증 진단도 받았다. 그럼에도 불구하고 엄청난 노력을 쏟아부어 그녀는 광고업계에서 성공적인 경력을 쌓아갈 수 있었다. 그리고 작가 윌리엄 스타이런이 '보이는 어둠'이라고 부르는 자신의 병마에 대해서 오늘날까지 거의 누구도 눈치채지 못한 것이 자기 인생의 가장 위대한 승리라고 했다.

코너가 강박신경장애 진단을 받자 매기의 첫번째 반응은 직장을 그만두고 싶다는 것이었다. 매일매일이 악몽의 일정이었다. 그녀는 오전에 회사로 출근해서 의사와의 상담시간에 맞춰 학교로 코너를 데리러 갔다가 끝나면 아이를 학교로 데려다주고 다시 사무실로 돌아왔다. 퇴근하자마자 집으로 달려와 코너와 그의 누나를 버스정류장으로 마중 나갔다. 저녁식사를 하고 숙제를 도와준 후 매기는 몸은 완전히 탈진한 채로 침대에 쓰러졌지만 정신은 계속해서 내일 일정을 어떻게 잡아야 하나 하는 생각으로 가득 차 있었다.

어느 날 밤 매기는 남편 로이에게 선언했다. "더 이상 이렇게 출혈을 할 수는 없어요. 코너 옆에 하루 종일 있어야겠어요."

그러나 로이는 아내가 직장을 그만두는 것이 과연 현명한 것인지 의구심이 들었다. 남편은 혹시 매기가 죄의식 때문에 이 상황에 과잉반응하는 것은 아닌가 생각했다. 남편은 매기에게 과거 직장에서의 갈등을 풀기 위해 매기가 사용했던 10-10-10을 이번 상황에 적용해볼 것을 제안했고, 자신도 그 과정에 참여하여 길잡이가 되어주겠다고 했다.

매기는 동의했지만 웬일인지 첫번째 10 이후 진도를 나갈 수 없었다. 직장을 그만두는 것만이 유일한 선택이라는 생각에 사로잡혔기 때문이다.

그러나 남편 로이는 아내에게 10개월 후의 시나리오를 생각해보라고 계속 촉구했다. 다시 대답은 자명한 듯했다. 매기가 말했다. "내 느낌으로는 '특히' 그 시간대에는 코너를 위해서 직장을 그만두는 것이 좋을 듯싶었어요. 코너의 치료에 전념할 수가 있으니까요. 코너를 전적으로 보살필 수 있겠죠. 일정도 관리하면서 도와줄 수 있고요."

매기는 그 다음에 10년 후의 그림을 그려보았고 로이는 곁에서 이 과정을 천천히 풀어가도록 그리고 아내가 감정에 치우치지 않도록 조절해주었다. 그런데 뜻하지 않게 그 시간대에서 매기가 다른 선택도 생각하게 되었다. 그것은 비단 가족보다 아들 치료에 전념하고 직장을 그만두면 장기적으로 악영향이 미치지 않을까 두려워해서가 아니라, 미래를 예측할 수가 없었기 때문이다. 매기는 말했다. "코너가 10년 후에 혹은 단 10개월 후에도 어떻게 될지 알수가 없다는 것을 깨달았어요. 10-10-10이라는 시간의 틀은 내가 얼마나 좋은 정보를 거기에 대입하느냐에 따라 달라지는 것이죠. 그런데 나는 필요한 데이터가 없었거든요."

이 과정을 진척시키기 위해 매기와 로이는 코너의 의사들과 약속을 잡고, 시간이 흐르면서 코너의 상태가 어떻게 진행될지에 대한 긴 질의서를 준비했다. 매기는 자신에게 딱 맞는 강박신경장애와 우울증 처방약의 올바른 '조합'을 찾는 데 수십 년이 걸렸다. 매기는 정신약리학이 과거보다는 더 정확성이 높아졌다는 것을 알고 있었지만 아들도 자신과 같이 긴 시간을 고생할까봐 걱정이었다.

그러나 의사들의 견해가 매우 낙관적이어서 오히려 매기가 놀랐다. 10개월 후라면, 물론 그의 강박이 완전히 사라지지는 않겠지만, 일주일에 두 번 행동치료와 처방으로 코너의 상태가 상당히 호전될 수 있다고 의사들은 입을 모았다. 2년 후라면 가족과 가까운 친구를 제외하고는 코너의 장애를 아무도 눈치채지 못할 거라고 했다. 매기가 원한다면 집에서 하루 종일 아들을 돌볼 수도 있겠지만 간혹 병원에 갈 때 아들을 데려다줄 수 있을 정도의 융통성만 있다면 굳이 직장을 그만둘 것까지는 없다고 했다.

매기는 이렇게 기억했다. "나는 의사들이 '당연히 하루 종일 아들의 치료에 힘써야 해요'라고 말할 줄 알았어요. 그런데 오히려 천식이나 당뇨와 같은 다른 만성질환들처럼 관리만 잘해주면 되는데 자신의 문제 때문에 온 가족의 삶이 송두리째 흔들렸다고 생각하는 것이 코너에게 좋을 게 없다는 걸 그때 깨달았지요."

이렇게 매기가 결정한 지 1년이 지났다. 이제 코너는 중학교 1

학년이 되었으며, 상태가 좋은 날도 있고 나쁜 날도 있지만, 좋은 날이 더 많다고 했다. 코너는 이제 집 밖에서도 자신감이 붙어 수영을 배우고 체스클럽에 가입했다. "코너는 정말 놀랍게 잘하고 있어요. 자신이 남들과 다르다는 것을 이해하고 거기에 잘 적응하고 있어요. 우리 모두 배워가는 중이랍니다."

인류를 이어주는 끈

정말 훌륭한 생각이 아닐 수 없다. 부모가 된다는 것은 매일 우리 아이를 사랑하고 키우는 것이 힘들어도 포기하지 않는 법을 배우는 과정이다. 물론 양육에 대한 결정은 몇 년에 걸쳐 그 영향력을 끼칠 수밖에 없기 때문에 부모로서 너무 감정적으로 깊이 개입하지 않으려는 유혹을 느낄 때도 있다. 또한 오늘날의 문화적 소용돌이 속에서 가정교육에 대한 모순된 메시지들이 난무하기 때문에 부모가 된다는 것이 매우 혼란스러울 때가 많다. 특히 당신의 자녀가 "나도 세상이치를 알 만큼 아니까 내 결정을 스스로 하겠어요"라고 말할 때면 혼란이 가중된다.

어느 겨울 저녁 고등학교 1학년이던 로스코가 기숙사 생활을 할 때였다. 복도 건너편 방에 사는 저스틴이라는 어수룩한 중3짜리가 이상한 행동을 하고 있는 것을 보았다. 저스틴은 꼭 울 것 같은 표정이었고 자꾸 빨리 자야 한다는 말을 반복했다. 로스코는 자신이 본 것을 무시하고 싶었다. 레슬링 연습으로 너무 지쳤고 해야 될 숙제도 많았다.

그럼에도 뭔가가 이상했다.

"너 왜 그러니?" 저도 모르게 로스코는 저스틴에게 물었다. "어쨌든 내 방으로 와. 알았지? 함께 얘기 좀 하자."

몇 년이 흘러 저스틴은 그날 밤 어떤 일이 있었는지 수기를 써서 학교에 발표를 했고 내게도 보여주었다.

나는 그냥 울기 시작했다. 나는 로스코에게 모든 것을 털어놓았다. 내가 어떤 일을 계획하고 있었는지, 내가 몰래 모아놓은 수면제에 대해서도 말했다. 분명히 듣기 거북스러웠을 텐데 로스코는 내색하지 않았다.

그는 자신도 중3 때 처음 기숙사에 와서 울곤 했다고 말했다. 또한 자신도 외로움을 느끼고 '범생이' 취급을 받아서 서운하다고 했다. 그러곤 로스코는 내 곁에 앉아 내 머리를 감싸고 껴안아주었다. 그리고 언제든지 내 편이 되어줄 테니 행복하게 살라고 말했다. 나는 그때 처음으로 로스코와 나를 이어주는 끈이 있다고 느끼며 우리의 우정을 확인했다. 그러자 내가 다른 사람과 맺고 있던 많은 연결 끈들이 한꺼번에 보였다.

다른 사람에게 상처를 주지 않고는 그 끈을 끊을 수 없다는 것을 깨달았다. 나의 외로움은 인류가 엮어놓은 많은 끈에 연결되어 있었다.

때로는 아이들이 우리에게 어떻게 결정을 내려야 하는지 가르쳐주기도 한다.

그러나 많은 경우에는 이 시끄럽고 복잡한 세상에서 어떻게 살아야 하는지를 가르치고, 또 그럼으로써 자신이 내리는 결정이 전 인류에 연결되어 있음을 깨닫게 하는 것이 부모로서의 책임이다.

10-10-10은 이 소중한 임무를 수행하는 데 동반자가 되어줄 것이다.

8장

친구는 인생의 동반자가
될 수 있을까
우정과 10-10-10

10 minutes
10 months
10 years

수 제이콥슨과 나는 테니스 코트에서 처음 만났다. 수는 캠프 클리어 레이크의 '라켓 스포츠 디렉터'였는데 누추하기 짝이 없는 시설에 비해 그 직함은 우스꽝스럽게 과장된 것이었다. 나의 임무는 그녀의 '보좌관'이었다. 그러나 우리 둘 사이의 어떤 위계도 5분 이상 가지 않았다. 우리는 서로가 몹시 좋은 나머지, 만난 지 일주일 만에 떼려야 뗄 수 없는 사이가 되었다. 낮에는 서로에게 짓궂은 장난을 쳐서 캠퍼들을 즐겁게 해주었다. 밤에는 블론디와 린 러비츠의 노래를 크게 틀어놓고 수의 낡아빠진 오픈카를 타고, 몇 시간 차를 몰아 하이아니스라는 가게로 가서 엄청나게 느끼한 양파링을 먹었다.

이렇게 돌아다니던 수와 나는 어느 날 동네의 껄렁한 여학생들이 탄 차를 뒤에서 들이받았다. 우리는 얼른 차에서 내려 사과를 했지만 이 여학생들은 받아들이지 않았다. 그들은 우리를 둘러쌌다. "너네들의 이상한 문제가 뭐냐?" 이 여학생 갱단의 우두머리가 위협적으로 수에게 얼굴을 바짝 들이대고 물었다. 그러나 때가 1979년의 케이프 커드였던 만큼 이 여학생들은 큰 소리로 한바탕 웃고는 차를 타고 가버렸다.

우리는 이 사건이 괴이하게 웃기다고 생각했고, 수와 나는 즉각적으로 갱 리더의 이상한 질문을 우리의 유행어로 채택했다. "너의 이상한 문제는 뭐냐?" 수는 내가 대학 졸업장을 받고 내려오자마자 나에게 속삭였다. 나도 그녀가 졸업장을 받고 연단을 내려왔을 때 같은 질문을 했다.

대학을 졸업한 후 우리는 여전히 가깝게 지내다가 둘 다 보스턴에 직장을 구했다. 나는 AP통신에, 수는 당시 주지사의 부인 키티 듀카키스의 비서실장으로 취직했다. 우리 둘의 진로가 비슷했던 것은 천운이었고, 본질적으로 같은 업계에 종사하는 야심 찬 젊은 여성으로서 우리 둘은 과거 어느 때보다도 서로 할 이야기가 많아졌다. 내가 결혼한 후에도, 그리고 수가 보스턴 병원의 외과 레지던트인 마이크라는 남자와 진지하게 사귀게 된 후에도 우리는 여전히 함께하는 것을 즐거워하며 변함없는 우정을 과시했다. 주말이면 여전히 수의 자동차를 타고 드라이브를 다니거나, 켄모어 광장에 있는 하워드 존슨이라는 가게로 양파링을 먹으러 다녔다.

그러다가 1984년 어느 날 수가 집으로 전화를 했다. "나는 더 이상 너와 친구가 될 수 없어." 그렇게 속삭이더니 전화를 끊었다. 내가 이것을 농담으로 받아들였을까? 그럴 수 없었다. 수의 목소리가 평상시와는 너무나 다르고 이상해서 그녀가 정말 진지하다는 것을 절감했다.

물론 나는 다른 친구들도 있었고, 수가 떠난 뒤 뻥 뚫린 마음을 더 많은 친구들로 채웠지만, 내 인생의 가장 친한 친구가 된 남편 잭을 만난 뒤에도 나는 수를 그리워했다. 그리고 잭을 너무 늦게 만나, 잭이 수를 만나지 못했다는 것도 서운했다. 내가 그런 얘기를 하면 잭은 항상 미간을 찌푸리며 말한다. "당신이 몰라서 그렇지, 그 친구가 떠난 이유가 있을 거야."

친구란 어떤 존재인가

수가 아무런 설명도 없이 떠나갔을 때 나는 큰 충격을 받았고 솔직히 너무 처참한 기분이어서, 그 후 몇 년 동안 친구가 다시 돌아와 무릎을 꿇고 싹싹 빌어도 다시는 그녀를 믿지 않겠노라고 맹세했다.

하지만 10-10-10이 나를 변화시켰다. 시간이 흐르면서 10-10-10을 통해서 나는 수를 향해 다시 마음을 열 수 있었고, 우리 두 사람이 왜 헤어져야만 했는지를 이해하게 되었다.

실제 10-10-10은 여러 가지 종류의 우정을 위기에서 구해줄 수 있다. 10-10-10은 삐걱거리는 관계를 새로운 시각으로 조망할 수 있는 틀을 제공하고, 다시 우정을 부활시킬 수 있는 길잡이가 되어준다. 또한 이 방법을 통해 두 사람이 공유하는 가치들은 무엇이고, 우정에 금이 가게 하는 가치는 무엇인지, 각자의 가치관을 명쾌하게 알게 해준다. 또 두 사람 사이의 막연한 추측이나 숨겨진 기대들 중, 그냥 방치하면 우정을 위태롭게 할 수 있는 것이 무엇인지도 보여준다. 그리고 위기가 닥쳤을 때는 우정을 구하기 위해 무엇이 필요한지, 또 친구를 잃는다는 것이 어떤 것인지 생생하게 그려주기도 한다.

10-10-10을 통해서 어떤 친구를 필요로 하고, 내가 어떤 친구가 되고 싶은지도 결정할 수 있다.

왜냐하면 우정은 여러 가지 종류가 있지 않은가? 친구들 중에서는 자주 마주치다보니 서로 호감을 갖게 되는 경우도 있다. 타냐 나팔리스는 오랫동안 내 머리를 잘라주었다. 우리의 배경과 관심사, 라이프 스타일을 보면 우리는 아무것도 공통점이 없는데도 불구하고 서로의 첫 데이트부터 이혼에 이르기까지 개인사를 속속들이 알고 있다. 나는 작년에 타냐가 몹시 사랑했던 할머니의 장례식에 참석했다. 내 뒤에 앉은 남자가 물어보기에 나는 고인은 만난 적이 없지만 "고인의 손녀와는 아주 친한 사이"라고 말했다.

그리고 과거에 중요한 시기를 함께했던 추억의 친구들이 있다. 내 남편은 아직도 50년 전에 같이 야구를 했던 어린 시절 친구들과 자주 만난다. 이 친구들은 정치와 레드삭스 팀도 화제에 올리지만 옛 추억은 항상 빠지지 않는 레퍼토리이다.

그리고 "같은 '엄마' 친구야"라든가 "같이 일하는 친구야"라고 누군가를 소개한다면 그 사람은 같은 정체성을 가진 친구이다. 이들은 매우 소중한 사람들이다. 내가 처음 아기를 키우면서 같은 엄마 친구들의 조언이 없었다면 어떻게 버텼을지 모른다. 이유식으로 고민 고민하는 나에게 마리아가 했던 말이 지금도 귀에 쟁쟁하다. "수지, 설사 피자를 믹서기에 넣고 돌려서 먹인다 해도 안 죽거든!" 또한 소피아의 십대 반항기에 희망을 잃고 좌절하고 있을 때 킴벌리가 나와 함께 기도해줬던 것을 지금도 잊을 수 없다.

그러나 최고의 우정은 앞에서 말한 모든 요소들을 다 갖춘 우정이다. 자주 볼 수 있기에 서로의 안부를 잘 알고 있고, 옛날부터 함께했기 때문에 우정의 뿌리가 깊고, 정체성을 공유하고 있기 때문에 서로 의지가 되는 친구 말이다. 이렇듯이 좋은 친구는 우리의 모든 인간관계 중에 가장 즐겁고 함께하기 쉬운 대상이 될 수 있다. 친구란 결혼의 책임감, 가족과 친지가 주는 스트레스, 자녀를 키우면서 겪는 불안감으로부터 자유로울 수 있는 대상이다.

그러나 역설적으로 바로 그것 때문에 우정은 내재적으로 취약할 수밖에 없다. 당연히 우리는 친구를 사랑하고 필요로 한다. 힘

든 일이 있을 때면 친구에게 위안을 받고 친구의 진솔한 조언에 의
지하게 된다. 그러나 인생에서 친구는 다른 관계보다 후순위인 경
우가 많다. 친척처럼 혈연관계도 아니고, 배우자처럼 법적인 증명
서와 사회문화적인 전제로 엮이는 것도 아니고, 직장동료처럼 같
은 월급명세서로 연결되어 있지도 않다. 실제 그 정의부터, 친구
란 기다려도 되는 사람들이다.

그래서 우정에 문제가 생겨도 우리는 태연하게 인생에서 별로
변한 게 없는 척하며 살 수 있다. 같은 집에서 살며, 같은 일을 하
며, 겉으로 보기에는 동요 없이 멀쩡하게 일상생활을 영위한다.

물론 우리 마음에는 엄청난 동요가 일고 있지만 말이다.

눈에서 멀어지면 마음도

제레미는 라스베가스의 부동산 개발 회사에 첫 출근하는 날, 엘
리베이터를 내리자마자 루실을 만났다. 신입사원인 데다 이 도시
에도 막 이사했기에 그는 몹시 긴장한 상태였다. 그런데 리셉션 데
스크 뒤에 앉아 목 끝까지 버튼을 꼭 채우고 앉아 있는 여성을 보
자 불안은 배가되었다. 그는 정중하게 자신을 소개한 후 자신이 일
할 책상이 어디 있는지 알려달라고 했다.

"원래 어제 도착해야 하는 것 아니었나요?" 안내데스크 직원이

딱딱거리며 말했다.

순간 제레미는 가슴이 철렁 내려앉았다. 그러나 곧바로 그 여자는 큰 소리로 웃으며 이렇게 말했다. "어서 와요, 어서 와, 우리 신참!" 그녀는 자신의 데스크를 돌아나와 제레미의 손을 따뜻하게 쥐고 힘차게 흔들었다.

제레미는 자신의 스타일과는 많이 달라도, 루실의 이런 호방하고 따뜻한 성격을 사랑하게 되었다. 서른두 살의 제레미는 일생의 대부분을 포트 로터데일에서 부모와 함께 살았다. 마흔넷의 루실은 브루클린의 대가족 출신으로 자칭 '노처녀'였다. 그러나 두 사람은 백악관 정치라는 공통의 관심사가 있어, 매일 워싱턴에서 흘러나오는 뉴스로 이야기꽃을 피웠다. 두 사람의 호흡이 척척 맞아 처음에 직장동료들은 둘이 사귀는 것이 아닌가 의심했다. 그러나 제레미가 직장동료들에게 평생의 남성 파트너인 댄을 소개하자 그 오해는 두고두고 사무실의 유쾌한 놀림거리가 되었다.

루실은 오랫동안 유부남을 사귀며 힘들어했는데, 그 관계를 청산하는 과정에서 제레미에게 의지하면서 루실과 제레미의 우정은 더욱 깊어졌다. 그 후 루실은 제레미와 댄의 친구들과 자주 주말을 보냈고, 이들은 루실에게 '보이스카웃 엄마'라는 애정어린 별명을 붙여주었다.

그러나 제레미와의 우정에도 불구하고 루실은 라스베가스에서의 삶이 힘겨웠다. 동부에 있는 가족들이 그리웠고 자신의 직장이 불안정하다고 생각했다. 루실의 일은 보조업무였기 때문에 도시 경기가 안 좋아지면 가장 먼저 정리해고의 대상이 될 것이 분명했다. 그리고 또 한 가지 의구심이 그녀를 괴롭혔다. 그녀가 모든 시간을 제레미와 보냄으로써 자신이 '의도적으로 우연히' 다른 남자와의 데이트를 멀리하고 있는 것이 아닐까?

루실은 당시를 회상하며 말했다. "그때 기본적으로 충격을 받았죠. 물론 나는 아이를 가질 생각은 없었죠. 하지만 아직 결혼할 수 있는 기회는 있잖아요. 하지만 결혼을 하려면 나를 진정 행복하게 해주는 친구와 멀어져야 한다는 뜻이거든요."

몇 년간 갈등을 하다가 루실은 고향에서 가까운 코네티컷 주 하트포드에 위치한, 더 많은 보수를 주는 직장으로 옮겼다. 제레미와 댄은 그녀에게 아름다운 작별파티를 열어주었고, 제레미가 감동적인 이별 축배를 하며 그녀를 "지금도, 앞으로도, 영원한 친구"라고 부를 때 루실은 눈물을 펑펑 쏟았다.

그러나 이사를 간 후 몇 달 동안 루실은 제레미의 전화나 이메일에 응답을 할 수 없었다. 그녀는 이제 겨우 서서히 새로운 삶을 찾아가고 있는데 제레미기 너무 보고 싶어 하트포드를 싫어하게 될 것이 두려웠다. 제레미는 무슨 문제가 있는 것이 아니냐는 걱정 어린 편지를 몇 번 보내다가 결국 소식이 끊겼다.

6개월이 지났다. 브루클린에서 가족과 함께 교회에서 크리스마스이브 예배를 보다가 루실은 제레미의 목소리를 다시 듣고 싶다고 기도하는 자신을 발견했다. 루실은 제레미에게 새 직장에 대해 말해줄 것이 많았다. 일은 힘들지만 기대했던 것보다는 훨씬 더 재미있다는 말도 해주고 싶었고, 직장에서 만난 싱글남이 자신을 좋아하는 눈치인데 그 남자를 제레미가 어떻게 생각할지 의견도 묻고 싶었다. 갑작스러운 그리움에 루실은 집으로 돌아와 침실에서 제레미와 자신의 우정을 10-10-10의 논리로 분석해보기로 했다. 그녀는 새로운 삶에 잘 적응하면서 옛 우정도 지킬 수 있을지 궁금했다.

루실의 생각에 10분 후라면 제레미에게 다시 연락하는 것은 몹시 어색할 것이다. 자신을 변명해야 하고 사과해야 한다. 과연 제레미가 자신을 용서해줄까? 그리고 제레미와 통화를 하면 그동안 가둬두었던 감정이 봇물처럼 터져나와 새로운 생활에 잘 적응 못할지도 모른다. 그런 위험부담을 감당할 수 있을까?

그 다음 루실은 10개월 후의 자신의 삶을 상상해보았다. 그때라면 새로운 직장에 좀더 적응했을 무렵이다. 그녀는 성격상 자신의 행복을 스스로 만들어나가는 편이고 자기연민에 빠지는 사람이 아니었다. 그러한 루실이라면, 이 미래의 루실이라면 제레미를 충분히 자신의 삶에 수용할 수 있지 않을까?

끝으로 루실은 이 결정의 10년 후 결과를, 특히, 자신의 가치관에 비추어 생각해보았다. 그녀는 언제나 가족과 친구를 소중히 생각했다. 친구들은 그녀의 자랑이요 기쁨이고 위안이며 친가족과 마찬가지였다. 그리고 제레미는 모든 친구들 중 가장 소중한 존재였다. 왜 그런 제레미를 포기한단 말인가? 잠시 우울함을 회피하기 위해서?

뉴욕은 자정이 지났지만 아직 라스베가스에는 전화를 할 수 있을 만한 시간이었다. 루실은 수화기를 들고 제레미의 번호를 돌렸다. "둘이 전화를 붙잡고 30분간 울었어요. 다시 옛날로 돌아간 것 같았어요. 오히려 더 가까워진 느낌이었어요."

그렇게 화해를 한 지 2년이 지났다. 루실과 제레미는 이제 이메일을 통해 자주 교신하며 최근 동정을 알려주고 명절과 생일에는 전화통화를 한다. 물론 매일 볼 수 없고 같은 직장에 다닌다는 공통점도 없기 때문에 둘의 우정은 변화했다. 이제는 사무실 동료애에 기반을 둔 우정이라기보다는 추억을 기초로 한 관계이지만, 둘의 우정은 되살아났다.

여기서도 새로운 추억이 많이 생겨날 것이다.

가치도 표류하더라

제레미와 루실의 우정은 두 사람이 지리적으로 떨어져 있었기 때문에 어려움에 봉착했는데 이는 요즘처럼 이동이 심한 세상에서는 흔히 일어날 수 있는 일이다. 그러나 서로의 가치관이 서서히 멀어지는 것도 우정이 깨지는 흔한 이유이다. 같은 신념과 목적, 우선순위를 공유했기 때문에 친구였던 사람들이 더 이상 같은 가치를 공유하지 않게 되거나, 심지어 대립각을 세우게 되기도 한다.

4년 동안 버몬트의 대학기숙사 룸메이트였던 이자벨과 사라의 삶은 너무나 유기적으로 얽혀 있어서 캠퍼스의 다른 사람들이 두 사람을 구분하지 못할 지경이었다. 두 사람은 옷도 서로 빌려 입었고 머리길이도 같았고 식당에서도 같은 테이블에 앉아 식사를 했고 같은 파티에 참석했다. 두 사람 사이의 유일한 차이는 전공이었다. 이자벨은 순수미술을 전공했고 사라는 수학을 전공했다.

졸업 후 두 여성 모두 뉴욕으로 이사를 했다. 이자벨은 개념미술 작가가 되었고 드럼 연주자인 남자친구와 함께 사는 작은 아파트 임대료를 내기 위해 부업으로 웨이트리스 일을 했다. 사라는 결국 월스트리트에서 주식분석가로 일하다가 증권거래업자와 결혼했다. 그들의 생활양식은 점점 달라져도 두 사람이 함께했던 세월의 인연은 계속 이어지고 있었다. 사라의 주도로 두 달에 한 번 정도 두 커플이 만나 저녁을 먹고 술을 마셨다.

그러나 몇 년이 흐른 후 이자벨은 점점 이 만남을 빠져나갈 핑계를 찾기 시작했다. 문제는 사라의 남편 버트램이었다. 이자벨은 그가 혼자 잘난 척하며 항상 자신이 주도권을 쥐려 한다고 생각했고, 사라가 남편의 보수적인 정치적, 사회적 견해를 그대로 받아들이는 것 같아 마음이 편치 않았다.

사라가 또 저녁을 함께하자고 전화를 했을 때 이자벨은 일부러 사라가 출근할 때까지 기다렸다가 시간이 안 된다는 메시지를 응답기에 남겼다. 후에 이자벨은 자신이 전화를 끊을 때 마치 자신이 거짓말쟁이에 사기꾼이 된 듯했다고 내게 말했다.

이자벨은 친구를 통해 나를 만나 10-10-10을 배웠고 자신의 딜레마에 이 과정을 적용해보기로 했다. 10-10-10이 자신의 우정을 '가치 프리즘'을 통해서 들여다보고 과연 자신과 사라의 가치관이 너무 멀어졌는지 살펴볼 수 있다는 점이 마음에 들었다. 그녀는 질문을 이렇게 꾸몄다. "사라와의 우정을 계속해야 하는가 아니면 포기해야 하는가?"

그러나 즉시 이자벨은 난관에 부딪혔다. 만일 그녀와 사라가 어떠한 공통의 가치관도 없다면 어느 시간대에 대입하건 진정한 우정은 불가능하지 않겠는가?

"기본적으로 우리는 오늘날의 우리를 있게 한 과거를 공유했어요. 그래서 우리는 평생 친구가 되자고 한 거고요. 그건 우리에게는 영광의 상처 같은 것이거든요. 하지만 과연 그것만으로 충분할까요?"

그 질문에 대한 답을 찾기 위하여 이자벨은 사라에게 둘이서만 저녁을 함께하자고 불러냈다. 사라도 어떤 예감이 있었는지 주저하며 응했다. 결국 우려하던 대로였다. 두 사람의 대화는 10-10-10을 길잡이로 사용했음에도 고통스러웠다.

두 사람 모두 가까운 미래를 생각해보았을 때 서로의 가치관이 점점 멀어진다는 것을 인정하지 않을 수 없었다. 이자벨은 자신이 버트램을 싫어한다고 인정했다. 사라도 이자벨의 남자친구가 '게으른 사람'이라고 생각했다고 불쑥 말했다. 이자벨은 사라가 고소득자가 되면서 소외계층의 어려움에 둔감해졌다고 말했다. "내가 돈을 많이 벌기 때문에 너보다는 자선단체에 훨씬 더 많은 기부를 할 수 있어." 사라도 쏘아붙였다.

아마 10-10-10이라는 과정이 없었더라면 그날 저녁식사는 그 자리에서 끝이 났을 것이다. 두 사람은 다음 단계로 넘어가 10개월 후의 미래를 그려보았다. 둘 다 우정을 포기한다면 현재 자신들의 삶에서 껄끄러운 근원을 제거하는 것이라는 데 동의했다. 이자벨은 시간이 안 된다고 말한 전화메시지가 거짓이었다고 고백했다. 사라는 "내가 그걸 모르고 있는 줄 알았냐"라고 했다.

그러나 그때 사라는 이자벨에게 곧 대학동창회가 다가온다고 상기시켰다. 사라가 날카롭게 물었다. "동창회 가서도 서로 못 본 척할 거니? 졸업하고 관계를 유지하지 못했던 다른 친구들처럼 말이야? 우리 우정은 그보단 더 깊다고 생각했어."

두 여자 사이에 긴 침묵이 흘렀다. "현실적으로 생각해보자." 이자벨이 드디어 입을 열었다. "10년 후라면 너는 교외 주택에서 살면서 BMW를 몰고 다닐 거고 나는 그때도 아스토리아에서 근근이 살아갈 거야."

사라는 고개를 끄덕일 수밖에 없었다. 그녀와 버트램은 이미 웨스트체스터 카운티 쪽에서 주택을 알아보는 중이었다.

"이렇게 하면 어떨까? 우리가 몇 년 동안 우정을 포기하지 않고 지내면서 좀더 두고 보면 어떨까? 나는 널 사랑해. 우리가 함께 보낸 시간들을 사랑해." 이자벨이 계속 이야기했다. "우리가 서로 다른데도 불구하고 친구가 될 수 있다면, 그것 또한 멋진 일이 아닐까 싶어."

그 아이디어는 그날 밤 처음으로 사라에게 약간의 희망을 주었다. 사라도 두 사람의 관계가 장기적인 미래를 봤을 땐 어려울 것을 알고 있었다. 하지만 중간단계에서 우정을 포기하는 것은 성급한 짓이라고 생각했다.

그날 저녁식사가 끝났을 때 두 사람은 서로의 감성이 더 이상 같지 않다는 것을 인정하고 존중하기로 했다. 두 사람은 차라리 1년에 한 번 정도 만나 진솔한 관계를 유지하는 것이 낫겠다고 결정했다. 두 사람 다 그날은 둘이서만 만나 오붓한 저녁을 보내자고 동의했다.

그러한 결정을 내린 후 이자벨이 내게 보고했다. "사라와 나는 이제 새로운 관계에 접어들었어요. 아주 속이 시원합니다. 더 이상 서로 눈치를 볼 필요가 없거든요. 두 사람 사이에 어색한 분위기도 사라졌고요. 우리 둘 다 새로운 방식으로 우정을 이어갈 거라고 기대하고 있어요."

머나먼 다리

그러나 새로운 조건을 제시한다고 해서 모든 우정을 다 구할 수 있는 것은 아니다. 특히 서로 상처를 주었다면 더 그렇다. 예를 들어 빌려준 돈을 못 받았다든가, 무례한 언행을 너무 자주 했다든가 하는 경우이다. 30년간 우정을 이어오던 두 여성이, 아들들이 서로 법정소송에 휘말리자 말을 하지 않게 된 경우도 있었다.

하지만 대부분 우정이 끝나는 경우는 계속 관계를 이어간다는 것이 너무 상처가 될 때이다. 그런 시점에서 10-10-10은 두 사람의 이별에 합당한 이유를 찾아주고, 미안함이나 죄책감을 경감해 주며 마음을 정리할 수 있게 해준다.

볼티모어에서 사회복지사로 일하는 안젤라를 처음 만나게 된 것은 안젤라가 집을 구입하는 데 10-10-10을 아주 멋지게 적용했다는 얘기를 들었기 때문이다. 실제로 그랬다. 사실 그녀가 집을 찾는 과정에서 적용한 10-10-10의 이야기가 너무나 훌륭한 사례여서 처음 만나 두 시간은 그 이야기밖에 하지 않았다. 안젤라는 서른번째 생일이 다가옴에 따라 함께 살던 부모의 집에서 독립해야겠다고 결정했다. 두 군데 부동산에서도 그녀가 원하는 집을 찾아주지 못하자, 안젤라의 친척들은 자꾸 장기적으로만 생각하지 말고 중기적인 시각으로 집을 구해야 한다고 조언했다. 그러나 안젤라는 앞으로 영원히 살 수 있는 집을 찾고 있었다.

"아시다시피 많은 여자들이 백마 탄 왕자님을 기다리잖아요. 나는 스스로 독립적으로 살아가고 싶어요. 나의 꿈은, 다른 사람이 아닌, 나 자신이 자기 인생을 결정해가는 거랍니다." 그 말을 듣자 안젤라의 10-10-10 결정이 단순히 부동산에 대한 것만은 아니라는 것을 눈치챘다.

그것은 진정한 우정에 관한 것이기도 했다.

중학교 3학년 때 안젤라는 레베카를 만났고 두 사람은 금방 친해졌다. 안젤라는 이렇게 기억했다. "서로가 너무 편안했어요. 뭐라고 설명할 수가 없어요. 다른 사람들하고는 잘 어울리지 못했는데 서로하고만 잘 맞았어요."

두 사람 다 당시 100킬로그램 이상의 체중이었다.

고등학교 내내 안젤라와 레베카는 둘만의 세계를 구축했고 그 안에서 많은 시간을 보내며 둘의 암울한 세계관을 공유했다. "과체중인 친구들은 서로를 동일시하며 계속 서로의 비만을 악화시킨다는 연구결과가 나와 있어요. 레베카와 내가 그 완벽한 예였지요." 두 사람은 고등학교를 졸업하고 부모의 집에 거주하며 근처의 2년제 대학을 다니기로 결정했다. 대학을 졸업한 후 두 사람 다 인근에서 직장을 구했다.

안젤라가 스물다섯 살이 되었을 때 아버지의 건강이 악화되었다. 안젤라의 언니는 이미 결혼을 해서 항상 아버지 곁을 지킬 수 없었고 그녀의 연로한 어머니도 도움이 필요한 상태였다. 상황은 선택의 여지가 없었다. 안젤라는 직장에서 휴가를 얻어 아버지 병간호의 대부분을 맡아야 했다. 그러나 체중 때문에 일이 쉽지가 않았다. 아버지 식사시중을 들고 병원에 모시고 가고 침대에 눕히는 모든 일들이 거의 신체적으로 불가능할 지경이었다.

어느 날 아침 안젤라는 계시라도 받은 듯 깨달았다. "식구들한 테는 내가 필요해." 지금이야말로 체중을 줄이고 건강해져야 될 때였다. 그녀는 즉시 레베카에게 전화를 했다. "나 이번에는 정말로 살을 빼려고 해. 함께할래?"

레베카는 그러겠다고 했고 그날 오후 둘은 근처에 있는 체중감량센터에 등록했다. 그러나 곧 레베카가 체중감량에 대해 진지하지 않다는 것이 드러났다. 안젤라의 체중이 줄고 그녀의 각오에 더욱 불이 붙자 레베카는 화를 내기 시작했고 자주 안젤라에게 "네가 누군지 더 이상 모르겠다"라며 시비를 걸었다.

18개월에 걸쳐 조금씩 조금씩 안젤라는 옛날의 생활방식을 바꾸어갔다. 몇 년 동안 그녀는 매일 밤 레베카 집 텔레비전 앞에 앉아 간식을 먹곤 했다. 이제 그녀는 동네에서 장거리 조깅을 하고 헬스클럽에서 근육운동을 했다. 그녀의 체중은 90킬로그램으로 떨어지고 그 후 81킬로그램, 또 72킬로그램으로 줄었다. 그와 동시에 가톨릭교 신자로 자랐지만 오랫동안 불교에 관심이 있던 안젤라는 본격적으로 옆 동네에 있는 절에 다니기 시작했다. 그래도 그들의 우정을 생각해서 안젤라는 계속해서 오랜 시간을 레베카와 보냈다. 두 사람은 가장 좋아하는 옛날 텔레비전 프로그램을 보기도 하고 영화를 빌려보기도 했다. 하지만 점점 대화를 나누기가 힘들어졌다. 음식과 옷에 대한 얘기는 금기사항이 되었고, 레베카는 안젤라가 운동에 관해서는 입에도 올리지 못하게 했다.

겉으로 드러내진 못했지만 안젤라는 자신의 삶이 변화하고 있는 것을 즐겼다. 그녀는 목표체중인 68킬로그램이 되자 미니마라톤을 뛰었다. 새롭게 활력을 얻고 나서는 아버지를 더 잘 간호했고 아버지의 상태도 호전되어 부녀가 좋아하는 시립공원을 함께 산책할 수 있을 정도가 되었다. 안젤라의 새로운 자신감은 직장에서도 빛을 발하기 시작하여, 어느 날 그녀는 상사에게 조금 높은 자리로 올려달라고 했다. 놀랍게도 상사는 즉석에서 승진을 허락했다.

안젤라는 레베카가 또 부정적인 반응을 보일까봐 승진 사실을 숨겼지만, 그것과는 상관없이 레베카는 계속해서 안젤라에 대한 비판의 수위를 높여갔다. 그러던 어느 날 레베카는 더 이상 전화를 하지 않았다. "레베카가 나에게 최후통첩을 하고 있다는 것을 알고 있었죠."

이는 안젤라가 두려워하고 있던 결정이었다. 즉각적인 미래를 생각해봤을 때 레베카와 헤어지는 것은 축복이자 저주가 될 것이다. 은근히 지속되던 레베카의 적개심에서 해방되겠지만 아울러 자신의 유일한 친구도 사라지는 것이다. 레베카의 성격적인 장점도 그리울 것이다. 레베카는 냉소적 유머가 넘쳤고, 정서적으로 냉정했던 자신의 어머니에 대해서도 한 번도 나쁘게 말한 적이 없었다.

10개월 후의 그림도 그리 좋아 보이지는 않았다. 안젤라는 자신이 과연 새로 친구를 사귈 수 있을지 의심스러웠다. 아직까지도 마음 깊이 자신이 '뚱녀'라고 생각되었기 때문이다. 레베카를 잃으면 몇 년 몇 달을 저녁마다 외롭게 보낼 수도 있다.

그러나 먼 미래를 생각하자 안젤라의 상상력이 나래를 펴기 시작했다. "10년 후를 상상해보니 내가 만들어내고자 열심히 노력한 미래가 보였어요. 그런데 레베카는 그 미래의 일부가 아니었어요. 그럴 수밖에 없어요. 레베카의 가치관이 나와 너무 달랐거든요. 그 애의 말이 맞았어요. 내가 변한 겁니다."

다음날 저녁, 많은 시간을 같이 보냈던 레베카의 부엌에서 안젤라는 마지막으로 함께하자고 레베카를 설득했지만 레베카는 단박에 화를 내며 경고했다. "널 미워하게 하지 마." 오랜 우정을 싸움으로 끝내고 싶지 않았던 안젤라는 조용히 그 집을 빠져나왔다.

둘이 헤어진 후 안젤라는 한동안 외로웠다. 때로는 레베카의 우정과 함께한 시절의 온기가 그리울 때도 많았다. 그러나 둘의 소중한 유대는 깨어졌고, 이를 복구할 방법이 없었다.

안젤라는 자신의 에너지를 집을 구하는 데 쏟아넣었고 드디어 긴 여정이 결실을 보았다. 수리를 많이 해야 하는 작은 아파트를 보았는데, 오히려 처음부터 다 고쳐야 한다는 것이 퍽 마음에 들었다. 오늘날 안젤라는 그녀가 '안식처'라고 부르는 새 보금자리에서 활동적으로 살고 있으며 자주 조카들을 집에 초대하여 즐거운 시간을 보내고 있다.

최근에 안젤라는 내게 말했다. "지금도 가끔 레베카를 생각하면 마음이 허전해요. 그래도 내 삶을 살아야지요."

당연한 이야기다. 결혼이 끝나도 마찬가지이지만, 소중한 우정을 잃어도 시간이 흐르면 다시 살아갈 용기가 생기는 법이다. 상처를 입기도 한다. 그로 인해 변하기도 한다. 그러나 과거를 이해할 수만 있다면 그 경험으로 더 강해지고 더 현명해졌다고 믿으며 우리는 다시 미래를 바라볼 수 있게 되는 것이다.

새 출발

내 친구 수 제이콥슨과의 우정이 끝났을 때 나도 내 인생을 잘 살아가려고 했다. 그러나 강인하고 현명해지기는커녕 혼란하기만 했다.

그러다가 2002년 어느 여름날 편지 한 통을 받았다. 봉투에 씌인 옛 친구의 필체를 알아보고는 허겁지겁 봉투를 뜯었다. 편지에는 이렇게 적혀 있었다. "사랑하는 수지, 네가 날 기억하는지 모르겠구나. 만약 기억한다면 정말 미안하다고 말하고 싶어. 제발 나

266

에게 설명할 기회를 줘." 그리고 끝에는 이메일 주소가 있었다. 나는 얼른 컴퓨터로 뛰어갔다. "이런, 이런, 이런, 놀랠 노자네." 나는 이렇게 자판을 쳤다. 되도록 아무렇지도 않은 척하려고 했다.

그러나 수의 응답은 더 진실하고 직접적이었다. 수는 외과 레지던트였던 마이크와 결혼했고 두 아이를 두었다고 했다. 지난 세월 언론을 통해 내 삶을 지켜보았고 『하버드 비즈니스 리뷰』에서 내 기사를 자주 읽었다고 했다. "나는 멀리서 항상 널 응원했어."

5분 후 우리는 전화를 했다.

그녀가 입을 열었다. "왜 그랬는지 이야기해줄게. 그런데 절대 마이크를 미워하지 않겠다고 약속해줘."

나는 수가 무슨 얘기를 하는지 종잡을 수가 없었다. 잠깐이었지만 내가 아는 마이크는 매우 모범적이고 온건한 남자였기 때문이다.

"알겠어." 나는 그녀를 안심시켰다.

"마이크는 좋은 사람이고 훌륭한 남편이야. 네가 마이크를 미워하지 않았으면 해."

"미워하지 않겠다니까!"

"마이크는 나와 데이트를 하던 시절에 우리의 우정이 무서웠대. 나는 네가 하라고 하면 뭐든지 했고 우리는 항상 붙어다녔잖아. 그리고 우리끼리만 아는 농담투성이였고……."

"우리의 우정이 무서웠다고?" 나는 그녀의 말을 끊었다.

"자기냐 아니면 너냐, 선택을 하라고 했어, 수지. 그래서 그이를 선택했어."

오랫동안 나는 아무 말도 할 수 없었다. 그러자 수가 나에게 물었다. "너 전화 끊으려고 그러니?"

"아니야!" 나는 소리쳤다. 나는 화가 나지 않았다. 오히려 안도했다. 여러 가지 이유를 상상했지만 마이크가 나를 위협적으로 느꼈다는 것은 꿈에도 생각하지 못했던 것이다. 하지만 너무나 이해가 됐다. 마이크는 나름대로 수와 함께 소중한 관계를 구축하려고 노력하는 중이었다. 내가 앞 장에서 이야기했던 '제3의 세력'과 같은 신성하고 진실된 관계를 만들어보려고 했는데 내가 방해가 되었던 것이다.

"마이크는 정말 좋은 남편인가봐." 나는 이 말밖에 할 수 없었다.

나는 우리 우정을 되살리자는 그녀의 제안에 좀 생각할 시간을 줄 수 있냐고 물어보았다. 수는 물론이라고 답하며, 천천히 생각해보라고 했지만, 다시는 자기에게 전화를 안 하는 것 같은 이상한 짓만 하지 않았으면 좋겠다고 했다. "너, 아직도 이상한 문제가 있겠지?" 그녀는 살짝 물어보았다.

"너만큼 많지는 않지." 나는 그 와중에도 웃지 않을 수 없었다.

향후 며칠 동안 나는 오로지 수 생각밖에 할 수 없었다. 만감이 교차했다. 그녀가 잘 설명을 해주었고 그녀는 내가 존중할 수 있는 가치에 의거하여 선택을 한 것이지만, 그럼에도 그녀를 더 이상 신뢰할 수 있을 것 같지 않았다. 반면에 나는 그녀의 명랑한 성격과, 정치부터 가족관계에 이르기까지 모든 것을 꿰뚫는 명석한 두뇌를 사랑했다. 18년이나 흘렀는데도 그녀와 맥주 한잔 같이할 생각을 하니 너무나 가슴이 뛰었다.

나는 10-10-10을 해보기로 했다.

10분 후라면 우리 관계를 되살린다는 것은 알 수 없는 영역으로 발을 내딛는 것이다. 따라잡을 시간도 많았다. 상처도 있었다. 그리고 가장 어려운 것은 우리가 서로 신뢰하는 법을 다시 배워야 한다는 것이다. 그렇다, '서로'를 말이다. 전화통화에서 수가 "그러는 너는 왜 나한테 전화 한 번 안 했어?"라고 물었다고 말했던가? 그것은 그녀로서 정당한 질문이었다. 어쩌면 우리 둘 다 서로 입은 깊은 상처를 극복 못 할 수도 있었다.

그러나 10개월 후라면 서로의 어색함도 많이 줄었을 것이다. 어쩌면 서로의 공통분모를 새로 찾을 수도 있었다.

10년 후라면…… 사실 상상이 잘 안 가지만 우리는 오십대일 것이다. 아이들은 모두 자랐고 내 빨간 지프차를 타고 기름진 양파링 가게를 찾아 헤맬 시간적 여유가 충분할 때이다. 그리고 알고 보니 우리가 각자 즐겨찾는 피서지도 한 시간밖에 떨어져 있지 않았다.

나는 수와 다시 만남으로써 잃을 것이 없었고 오히려 타의추종을 불허하는 우정을 되찾을 수 있다고 보았다.

우리의 화해의 과정은 놀랄 만큼 빠른 속도로 진행되었다. 한 번 시간을 정해서 만나고 또 한 번 만나고 또 한 번 만났다. 우리는 옛 날처럼 쉽게 웃었고 여전히 같은 감성을 공유하고 있었을 뿐만 아 니라 새로운 유대감도 발견했다. 우리 둘 다 부부생활은 행복했고 아이들은 까다로웠고 활발한 사회활동과 가정의 균형을 어떻게 찾느냐로 고민하고 있었다.

물론 우리의 화해가 더욱더 순조로웠던 것은 우리의 남편들과 아이들이 서로 잘 어울렸기 때문이다. 그러나 여전히 새로운 우정 의 핵심은 서로에게 기쁨을 주고 다양한 시각을 갖도록 도와주는 우리 두 사람이었다. 얼마 전 내 아들 로스코와 수의 딸 엘리자베 스가 동시에 대학입학원서를 내는 날, 우리는 아침에 스무 번도 넘 게 이메일을 주고받았을 것이다. "우리 애 진학상담교사가 나랑 눈도 못 맞춘다. 우리 딸은 못 들어가나봐. 끝장이다." 수가 이렇 게 이메일을 보내면 나도 응답을 했다. "우리도 끝장이야. 로스코 가 방금 중국어에서 B⁺를 받았어. 그 바보 같은 대학은 올A가 아 니면 못 들어간대. 그 학교 너무 싫다. 우리 아들이 아깝다." 그러 면 수는 즉시 나에게 메일을 보낸다. "오늘밤 우리 같이 죽자."

직접 만날 때는 더 즐거운 시간이었다. 지난겨울에는 양쪽 집 여 섯 아이들을 모두 데리고 쇼핑몰에 크리스마스 쇼핑을 하러 갔다. 어느 지점에서 나는 일행들을 모두 한 옷가게로 몰아넣었다. 그러 나 수는 내가 무슨 짓을 하려는지 눈치채고 있었다. 그녀가 속삭였 다. "어머, 너 그러지 마. 너, 다시는 나한테 그런 거 시키지 마."

"한 번만, 한 번만 해보자, 수. 이거 한 번만 입어봐." 나는 꽉 끼는 구슬 박힌 원피스를 옷걸이에서 집어들었다.

"안 한다니까!" 그녀는 비명을 지르며 내 손에서 원피스를 낚아채어 다시 옷걸이에 걸었다. "원 세상에, 너의 이상한 문제는 뭐냐?"

나는 멋내는 것과는 거리가 먼 수의 수수한 신발을 지그시 쳐다보며 그녀가 너무나 잘 아는 표정을 지어 보였다.

"그러는 너의 이상한 문제는 뭐냐?" 나는 자연스럽게 받아쳤다.

혼자 또는 함께

아, 우정이란! 위대하면서도 연약하기 짝이 없는, 우리 삶의 즐거운 필수사항이 아니겠는가? 랄프 왈도 에머슨이 옳았다. 좋은 친구란 '자연의 걸작'과 같이 귀하고 멋진 것이다. 그보다는 덜 유명한 시인이겠지만 작곡가이자 가수인 빌 위더스의 노래 한 구절도 꽤 괜찮다. "우리 모두 누군가 기댈 사람이 필요해."

어떤 우정은 안젤라와 레베카처럼 자연스럽게 종말을 맞는다. 또 어떤 우정은 잭과 그의 고등학교 동창들처럼 수십 년간 문제 한번 없이 계속 잘 굴러간다. 그러나 누구나 살다보면 소중한 우정이 갈림길에 놓일 때가 있다. 그때는 과연 혼자 앞으로 나아갈 것인지 아니면 함께 갈 것인지 결정을 해야 한다.

　이러한 전환점에서 10-10-10은 친구와의 우정의 역학이 어떻게 변화했는지를 보여주고, 더욱 중요하게는 이렇게 변화된 역학이 극복될 수 있는 것인지 혹은 꼭 극복해야만 하는 것인지 가늠하도록 도와준다.

　이 글을 마치자마자 나는 수에게 전화를 할 것이다.

　그녀에게 물어볼 것이 있다.

　그녀도 나에게 같은 질문을 할 것이다.

9장

갑작스러운 인생의 고비들은 어떻게 대처할까

삶과 죽음과 10-10-10

10 minutes
10 months
10 years

내 인생에 꼭 두 번 눈앞이 캄캄해지고 심장이 목구멍에 걸린 듯하고 내 존재 전체가 광활하고 컴컴한 나락으로 추락하는 것처럼 느껴진 때가 있었다.

처음은 15년 전 내 결혼이 껍데기만 남아 있을 때 임신 자가진단 스틱에 플러스 사인이 뜬 것을 본 순간이었고, 두번째는 10년 뒤 어머니의 수술담당 의사가 전화로 "수지, 정말 미안해요. 수술에 큰 문제가 있었어요"라고 말했을 때였다.

인간의 시작과 끝은 항상 두려운 순간이다.

물론 어떤 사람들은 아기의 탄생을 침착하게 받아들이고 사랑하는 사람을 영영 떠나보냈을 때조차 의연하게 대처하는 사람들도 있다. 하지만 대다수의 경우 탄생과 죽음 같은 중차대한 경험

앞에선 말 그대로 무릎을 꿇게 된다. 평정심을 잃어버리기도 하고 두려움과 혼란에 빠지기도 한다.

이럴 때 우리가 내리는 결정들을 보면 이런 흔들림이 그대로 반영된다.

내가 이브를 임신했다는 것을 알았을 때 나는 인생 최악의 결정을 내렸다. 우리 결혼에 아무런 문제가 없다는 듯 명랑하게 생활하기로 한 것이다. 내 아름다운 아기가 '정상적인' 가정에서 태어나기 위해서는 다른 선택의 여지가 없다는 절박한 심정이었다.

향후 5년 동안 우리 가족 모두, 고집스럽게 결혼을 유지하기로 한 내 결정의 대가를 치렀고, 그 과정에서 서서히 우리 가정은 고통스럽게 와해되었다. 오늘날 나는 훨씬 나이도 들고 그때보다 조금은 더 현명해졌기에, 좀더 진솔한 삶을 추구하는 과정에서 반추해보니, 그 시절 10-10-10을 했다면 좋았을 것이라는 생각이 든다.

왜냐하면 10-10-10은 우리가 감정적으로나 이성적으로도 가장 취약한 순간인 탄생과 죽음의 순간에 특별한 역할을 해줄 수 있기 때문이다. 아기가 태어나거나 사랑하는 사람이 세상을 떠나면, 이제 삶이 영영 과거와 같을 수 없다는 사실 이외에는 모든 것이 불확실해 보인다. 이럴 때 10-10-10은 새로운 미래로 안내하고, 그 미래를 우리가 만들어가도록 도와줄 것이다.

가질 것인가 말 것인가

임신 때문에 생기는 롤러코스터 같은 감정의 기복은 수태 훨씬 이전부터 겪는 것이다.

이는 아기를 갖겠다는 결정에서부터 출발하는데, 이 주제는 두 사람의 관계 속에 억눌려 있던 모든 문제를 표면화할 수 있다(아니면 최소한 기존 문제를 더 악화시킬 수 있다). 아기를 가질 수 있을 만큼 우리의 관계가 굳건한가? 우리가 원하는 삶은 어떤 것인가? 둘 중 누가 일을 할 것이고, 얼마나 할 것인가? 또 시집과 친정이 어떤 역할을 할 것인가? 두 사람이 각각 어느 정도의 자유를 원하는가?

몇 년 전 MBA 소지자들에게 10-10-10에 대해 강연을 했을 때, 밤에는 학위를 준비하며 낮에는 컴퓨터 회사의 관리자로 일하는 이십대 후반의 팸이라는 여성이 나를 찾아왔다. 똑떨어지는 파란 정장에 머리를 반듯하게 틀어올려 진지하고 강해 보였지만, 그녀의 표정을 보니 단순한 불안 이상을 느끼고 있는 듯했다. 무언가 해답을 갈구하고 있는 것 같았는데, 곧 문제가 무엇인지 알게 되었다. 그녀가 내게 절실하게 물었다. "지금 아기를 가져야 될까요? 아니면 2년 후에 승진을 할 때까지 기다려야 할까요?"

팸은 목소리를 죽이고 자신의 복잡한 상황을 빠르게 귓속말로 정리해주었다. 시집이 경영하는 그리스 식당의 지분을 가지고 있는 남편은 당장 아기를 원했고 아기가 생기면 아내가 집에서 아이를 키우는 것이 당연하다고 생각했다. 그러나 팸은 자기 일을 사랑하고 화려한 커리어를 갈망하고 있었고 자신이 정말 아기를 원하는지도 확실하지 않았다. "우리가 결혼하기 전에 사실 이런 이야기를 했어야 했어요. 하지만 우리는 당시 서로 너무 사랑했거든요. 이런 문제는 그냥 저절로 풀릴 줄 알았나봐요."

긴 한숨에 팸의 절박함이 더욱 묻어나는 듯했다. "10-10-10을 하면 어떤 결과가 나올까요?" 그녀는 알고 싶어했다.

나는 팸에게 모든 10-10-10 과정은 자신의 가치관을 점검하는 데서 시작한다고 상기시켰다. 그녀의 입에서 말이 터져나왔다. "내 가치관은 나도 알아요. 내 가치관은 남편 테오와도 다르고 시어머니와도 달라요. 시아버지와도 다르고요. 시누이들과도 달라요! 나는 10년 동안 계속 아기만 낳다가 평생 식당 계산대 뒤에서 일하고 싶은 생각은 없어요."

그 순간 아기 문제는 훨씬 더 큰 문제의 징후라는 것을 팸도 알고 나도 느꼈다.

우리 둘 다 그녀의 10-10-10이 이미 결정 났다는 것을 알았다. 이제 그녀에게 필요한 것은 자신의 결정을 실행에 옮기는 용기였다.

중요한 건 타이밍

분명히 서로 같은 가치관을 가지고 사는 부부도 많을 것이다. 그러나 그런 경우라 할지라도 언제 아기를 가질지에 대해서는 이견이 있을 수 있다.

아지타와 로한을 기억해보면 두 사람은 부부 문제가 아지타의 10-10-10 결정으로 해결된 후에 둘째를 가지려고 했다. 그러나 부부가 함께 10-10-10 분석을 해보았을 때는, 둘째를 가지는 것은 미루는 것이 좋다는 결정을 내렸다.

아지타는 내게 말했다. "10분 후를 생각해보았을 땐, 우리 둘 다 아기가 태어난다는 건 우리 부부관계가 더욱더 굳건해졌다는 상징 같은 것이 아닐까 싶었어요. 그 느낌에 우리 둘 다 흥분했어요. '우리 그냥 저지르자! 둘째를 그냥 가지자!'라고 했지요." 그런데 10개월 후, 그리고 10년 후의 시나리오를 생각해보았을 때, 둘째에 대한 열정은 이 부부의 커리어 목표라는 벽에 부딪혔다. "솔직히 몇 년 이내에 아기를 가진다는 것은 굉장히 힘들 거예요. 우리 둘 다 하는 일을 포기하고 싶지 않았거든요." 아지타의 말이었다.

결국 10-10-10을 통해서 이 부부는 딸 레이아에게 동생이 생기면, 둘 중 하나의 직장을 희생해야 한다는 것을 깨닫게 되었다. 두 사람은 누가, 언제 포기할 것인지는 아직 결정하지 않았다. 그러나 10-10-10을 통해서 공동의 목표에 대한 대화의 창구를 열어둘 수 있었고, 그것은 이 부부에겐 반가운 일이었다.

홀로 서기

때때로 10-10-10은 언제 아기를 가질까뿐만 아니라, 누구와
가져야 하는가 하는 결정을 도와주기도 한다.

두 번의 이혼 경력이 있고 마흔이 다 되어가는 제리는 치과위생
사로서 나와는 10년 동안 알고 지낸 사이다. 그런 그녀가 완벽한
남자를 만나 데이트를 한다는 것이었다. 닉 역시 이혼남으로 두 명
의 십대 아들을 키우고 있고 건설업계에 안정된 직장을 가지고 있
었다.

그러나 1년이 흐른 후 이 커플은 말다툼이 잦아졌다. 처음에는
일정을 잡는 일 같은 사소한 것이었으나, 곧 자식 문제 같은 더 큰
문제로 확대되었다. 드디어 두 사람의 관계는 예상치 못했던 갈림
길에 서게 되었다. 닉이 제리에게 청혼을 한 것이다. 그는 결혼을
하면 이런 문제들이 해결될 것이라고 했다.

흥분과 기쁨에 제리는 수락을 했다.

그럼에도 두 사람의 다툼은 계속되었다.

어느 날 제리가 10-10-10 질문이 있는데 함께해달라고 부탁했
다. 그녀가 닉과 당장 결혼해야 하는가 아니면 더 차분히 결혼을

준비하기 위하여 1년을 더 기다릴 것인가?

우리가 10분 후 시나리오의 결과를 도출하기도 전에 제리는 두 손을 번쩍 들어 보였다. "됐어요. 당장 결혼하는 게 낫겠어요. 더 이상 아기 낳는 걸 미룰 수가 없어요. 나는 엄마가 되고 싶거든요. 준비도 됐고요. 내가 인생에서 바라는 전부예요."

나는 제리에게 그 가치관의 10년 후 결과를 예상해볼 것을 권유했다. 그녀는 잠시 놀라워하더니 곧 대답했다. "결과가 좋지 않네요."

매우 독립심이 강한 제리는 항상 자기 입으로 '자기만의 시간'이 많이 필요한 사람이라고 말해왔다. 뿐만 아니라 결혼에 두 번 실패했기 때문에, 근본적으로 결혼제도와 결혼이 요구하는 책임의식을 신뢰하지 않았다. "난 내 인생을 내가 끌어나가고 싶어요. 어느 누구의 소유도 되고 싶지 않아요." 우리가 10-10-10을 계속해나가면서 제리가 한 말이다. "닉이 생각하는 결혼과 내가 생각하는 결혼은 달라요. 그런 결혼에서 아이를 낳을 순 없어요." 이런 사실을 깨닫자 제리는 더욱 슬퍼했다. 왜냐하면 제리는 끊임없이 부부싸움을 하던 부모 밑에서 자랐기 때문이다.

제리는 슬픔과 안도를 동시에 느끼며 닉과의 관계를 청산했고, 요즘은 입양을 통해 싱글맘이 되는 가능성을 타진해보고 있다.

"화려한 웨딩드레스와 부케는 없지요. 하지만 내 방식대로 가정을 꾸려나갈 생각이에요. 내가 원했던 가정이기 때문에 제대로 된 가정을 만들 수 있을 겁니다."

사악한 호르몬 요정

내가 베인 앤 컴퍼니에서 경영 컨설턴트로 일한 지 6개월이 되었을 때 상사였던 앤디 와신수크가 업무평가를 하기 위해 나를 회의실로 불렀다. 앤디는 좋은 스승이자 친구였고, 면담 전부터 내 업무에 만족하고 있다는 것을 알고 있었다.

대화의 전반부는 예상하던 대로였다. 그러다가 앤디가 내 업무 실적을 향상시킬 수 있는 방안들을 제안하기 시작했다. 예를 들어, 내가 파워포인트 슬라이드의 미적인 측면에 너무 신경 쓰는 것은 시간을 효율적으로 사용하는 것이 아니라고 했다.

나는 툴툴댔다. "무슨 상관이에요? 내가 시급을 받는 사람도 아니잖아요?"

깜짝 놀란 앤디는 내 응답을 농담으로 생각하고 이야기를 계속했다.

"또 한 가지는 회귀분석에 너무 의존하는 건데 말이야. 다른 컴퓨터 분석기법도 많고, 그런 게 더 적절할 수도……."

"회귀분석이 문제란 말이에요?" 나는 바로 말을 끊고 들어갔다. "엔지니어 출신인 분이 그런 말을 하는 건 정말 이상하네요."

"회귀분석 자체가 문제가 있다는 건 아니고." 앤디는 인내심을 가지고 말을 하다가 토라진 내 표정을 보더니 거기서 말을 멈췄다. "이 이야기는 다음에 합시다." 그는 이상하다는 듯이 말했다. "오늘 당신은 별로 받아들일 자세가 아닌 것 같아요."

"적응하는 게 좋을 거예요. 이게 내 새로운 모습이니까요." 나는 이죽거렸다.

그렇다. 그것이 나의 임신한 모습이었다. 결국 나중에 이런 이상한 기분들은 정상적으로 돌아왔지만 앤디와의 면담에서 임신과 함께 내 몸을 지배하게 된 사악한 호르몬 요정을 처음 만나본 것이다.

이 사악한 요정은, 아기가 태어난 직후에도, 단짝이자 영혼의 반쪽인 만성피로와 손을 잡고 미친 듯이 날뛴다.

그렇다고 산모들을 공격하는 극심한 산후우울증과 같은 임상적인 질병상태를 이야기하는 것은 아니다. 그런 상황이었다면 당연히 전문가에게 상담을 받거나 처방약을 사용하는 것이 옳다.

내가 이야기하는 것은 일반적으로 아기를 낳은 다음에 오는 신종 '베이비 광기'라고 할 수 있다. 자신을 아껴주는 주변 사람들에게 상처받을 말을 마구 해대고, 오늘이 생의 마지막날인 양 닥치는 대로 결정을 해버리는 광기이다. 이 광란의 기본 가정은 이렇다. 지금 현재, 이 순간밖에 존재하지 않고, 나는 너무 피곤하고, 너무 뚱뚱하고, 집 안은 엉망으로 어질러져 있고, 누구 하나 도와주는 사람은 없고, 아기 변 색깔도 이상하다. 그리고 나는 피곤하고 뚱뚱하다. 아니, 나는 '극–도–로' 피곤하고 '몹–시' 뚱뚱하다.

　그런 종류의 광기를 이야기하는 것이다.

둘이 아니라 셋이 되기

　옛날부터 아기를 원했던 베서니는 임신하자마자 아기침대를 준비하고, 집에서 직접 만든 유기농 이유식도 준비하고, 아기의 탄생을 알리는 문구도 직접 고르며, 축복받은 설렘 속에 지냈다. 그녀와 남편 후안은 특히 병원에서 낳지 않고 산파의 도움을 받아 집에서 출산하는 경험을 기대하며 흐뭇해했다.

　그러나 이 부부는 베서니가 예정일 3주 전 불규칙 산통을 시작하면서, 부모 되기의 쓰디쓴 첫 교훈을 얻었다. 아기들은 자기들나름대로 계획이 있다는 것이다. 아들 산티아고는 결국 병원 응급실에서 제왕절개로 태어났다.

　일단 병원에서 집으로 돌아왔을 때 어느 하나 자신이 계획한 대로 되는 것이 없었다. 산티아고는 젖을 물려고 하지 않았기 때문에 결국 젖병을 이용해야 했다. 또한 육아책에서 말하던 아기의 생활 리듬 같은 건 생기지도 않았다. 6주가 되자 아기는 낮에는 종일 자고 밤에 놀자고 했다. 그리고 더는 견딜 수 없을 만큼 지쳤다고 생각될 즈음, 아기가 코감기에 걸려 하루종일 두 시간마다 안약용 스포이드로 약을 주어야 했다.

베서니는 남편 직장으로 전화를 하여 도움을 청했다. "빨리 집으로 와서 교대해줘. 나도 잠 좀 자게. 제발 부탁이야. 그래야 내가 밤새 아기와 함께 깨어 있을 수가 있잖아."

후안은 오랫동안 말이 없더니 조용히 입을 열었다. "그렇다면 당신 나랑 함께 못 가겠네. 기억나? 이번 주말 줄리아와 브래드의 결혼식이잖아."

베서니는 분노로 온몸을 떨며 수화기가 부서져라 내려놓았다. 당연히 그놈의 결혼식을 기억하고 있었다. 줄리아는 베서니의 사촌이니까. 하지만 상황이 상황이니만큼 후안도 가지 않을 것이라고 생각했었다.

베서니는 휴대전화로 남편에게 문자메시지를 보냈다. "당신을 절대 용서할 수 없어."

베서니는 어머니가 장을 봐서 들를 때까지 계속 부글부글 끓고 있었다. 베서니가 이렇게 지쳐 보인 적이 없었기에, 어머니는 딸을 이해하면서도 이 상황에 10-10-10을 해보라고 제안했다. 두 사람은 질문을 만들었다. "후안이 결혼식에 가야 하는가?" 그렇게 10-10-10 과정을 시작했다.

10분 후를 생각해보니 주말에 산티아고를 혼자 돌본다는 것은 너무나 큰 짐처럼 다가왔다. 그녀의 어머니가 도와주겠다고 말했지만 베서니는 말했다. "엄마가 24시간 함께 있을 수는 없잖아요.

아버지 때문에요." 하지만 베서니의 어머니는 그럼에도 불구하고 후안 없는 주말을 상상해보라고 했다. 남편의 부재를 견딜 만하게 해줄 시나리오는 정말 아무것도 없는 것일까?

"없어요." 베서니는 잘라 말했다. "없다구요."

그녀의 어머니는 10개월 후를 생각해보라고 하며 물었다. "만일 후안이 이번 주말에 집에 남아 있는다면 10개월 후 두 사람의 관계가 어떨까?"

베서니는 곧 어머니의 질문이 어느 방향으로 가고 있는지 깨달았다. 남편으로 따지자면 후안은 정말 까다롭지 않은 사람이었다. 산티아고를 돌보는 것도 잘 도와주고, 퇴근 후 스트레스를 풀러 헬스클럽에 가는 것을 가장 좋아하던 사람이 운동을 포함한 모든 활동을 중지하고 아기를 돌봐주었다. 만일 베서니가 이번 결혼식마저 빠질 것을 요구한다면 아마 남편은 오랫동안 마음이 상할 것이다. 그러나 반대로 만약 남편이 결혼식에 갔다 온다면 향후 몇 주, 몇 개월 동안 재충전된 에너지로 베서니를 도와줄 수도 있을 것이다.

베서니와 어머니는 10년 후의 그림을 그려보았다. "그건 너무 먼 장래여서 소용이 없어요." 베서니는 10년 후는 무시하기로 했다. "산티아고는 학교에 들어갔을 거예요. 동생들도 있을 거고요. 그때는 나도 잘 수 있을 테니, 모든 것이 정상이겠죠."

갑자기 그녀는 자신의 우연한 깨달음에 웃음이 나왔다. "그리고 이번 위기는 아마 까마득한 추억이 되었을 거예요. 내가 너무 피곤한 나머지 아무것도 아닌 걸 지나치게 확대 해석했나봐요."

전화벨이 울릴 때 새로운 아이디어가 떠올랐다. 남편이 다시 한 번 부탁을 하려고 전화한 것이었다. "더 나은 생각이 있어." 베서니가 갑자기 밝아진 목소리로 대답했기에 남편은 깜짝 놀랐다. "우리 다 함께 가면 어때? 다들 산티아고를 보고 싶어하잖아. 그리고 밤에 안 자니까 밤새 함께 춤을 추면 되겠네."

자기 말을 듣기만 해도 베서니는 기분이 좋아졌다. "우리는 산티아고한테 휘둘리고 있어. 우리가 애를 통제해야 해. 애를 우리 삶에 적응을 시켜야지 그 반대가 되면 안 되잖아."

"정말 좋은 생각이야, 여보." 후안이 소리쳤다.

아기를 낳고 신체적으로 또 정서적으로 환경이 바뀐 상태에서 베서니는 코앞의 순간밖에 보지 못한 채 살고 있었다. 그러나 10-10-10의 도움으로 그녀는 그 순간의 형태와 느낌을 자신이 조절하면 하루하루가 달라지고, 몇 달, 몇 년이 달라질 수 있다는 것을 알게 되었다.

악마, 천사 되다

이렇게 말하면 내가 기억상실증에 걸린 사람처럼 들릴지도 모른다. 큰아이가 이제 막 스무 살이 되었고 막내가 열네 살이다. 새로 낳은 아기를 돌보는 것이 얼마나 힘든지, 그 상태에서 자신의 삶을 만들어가는 것이 얼마나 어려운 것인지, 내가 세월이 흘러 잊어버렸을 수도 있다.

아니면, 나도 경험에서 하는 말일 수도 있다.

소피아가 아기였을 때 정말 순둥이여서 우리의 작은 부처님이라고 불렀다. 소피아는 절대로 까탈 한 번 부린 적 없고, 울지도 않았다. 태어난 지 2주째가 되자 밤새도록 잠만 잤다. 젖을 먹일 때도 꿈결 같은 미소로 나를 올려다보며 "잘했어요, 엄마"라고 말하는 듯했다.

그러나 소피아가 십대가 되자 아기 때 못 부린 온갖 까탈을 다 부렸다. 제때 안 하면 나중에 꼭 한다고 했던가. 딸이 내게 구체적인 내용을 밝히는 것을 금지했기 때문에 말할 순 없지만, 소피아가 열다섯 살 때 너무나 이상하게 행동하는 바람에 나는 응접실 소파에 앉아 두 시간 동안 쉬지 않고 울었다. 그냥 운 것도 아니고 엉엉 울었다. 그것이 마지막도 아니었다. 그러나 열일곱 살이 되자 그녀는 다시 부처님으로 돌아왔고 얌전하고 사려 깊은 학생이자 변치 않는 친구요 성숙하고 사랑스러운 딸로 돌아왔다.

한편, 세상에 이브처럼 못된 아기는 없었다. 항상 지르퉁하고 거칠고 신경질적이어서 '통명스럽다'라는 말은 우리 딸을 위해 만들어진 것 같았다. 세상에서 가장 온순한 우리 개 애비도 그녀의 시달림에 견디지 못했다. 애비의 개 평생 최초로 이브의 얼굴을 무는 사고를 쳤다. 응급실에서 상처를 꿰매기 위해 기다리는데 간호사가 우리 개에게 문제가 있냐고 물어보았다.

"아니요. 우리 애가 문제예요."

그러나 나는 얼마 전 이브의 학교로 면담을 하러 갔다가 이런 말을 들었다. "이브가 나타나면 방이 다 환해집니다. 이브는 모든 사람에게 친절하고 우호적이에요. 순수한 선함, 그 자체랍니다."

"어릴 때를 봤어야 하는데." 나는 혼자 중얼거렸다.

내 친구 메리베스 터너는 자기 딸 캐롤라인이 귀엽지만 너무 평범한 것이 아닌가 걱정이었다. "모든 재능과 머리는 다 라이언한테 갔나봐." 자신의 맏아들을 지칭하면서 말했다. "캐롤라인은 그냥저냥 인생을 흘려보낼 거 같아. 너무 걱정이야."

몇 년 전 메리베스는 라이언과 캐롤라인에게 테니스 레슨을 시켰다. 라이언은 운동선수로서의 소질을 보였기 때문이고, 캐롤라인은 매주 목요일 방과 후 별로 할 일이 없었기 때문이다.

어느 날 주차장에 앉아 테니스 레슨이 끝나기를 기다리면서 잡지를 읽다가 눈을 들어보니 테니스 코치가 다급하게 메리베스의 차창을 두드리고 있었다. "캐롤라인의 어머니 되세요?" 그가 물었다. "저희는 어머니가 언제 한번 오시나 다들 기다리고 있었습니다."

"무슨 문제가 있나요?" 메리베스는 가슴이 철렁했다. "캐롤라인이 초급반으로 다시 내려가야 하나요?"

테니스 선생은 황당해했다. "따님이 테니스 치는 걸 한 번이라도 보신 적이 있으신가요?" 그는 답답한 듯 외쳤다.

오늘날 캐롤라인은 미국 전역에서 12세 미만 부문에서 6위에 오른 선수이다.

아기들은 다 자기들 나름대로 계획이 있다.

그러나 부모들은 그렇게 생각하지 않기 때문에 10-10-10이 도와주어야 한다.

어둠이 닥칠 때

작년 어느 봄날 나는 로스코를 보스턴 북쪽에 있는 안과병원에 데려다주고 있었다. 내 휴대전화가 울렸을 때 우리가 라디오에서 흘러나오는 콜드플레이의 노래를 목청 높여 부르고 있던 것을 결코 잊을 수 없다. 잭에게서 온 전화였고 그는 울고 있었다. 너무나 젊고 생기 발랄하던 절친한 친구가 심장마비로 갑자기 사망했다는 것이다.

다음 고속도로 출구에서 바로 차를 돌려 정신없이 집으로 왔다. 내가 잭을 찾으려고 계단을 뛰어올라가는데 내 비서가 나를 불렀다. "수지, 나쁜 소식이 있어요." 그녀가 부드럽게 말했다. 그녀의 얼굴 표정이 어두웠다.

내가 소리쳤다. "나도 들었어. 잭이 전화했거든."

그녀는 내 손을 잡았다. "이건 팀 얘기가 아니에요. 발레리예요." 내 오랜 친구의 이름을 듣자 나는 그 자리에서 우뚝 멈춰섰다.

"뭐라고?"

"자동차 사고였대요. 발레리가 운전하고 있었는데…… 어쩌지요? 너무 안됐어요…… 병원에서는 살 수 있을지 모르겠대요."

너무 감당할 수 없는 소식이었다. 나는 다짜고짜 큰소리쳤다. "발레리는 살 수 있어. 나랑 나이도 같잖아…… 그리고 세상에, 발레리는 강인하다고."

불행하게도 발레리는 이번 사고를 이길 만큼 강하지 못했다.

그 끔찍한 날 이후, 몇 달 동안 우리 집 사람들은 애도의 단계들, 즉 충격, 부인, 분노, 흥정, 그리고 마지막 수용의 단계를 차례로 밟아나갔다. 안타깝게도 우리 모두가 살면서 너무 잘 알게 되는 과정이다. 솔직히 나는 아직도 발레리의 집 앞을 지나가면서 믿을 수 없다는 감정에 휩싸이곤 한다. 그녀의 정원은 아직 남아 있는데 그녀는 왜 없는가?

죽음. 불공평하고, 누구도 원치 않고, 예기치 않게 찾아오는 이 불청객은 우리에게 그럴듯한 답을 해주지 않는다. 그렇기 때문에 죽음이 사랑하는 이들을 앗아갈 때 우리의 어지럽고 혼란스러운 마음을 추스르기 위해 가족과 친구들의 도움이 필요하다. 그리고 앞으로 헤치고 나아가기 위한 사고의 발판이 필요하다.

앨리스와 제임스는 뉴욕에서 1980년대 말에 만났는데 앨리스는 가난한 음악가였고 제임스는 가난한 미술가였다. 두 사람은 결혼까지 할 생각은 없었다. 제임스에게 심각한 불안장애가 있었기 때문에 병마와 싸우느라고 거의 모든 에너지를 뺏겼다. 그러나 앨리스가 임신을 하자 두 사람은 시청까지 지하철을 타고 가, 쿠킹 호일로 만든 반지를 주고받았다. 그러자 곧 휴고가 태어났고 2년 후에 둘째 아들 레오가 태어났다. 앨리스는 가족의 생계를 위하여 학교에서 음악을 가르치기 시작했고 제임스는 조각하는 일에 전념했다.

임신 때문에 한 억지결혼과 경제적인 궁핍이 결코 행복한 결혼의 구성요소가 아닐진대 앨리스와 제임스는 행복하기만 했다. 두 사람은 없는 돈을 끌어 모아 값싼 미트패킹 지역에 허름한 다락방을 얻었고, 얇은 감을 몇 필 사서 텐트를 만들어 아이들 방이라고 부르며 즐거워했다. 앨리스는 가르치는 일이 좋아졌고, 주말에는 기타 개인레슨을 하며 자신이 가장 역할을 하는 데 대한 뿌듯한 자부심을 느꼈다. 그녀는 "언젠가는 세상이 제임스의 재능을 알아줄 거라고 믿었다"라고 했다.

그녀가 옳았다. 10년간 무명의 설움을 딛고 제임스는 유명한 갤러리와 계약을 했고 작품이 꾸준히 팔리기 시작했다. 앨리스는 직장을 그만두었고 열 살, 열두 살이 된 두 아들을 데리고 그리니치 빌리지로 이사를 갔다. 그러나 가족의 환경이 개선되었음에도 제임스의 불안장애는 여전했고, 성공으로 인해 오히려 악화되는 듯했다. 좀더 많은 작품을 만들라는 압력이 들어오자 제임스는 술과 처방약을 섞어 마시기 시작했다.

어느 날 앨리스가 슈퍼마켓에 간 사이에 제임스는 약물 과다복용으로 사망했다.

제임스가 죽은 후, 몇 주 동안 앨리스는 몽유병 환자처럼 돌아다녔다. 아침에 아이들을 학교에 보내고, 하루 종일 텔레비전을 보고, 저녁식사 준비를 하고 저녁 아홉 시면 온 가족이 잠자리에 들게 했다. "나는 분노에 휩싸여 있었던 것 같아요. 하지만 하루하루를 살아가야 했기 때문에 아무것도 느끼지 않으려 했죠. 아이들을 위해서 내가 중심을 잡아야 한다고 생각했어요."

제임스가 세상을 떠난 지 6개월 후 앨리스는 겨우 정신을 차려 그들의 은행계좌를 확인해보았다. 은행잔고를 보고 그녀는 큰 충격을 받았다. 연말까지 겨우 주택융자부금을 부으면 바닥이 날 지경이었다.

"어떻게 해야 되지?" 앨리스는 은행 문밖에 서서 겨울의 첫눈을 맞으며 이렇게 중얼거렸다. 그녀는 두 아들을 언니에게 맡겨놓고 자메이카로 도망갈까 상상을 하기도 하고, 새 출발을 하기 위해 두 아들을 데리고 도망가는 상상을 하기도 했다. 두 가지 대안 다 말이 안 된다고 알고 있었지만 이 상황에서 어떤 대안이 있을 수 있겠는가? 앨리스는 혼자 추위에 떨며 보도 위에 무릎을 꿇고 주저앉아 울기 시작했다.

나이 지긋한 여인이 지나가다가 그녀에게 달려왔다. "괜찮으세요?" 그녀는 앨리스의 팔꿈치를 잡아일으키며 물었다. "구급차를 부를까요?"

"언니를 불러주세요." 앨리스는 겨우 입을 열었고, 휴대폰을 그 여인에게 건네주면서 단축 버튼을 눌렀다.

다음날 아침 앨리스와 두 아이는 거실에 앉아 언니의 주재로 자신의 미래에 대한 10-10-10을 하기 시작했다. 그들의 질문은 이제부터 어떻게 해야 할 것인가였다.

10분 후를 생각해보았을 때 가족 구성원 중 어느 누구도 변화를 원하지 않았다. 아이들은 학교 친구와 헤어지고 싶지 않고, 아버지와 함께 살았던 집을 떠나고 싶지 않다고 했다. 그리고 앨리스는 현재 자신의 정서적인 상태로는 이사를 하거나 일을 하는 것이 불가능하다고 주장했다.

부드러운 목소리로 앨리스의 언니는 가족의 재정상황이 매우 좋지 않다는 현실을 상기시켜주었다.

"어떻게 이 아파트를 지키고 학교를 그대로 다닐 수 있을까요?" 아들이 궁금해했다. 앨리스도 해답을 찾아 정신없이 머리를 굴렸다. "아빠가 돌아가시기 직전에 작업했던 조각들을 팔아봐야지."

자신의 입으로 말하면서도 그런 아이디어에 스스로 놀랐다. "아니면 좀더 작은 아파트로 이사를 가든지."

그 후 30분 동안 이 가족은 여러 가지 아이디어를 주고받았다. 제임스가 세상을 떠나고 처음으로 앨리스는 그 방에, 그 순간에 살아 있다는 느낌이 들었다.

가족들의 대화가 잦아들자 앨리스의 언니는 10년 후의 시나리오를 물어보았다. 10년 후 이 가족은 어떤 삶을 원하는지 물은 것이다.

두 아들이 동시에 대답했다. 둘은 보스턴이나 서부 해안 쪽의 같은 대학에 진학하고, 여름에는 유럽으로 배낭여행을 가고 싶다고 이미 이야기를 했다고 한다.

그들이 재잘대는 것을 들으며 앨리스는 새로운 사실을 발견했다. 아이들은 이제 자라서 떠날 사람들이었다. 그것이 절대 나쁜 것은 아니다. 불가피한 것이고 필요한 일이다.

그러나 그 후 그녀의 삶은 어떻게 될 것인가?

앨리스는 자립할 필요가 있다는 것을 깨달았다. 그것은 자명했다. 그녀는 일을 해야 했다. 커리어가 필요했다.

결론은 정해졌다. 그녀는 두 아들에게 말했다. "과연 우리 삶을 바꾸어야 하는가가 문제가 아니다. 반드시 바뀌어야만 해."

그 후 1년 동안 앨리스는 제임스의 작품을 몇 개 팔아 가족의 재정을 보강하고 나서 자신이 옛날 가르치던 직장으로 돌아갔다. 그러나 앨리스는 새롭게 시작한 '부업'에 더 흥분해 있었다. 그녀는 온라인에서 음악서비스를 하는 창투회사에서 자문으로 일하게 된 것이다.

제임스의 1주기 직후 이 가족은 아파트를 팔고 다시 미트패킹 지역의 더 작은 아파트로 들어갔다. 앨리스는 아파트를 매각한 돈은 교육비로 쓰게 될 것이라고 두 아들에게 알려주었다.

물론 앨리스가 겪은 상실감은 몇 년 동안 지속될 것이다. 10-10-10의 도움을 받더라도 앨리스와 두 아들은 오랜 시간을 슬픔과 애도로 보낼 것이다. 그러나 앨리스는 더 이상 당장의 문제와 잘 알 수 없는 먼 미래에만 집착하지 않는다. 그녀는 이제 은총과 희망이 함께 존재하는 좀더 가까운 지평에 눈을 돌릴 줄 알게 되었다.

후회를 후회하다

친구 발레리의 장례식이 끝난 후 많은 사람들이 내 추도연설에 감사하다는 인사를 건네 마음이 찡했다. 하지만 알고 보면 그들이 정말 하고 싶었던 말은 발레리가 살아 있을 때 얼마나 그녀를 사랑했는지 말해주지 못한 것이 너무나 후회스럽다는 것이다.

죽음의 그림자를 안고 살면서 가장 힘든 부분은 우리가 느끼는 후회라는 감정이다.

잭과 내가 유럽에 출장을 간 동안 어머니의 외과수술의가 우리를 찾았다. 예기치 않은 전화였다. 왜냐하면 무릎 인공관절 수술은 보통 간단한 수술이기 때문이다.

어머니는 매우 성공적으로 수술을 끝내고 나왔다. 아버지와 이야기하고 밥도 조금 드셨다. 하지만 그날 밤 사이에 혈병 하나가 무릎에서 떨어져나와 혈관을 타고 뇌로 들어갔다.

의사가 소식을 전한 후에 언니 델라가 전화를 바꿨다. 언니는 울며 말했다. "수지, 엄마 귀에 수화기를 대줄게. 엄마가 들을 수는 있는 것 같아. 엄마한테 작별인사를 하는 게 좋을 것 같아."

잭은 나를 꼭 껴안아주었고 나 역시 펑펑 울었다. "엄마, 사랑해요. 사랑해요. 그리고 엄마에게 충분히 고맙다는 얘기 안 한 것 미안해요. 엄마가 나한테 해준 모든 것에 대해 충분히 고맙다는 얘기를 못 한 것 같아요."

다음날 아침 잭과 내가 병원에 도착했을 때 어머니는 아직 살아계셨다. 엄청나게 많은 기계에 둘러싸여 누운 채 눈을 꼭 감고 있어 벌써 돌아가신 듯이 보였다. 아버지는 구석에 있는 의자에 앉아 충격 속에 움직이지도 못하고 계셨다.

우리는 3주 동안 병상을 지켰다. 어머니는 의식이 돌아왔다 나갔다 했는데 의식이 돌아왔을 때도 너무 몽롱한 상태여서 우리 자매들은 어머니의 손을 꽉 쥐고 위로해드리는 것밖에 할 수 없었다.

어머니와 의사소통하는 것은 불가능했다.

그 끔찍한 순간에 우리가 결정으로 할 수 있는 건 아무것도 없었다. 기다릴 수밖에 없었다.

그러나 우리 어머니는 살고자 하는 의지가 강하셨다.

지금도 어머니는 강인하시다.

오늘날 연세 여든에 다시 테니스를 시작하셨다. "내 무릎 덕분에 나는 슈퍼우먼이 되었거든." 어머니는 이렇게 농담을 하시곤 한다.

그 무릎 때문에 하마터면 어머니를 잃을 뻔한 경험은 내가 딸로서 해야 했는데 못 한 모든 것에 대한 뼈저린 교훈이 되었다. 그 일로 인해 우리가 매사를 생각할 때, 아물지 않을 상실의 고통과 후회의 통한도 꼭 고려해야 한다는 것을 배웠다. 나는 그 후 10-10-10을 할 때, 필요하다고 생각되면, 그것들을 꼭 감안하고 있다. 무엇인가를 버리거나 누군가를 포기해야 할 때, 관계가 소원해졌을 때, 용서를 해야 할 때. 10-10-10은 우리가 후회할 결정을 예방해준다. 마치 영영 이별이 없을 것처럼 살아가면서 선택을 한다면, 결국 작별을 고하는 것이 얼마나 힘들어지는지 나도 이제는 알게 되었다.

엄마, 가르쳐줘서 고마워요.

내 활에서는

어느 여름날 우리 아이들이 어렸을 때 나는 언니 엘린과 내 친구 로리와 함께 아이들을 데리고 바다로 갔다. 당시 언니의 아이들은 다 자라 십대 청소년이라 자기들끼리 놀러 갔고 로리는 막 첫 임신을 한 상태였다. 그러니 두 사람은 모래사장에 돗자리를 펴고 편히 누워 이야기도 하고, 세상 걱정 하나 없는 듯 일광욕을 하며 책도 읽을 수 있었다. 그러나 나는 해변에 서서 넘실대는 파도 사이로 보였다 안 보였다 하는 내 아이들을 바라보며 심장마비를 일으키고 있었다. "누군가가 익사할 거야." 나는 계속 이런 생각을 했다. "내가 지켜보는 가운데 내 아이 중 하나가 바다로 휩쓸려가고 말 거야. 만약 그러면 나도 바다에 뛰어들어 역류에 휘말려 죽는 게 낫겠어."

드디어 한 시간 후 나는 아이들을 점심으로 유혹하여 물 밖으로 끌어낸 후 돗자리 위에 지쳐 쓰러져 잠시 쉬었다.

"너 왜 그러니?" 로리가 물었다. 그녀의 순진한 목소리로 미루어보아 아이가 생기면 어떠한 행복한 고통의 순간들이 기다리는지 전혀 모르는 듯했다.

"수지는 자기 애들이 익사라도 할까봐 저렇게 난리를 치는 거야." 언니가 알려주었다.

"언니는 이런 시절이 기억도 없어?" 내가 쏘아붙였다.

언니가 웃었다. "나도 당연히 기억나지. 하지만 걱정하지 마. 너도 곧 우리처럼 모래사장에 앉아 느긋하게 잡지를 읽을 날이 온다니까."

"난 안 될 것 같아. 나는 지난 4년 동안 책 한 줄 읽을 시간이 없었어." 내가 말했다.

갑자기 로리의 얼굴이 환해졌다. "시를 읽어봐. 짧은 시간 안에 소설만큼이나 큰 기쁨을 주거든."

고맙게도 로리는 정말로 내게 시집을 보내왔고 그 덕분에 시와 가까워진 후, 시는 우리 아이들이 수영을 배우고 삶을 배워가는 몇 년 동안 나를 지탱하고 위로해주었다.

그 시기에 나는 매릴린 넬슨의 「엄마의 약속」이라는 시를 우연히 읽게 되었다. 이 63행의 시를 읽는 동안 부모로서의 달콤하면서도 쓰디쓴 아이러니를 나만 느끼는 것이 아니라는 사실을 드디어 깨달을 수 있었다. 우리가 아이들에게 생명을 줌으로써 동시에 그들에게 위험과 가슴앓이와 상실도 줄 수밖에 없다는 아이러니 말이다.

　　내 손으로 독이 든 사과를 주고
　　내 활에서는 겨우살이 화살이 날아간다

그렇지 않았으면 좋겠다. 그러나 시작과 끝은 인간의 조건의 일부이다. 아니, '그것이야말로' 인간의 조건이다.

우리 모두 살아가고 우리 모두 죽는다. 그러나 우리는 그 사이를 어떻게 살 것인지를 결정할 수 있는 선물을 받았다.

에필로그
행복 리스트

3년 전 잭과 나는 아름다운 송년파티에 초대받았다. 집주인은 집을 파티장으로 꾸미기 위해 수십 개의 반짝이는 등으로 장식을 했고, 웨이터들이 돌아다니며 와인잔을 채웠으며, 재즈밴드의 멋진 음악이 울려퍼지고 있었다. 저녁 열 시쯤 되자 저녁식사 시간을 알리는 종소리와 함께 우리는 양초 샹들리에로 불을 밝히고 꽃줄로 아름답게 장식된 커다란 천막으로 안내를 받았다. "정말 인생은 아름답지 않은가"라는 말이 절로 나오는 그런 순간이었다.

그런데 아주 이상한 일이 일어났다. 우리 테이블에는 여덟 명이 함께 앉았는데 평소라면 파티 분위기에 감탄사를 남발해야 마땅할 순간에, 그중 한 부부가 우리에게 잠시만 조용히 해달라고 부탁했다.

그 부인이 답답해하며 입을 열었다. "정말 미치겠어요. 내 말 좀 들어봐요. 우리가 지난주부터 이 리스트를 작성하고 있거든요. 그런데 정말 행복하다고 생각되는 사람 열두 명을 못 찾겠더라고

303

요." 그녀는 자신의 반짝이는 이브닝백에서 종이 한 장을 꺼내며 우리 모두가 볼 수 있게 높이 들어 보였다. 정말 이름이 적힌 명단이었는데 두세 줄밖에 이름이 적혀 있지 않았다. "오늘 여러분을 만나기를 학수고대했어요. 왜냐하면 이 결과를 믿을 수가 없거든요."

그녀의 남편이 추가로 설명했다. "여러분은 여기 오를 자격이 있는 열두 명을 찾을 수 있나요?"

"'행복한' 사람이요?" 잭이 믿을 수 없다는 듯이 물었다.

"네, 행복하기만 하면 돼요." 그 부인이 대답하며 자기도 믿기 힘들다는 듯 고개를 절레절레 흔들었다. "여러분도 같이 해보시죠. 자신이 원하는 삶을 실제로 살고 있는 사람 열두 명을 대보세요. 어서요."

그녀의 제안에 우리 테이블은 각 커플끼리 개별토론에 들어갔다. 잭과 나는 빠른 시간 안에 리스트를 채울 수 있었지만 곧 이런저런 일로 인해서, 그만큼 또 빨리, 그 이름들을 지워야 했다. 우리의 할당량을 다 채워가던 무렵에 우리 테이블에 앉아 있던 한 남자가 헛기침을 하여 사람들의 시선을 잡았다.

"글쎄요, 여러분들이 이 말을 들으면 충격을 받겠지만, 제발 내 이름은 여러분의 명단에서 빼주세요. 나는 행복하지 않습니다. 행복할 수가 없어요. 왜냐하면 나는 아일랜드계이거든요." 우리 모두 웃음을 터뜨렸지만 아무도 부인하지 않았다. 그 말을 한 사람은 정말 멋진 사람이다. 유머 감각 풍부하고 명석하고 친절했다. 하지만 인생은 험하고 잔인하고 짧다는 토마스 홉스의 사상을 추종하는 진정한 괴짜였다.

그의 아내가 다음으로 입을 열었다. "나는 간혹 행복하기도 해요. 하지만 아이들이 자리를 잡기까지는 완전히 행복할 수 없을 것 같아요." 그녀가 잠시 말을 멈춘 사이에 우리 모두가 고개를 끄덕였다. "그래도 일에 대해서는 스트레스를 덜 받아요. 최근에는 살도 7킬로그램을 뺐답니다."

우리 테이블에 있던 두 다른 부부가 행복 리스트에 올릴 만한 후보 이름을 거명했지만 대다수가 반대에 부딪혔다.

"매사에 부정적이잖아."

"그 사람이 아내를 얼마나 싫어하는데요."

"겉보기에 그림만 좋은 거예요."

"잭은 행복해요." 끝으로 내가 제안했는데 일반적으로 사람들의 동의를 얻었다. "맞아요. 잭은 우리 리스트에도 있어요." 처음 제안한 부인이 작은 종이를 흔들어 보이며 말했다.

"그리고 나도 행복해요." 나는 명단에 못 오른 듯하여 좀 자신 없이 덧붙였다.

그런데 나도 명단에 올랐던 모양이다. 그 부인이 말하길 "당신은 좀 긴장을 많이 하는 것 같아요. 하지만 요즘은 훨씬 더 편안해 보여요."

이런 토론 와중에 수프가 나왔는데 어느 누구도 거들떠보지 않았다. 우리 모두가 행복 리스트를 작성하는 임무에 깊이 빠져, 다들 답답해 난리였다.

우리 모두가 한두 명의 이름은 댈 수 있었다. 한 친구는 자기가 아는 요가 강사를 들었는데, 보스턴 북부에 있는 부모님 땅에 헛간을 수리해 파격적인 예술가 남편과 세 들어 산다고 했다. 그러나 나머지 사람들이 이의를 제기했다. 또 한 명의 손님은 자신의 이름을 추천했는데 그의 부인이 반대했다. "당신이 그 하얀 알약 없이 마지막으로 잠을 푹 자본 게 언제였어?"

남편은 부끄러운 듯 대답했다. "수면제를 안 먹을 순 없지. 그렇지 않으면 시간마다 일어나서 내 블랙베리폰을 체크해볼 텐데, 뭐."

사방에서 웃음소리가 터져나왔는데 그 순간 잭이 자세를 고쳐 앉았다. "짐과 린다는 행복하잖아." 잭은 우리가 잘 아는 한 부부를 거명하며 내게 속삭였다. 최근에 우리는 그 남편의 60세 생일 파티에 참석했는데 그 파티는 정말 한 폭의 노먼 락웰(미국의 화가이자 일러스트레이터로, 주로 미국 중산층의 모습을 그렸다—옮긴이) 그림 같았다.

"좋았어. 우리 부부는 두 명의 후보가 있어요!" 나는 테이블에 모인 사람들에게 선언했다.

그리하여 이런 식으로 우리는 진정 행복하게 살고 있다고 인정

받는 사람 열두 명을 뽑기 위해 그 후 약 30분을 더 애써보았다. 후보라고 해서 인생의 상흔이 없어야 되는 것도 아니었다. 또한 사회적인 기준으로 성공을 이룬 사람일 필요도 없다. 오로지 내면의 평화를 찾은 사람이면 된다고 우리 모두 합의를 보았다.

그런데 문제는 여기 있었다. 그날 저녁이 끝날 무렵 우리 모두 합해서 겨우 열한 명의 이름을 선정한 것이다. 우리 모두가 인생 전반에 걸쳐 알게 된 수백 명의 사람들 가운데 겨우 열한 명이 행복한 사람이라는 것이다.

"이 리스트를 보니 정말 우울하다." 디저트가 나올 무렵 친구 하나가 이렇게 요약했다. 바로 그때 우리 대화와는 전혀 어울리지 않게 매우 행복해 보이는 사람들이 댄스 플로어로 나가 춤을 추기 시작했다. "이 세상이 어째 이 모양이야?"

"너무 스트레스가 많아서 그래요." 누군가가 어깨를 으쓱하며 말했다. "과학기술 때문이죠. 덕분에 세상이 너무 빨리 돌아가거든요."

또다른 친구가 한숨을 뱉으며 말했다. "미디어 때문일 거야. 텔레비전을 틀어봐. 모든 사람들이 나보다 더 나은 집, 더 나은 자동차, 더 나은 직장, 더 나은 삶을 살고 있잖아. 미디어가 부러움과 질투를 제조해내고 있다고."

모두가 서로를 무기력하게 쳐다보는 동안 잠시 조용해졌다.

"너무나 많은 결정을 해야 되는데 시간이 너무 없어서야." 드디어 누군가가 이렇게 말했다.

"바로 그거예요!" 나도 모르게 소리쳤다.

바로 그때 잭이 내 손을 잡았다. "이제 그만합시다! 나는 공식적으로 행복하고 우리 마누라도 그렇거든. 자, 여러분 나가서 춤이나 춥시다."

그리하여 우리는 시계종이 열두 시를 칠 때까지 춤을 추었고 연말 마지막 밤의 큰 파티에서 으레 하듯이 서로 키스하고 껴안고 새해의 덕담들을 주고받았다. 나는 파티에는 별 불만 없었다. 정말 멋진 밤이었다. 재즈밴드도 너무 멋졌고 어깨 끈 없는 내 드레스도 흘러내리지 않았다. 그러나 작별을 고할 시간이 되자, 모두에게 가장 잊을 수 없는 것은 우리가 나누었던 놀라운 대화였다.

그러나 그날 밤은 나에게 또다른 의미가 있다. 당시에 나는 10-10-10을 우리 가족과 친구들과 함께했고, 직장 동료나 내 칼럼을 읽는 독자들과 공유해왔다. 그러나 행복 리스트를 작성하는 게 그토록 어려웠던 경험을 떠올리며 10-10-10을 더 많은 사람들에게 알려야겠다고 결심하게 되었다. 왜냐하면 만일 행복하기가 그렇게 어려운 것이 너무 복잡해진 결정 탓이라면 내가 해답을 알고 있기 때문이다. 자신이 의도한 대로, 중심을 잡고, 진솔하게 살 수 있도록, 갈등을 풀어나가는 방법을 알고 있기 때문이다. 그것은 무슨 마술의 알약도 아니요, 노력 없이 되는 것도 아니다. 감정적으로 많은 투자를 해야 하고, 책임감을 가지고 솔직하게 수행해야 하는 방법이다. 하지만 단순하고 명쾌하기 때문에 10-10-10은 효과가 있다.

내가 그 효과를 직접 목도한 바 있고, 나 자신도 실천해왔다. 그리고 많은 사람들이 그 법칙을 활용하여 자신의 삶을 바꿔왔다는 것을 알고 있다.

그날 밤 집으로 돌아오는 차 안에서 나는 그 사람들의 이야기를 세상에 알리기로 결심했다.

그래서 여기까지 왔다. 드디어 그날 내가 했던 맹세를 완결 짓는 순간이다. 하지만 이 순간이 나에겐 끝이라는 생각이 들지 않는다. 이 책을 쓰는 동안 배운 것은 일단 10-10-10이 인생의 일부가 되면, 당신이 받아들이고 활용하는 한, 평생 당신의 충실한 동반자가 되어준다는 것이다.

안트완은 여전히 10-10-10을 하고 있다. 그는 여전히 민원인 한 사람 한 사람에서 출발해서 진정한 복지를 구현하려고 노력하고 있다. 아지타도 여전히 10-10-10과 함께하고 있다. 최근 우리 집에 들러서 결혼생활이 매우 행복하다고 알려주었다. 또한 낸시와도 함께하고 있다. 아내이면서 딸로서 적절한 균형을 잡을 수 있도록 매일 결정을 내리는 데 활용하고 있다고 한다. 안젤라도 사용 중이다. 최근 응접실을 자신이 가장 좋아하는 밝은 노란색으로 칠했다고 한다. 매기도 마찬가지다. 얼마 전에 아들 코너가 3주간 여름 캠프에서 여느 아이들처럼 즐거운 시간을 보내고 돌아왔다고 한다.

물론 10-10-10은 내 곁에서도 더 많은 통찰과 이해심을 가지고 살아가도록 도와주고 있다. 이제는 마술지팡이가 없어도 우리 아이들은 10-10-10을 통해 인생을 배우며 성장하고 있다.

하와이에서 그 일출이 내 인생을 바꿀 새로운 아이디어를 가져다주리라고는 상상도 못 했다. 그리고 거의 10년 후에 열렸던 그 기이하고 환상적인 송년파티에서 나는 이 새로운 선택의 법칙이, 해결책을 찾고 앞으로 나아갈 길을 모색하는 모든 이들을 위한 것임을 깨달았다.

변화가 당신을 부르고 있다면 당신에게 필요한 것은 10-10-10이다.

출판계에 있는 내 친구가 언젠가 이렇게 말한 적이 있다. "책 작업을 끝내면서 '와, 생각보다 쉽네'라고 말하는 사람은 아무도 없어."

정말 그렇다. 책을 쓴다는 것은 생각한 것보다 더 어려운 정도가 아니라, 길잡이와 인내심 그리고 상상한 것보다 더 많은 사람들의 사랑이 필요하다.

여기서 그 사람들에게 감사의 말을 전하고 싶다.

우선, 자신의 이야기를 기꺼이 들려준 수많은 10-10-10 활용자들의 관대함과 배려, 솔직함이 없었다면 이 책 자체가 불가능했을 것이다. 어떻게 10-10-10이 자신의 인생을 바꾸었는지 마음을 열고 설명해준 친구들, 동료들, 친척들에게, 그리고 처음엔 모르는 사이였다가 10-10-10을 통해 친한 친구가 된 사람들에게 앞으로도 오래도록 고마울 것이다.

수전 몰도, 로즈 리펠, 낸 그레이엄, 사만타 마틴. 이 책은 스크

라이브너의 뛰어난 편집부에 있는 이 사람들 덕분에 꼴을 갖추고 발전되고 말로 다 할 수 없을 만큼 다듬어졌다.

의사결정에 관한 장은 심리학자이자 저자인 대니얼 골먼, 런던 비즈니스 스쿨의 조직행동학 교수 나이젤 니콜슨, 전 터프츠 대학 철학 교수 스티븐 마틴에게 신세를 졌다. 가치에 관한 장은 밴쿠버 텐스 애비뉴 교회의 목사 켄 시게마쓰의 지혜로 풍성해졌다.

이 책이 나올 때까지 내 생각을 잘 들어준 친구들이 있다. 낸시 바우어, 크리스 댈리, 리즈 펠드, 브로닌 프라이어, 수 헤레라, 베치 랙, 조 테시토어, 메리베스 터너, 레베카 와신주크. 이들이 소중한 통찰력을 빌려주고 원고를 읽어준 덕분에 머릿속 생각이 한 페이지 한 페이지 구현될 수 있었다. 특히 날카로운 지적과 함께 따뜻한 격려를 보내준 티나 브라운과 지치지 않고 내 곁을 지키며 꼼꼼히 편집을 해준 로잔 바도우스키에게 감사할 따름이다.

다른 친구들 제레미 브롬버그, 브렌다 버트너, 팸 골드먼, 수전 크라코워, 일레인 랭건, 린다 로빈슨, 린다 튤리스, 킴 맥카운 월터스, 재키 웰치는 글 쓰는 내내 어마어마하게 큰 위안과 기쁨을 주었다. 또한 끊임없이 문자메시지를 보내 집중하게 해준 수 제이콥슨, 지난 10년간 내 구명보트가 되어준 스카이 스웨트에게도 고마움을 표한다.

내 언니, 엘린 카우프먼과 델라 커싱은 나를 변함없는 사랑과 지원으로 지켜봐주었다.

내 에이전트 로버트 바넷은 내 힘의 원천이자 길잡이였다.

이 책을 쓰면서 돌이켜보니 나를 넓은 마음으로 받아준 옛 직장의 '상사'들에게 무한한 감사의 마음을 전하지 않을 수 없다. 『비즈니스 위크』 에디터 존 바이런, 시로 시카티, 배리 매그스, 내 친구이자 『뉴욕 타임즈』 신디케이트의 에디터 마이클 오리치오, 『오, 디 오프라 매거진』의 내 담당 에디터 마미 힐리, 나의 정신적 지주인 밥슨 대학의 여성리더십센터 소장 재널 셔버트, 보스턴 노숙자 보건센터의 살아 있는 성녀들, 셰릴 케인과 린다 우드 오코너가 그들이다.

내 아이들 로스코, 소피아, 마커스, 이브도 10-10-10 때문에 여러모로 정신없는 엄마를 잘 참아주었다. 그 와중에도 늘 나를 챙겨주고 재미있게 해주는 착한 아이들이었고, 내 머릿속에서 아이스커피 벨이 울리자마자 아이스커피를 대령하며 엄마를 격려했다. 또한 별 히스테리나 난리법석 없이 자기들 얘기를 책에 쓸 수 있게 해준 것도 고맙다.

끝으로, 이 두 사람이 없었다면 나는 이 책을 아예 쓰지 못했을 것이다.

내가 편집자 메건 슬래토프를 처음 만났을 때, 그녀가 똑똑하다는 건 알았지만, 그 정도로 놀랍게 똑똑한지는 알지 못했다. 또한 믿음직한 추진력과 재치 있는 언어감각, 지치지 않는 성실성 덕을 이만큼 보게 될지도 몰랐다. 메건은 이 책을 한 글자 한 글자 빠짐

없이, 그것도 천 번쯤 읽어주었고, 모든 문장을 다듬어주었다. 고마워요, 메건. 당신이 해준 모든 것에 고맙고, 당신이 앞으로 그 뛰어난 커리어에서 성취할 모든 일에 감사해요.

그리고 남은 한 사람, 내 남편, 잭.

이 책을 쓰는 동안 단 하루도, 단 한 시간도 잭이 내 최고의 친구, 열광적인 응원단장, 까다로운 비평가가 아닌 적이 없었다. 10-10-10 활용자들을 인터뷰하려고 전국을 돌아다닐 때도 잭은 음질이 좋지 않은 휴대폰으로 내가 전하는 그들의 이야기를 언제나 제일 먼저 들어주곤 했는데 그의 열의는 절대로 식지 않았다. 내가 작은 방에 칩거하면서 글을 쓸 때도 잭은 어느 누구보다 잘 참아주었다. 내가 심각하게 고민하는 것들을 귀담아 들어주었고, 잘 안 풀리면 격려해주었다. 그는 최고의 질문을 내게 해주었다. 그리고 빨간 펜을 들고 내가 쓴 모든 것을 읽었다. 사실 그는 에디터가 되어야 했다.

그와 함께 있을 수 있다는 것이 내 인생의 가장 큰 축복이다.

세상은 좁고 할 일은 많다.

물론 정도의 차이는 있지만 다들 정신없이 바쁘다고 느끼며 사는 건 마찬가지다. 저자의 말대로 핸드폰과 노트북 덕분에 일에서 벗어나질 못하고 항상 누군가와 연결되어 있다. 옛날 어느 광고에 펭귄 한 마리가 "바쁘다 바빠"를 되뇌며 돌아다녔는데 요즘 우리네 삶이 정말 그렇다. 과연 우리가 혼자 조용히 무언가 깊이 생각해볼 수 있는 시간은 언제일까? 중요한 결정을 내려야 하면 언제 시간을 내서 생각해볼 수 있나? 샤워하는 시간, 퇴근길 차 안 정도?

하여간 녹아내리는 북극의 빙붕이 다시 꽁꽁 얼도록 '이산화탄소를 먹어치우는 하마'를 개발한다든가, 아프리카 기아를 한 방에 날릴 수 있는, 한 알갱이가 수박만 한 슈퍼옥수수나 슈퍼감자를 개발하는 것도 아니면서, 우주의 큰 질서 속에서는 별 의미없는 일들 때문에 바쁘다고 뛰어다니다가 정작 인생의 중요한 결정은 대충

하고 산다. 그때 내가 더 신중했더라면 하고 가슴을 치고 후회한 적이 얼마나 많던가. 이 책을 번역하면서 얼마나 구구절절 '맞다, 맞아'를 속으로 외쳤는지 모른다.

가장 마음에 드는 부분은 10-10-10이 후회와 죄책감을 없애준 다는 것이다. 나중에 찜찜한 기분이 남거나 땅을 치고 뉘우치지 않 는 방법은 딱 하나. 자기 가치관에 입각한 결정에는 후회가 없다. 그럼 내 가치관이 뭐냐고? 이 책의 저자도 여러 가지 방안을 제시 하지만 내가 가장 충격적으로 자신을 돌아봤던 경험은 스티븐 코 비 박사를 만났을 때였다. MBC에서의 특집방송을 진행하면서 『성공하는 사람들의 7가지 습관』의 저자를 인터뷰하게 된 것이다. 그때 일흔이 넘은 이분은 내게 눈을 감으라고 하고는 최면을 걸듯 속삭였다.

어느 장례식에 문상을 갔다. 식장을 걸어 들어가니 슬픔에 눈물 을 글썽이는 많은 이들이 서로를 위로하며 낮은 목소리로 고인을 애도하고 있다. 저 앞쪽에는 아름다운 조화와 촛불에 둘러싸인 관 이 놓여 있다. 누구의 장례식일까 궁금해하며 복도를 걸어들어가 경건한 마음으로 관에 다가섰다. 드디어 관을 들여다보았는데 거 기 단정하게 눈을 감고 누워 있는 것은 바로 자신이었다. (여기까 지는 거의 데이비드 린치 영화다. 충격, 충격!)

자, 이제 밖을 나가보니 묘지가 준비되어 있고 묘비를 세웠다. 당신은 그 묘비에 뭐라고 새겨지길 바라는가? 단, 오래 생각하면 안 되고 머릿속에 떠오르는 대로 답하라. 카메라는 돌아가고 있고 이 노장의 역습에 당황한 나머지 뭐라고 생각을 정리할 틈도 없이 생각나는 대로 뱉었다. 당했다. 인터뷰에서 질문은 내가 하게 되어 있는데 말이다.

그러나 그 후 지금까지도 나는 그 경험을 잊지 못한다. 나는 정말 내 장례식에 갔었고 내 묘비에 적을 말을 입 밖으로 냈다. 지금도 두고두고 즉석에서 계산되지 않고 나온 그 말들이 진정한 내 가치관이라고 믿고 있다. (다행히 그 부분은 편집되어 방송에 나가지 않았다.)

번역을 하는 도중에 나도 10-10-10을 크고 작은 결정에 적용해보고 과거에 내린 결정에도 소급해보았다. 한 가지 확실한 것은 결정을 내려놓고 슬그머니 뒤통수가 당길 때, 은근히 다른 선택이 더 낫지 않았나 하는 생각이 들 때 10-10-10은 언제나 그 결정이 내 가치관에서 나온 것이라고 가르쳐준다는 것이다. 세상 살기 힘들다. 그나마 자신의 결정을 믿고 한 조각 마음의 평화를 얻을 수 있다면 얼마나 다행인가?

좋은 책을 소개해주어 내 삶을 돌아보게 해준 북하우스 편집부와 책 작업이 자꾸 늦어져 여러 번 약속을 깨는데도 참아준 친구들, 전사하느라 멀리 일본에서 수고한 안지나 씨에게 감사의 말을 전한다. 집안 살림 엉망으로 해놓고 출장이다 번역이다 학교일이다 정신없이 뛰어다니느라 놀아주지도 못했는데 인내하며 기다려준 우리 집 큰 고양이를 비롯한 야옹이 식구들과 항상 응원해주시는 부모님께 감사하며 꼭 10-10-10을 잘해서 다음에는 이렇게 정신없이 살지 않을 것을 이참에 약속드린다.

2009년 초여름
배유정

10-10-10
인생이 달라지는 선택의 법칙

1판 1쇄	2009년 7월 9일
1판 3쇄	2009년 8월 5일

지은이	수지 웰치
옮긴이	배유정
펴낸이	김정순
책임편집	김경태
디자인	김리영 모희정
마케팅	정상희 한승일 임정진
펴낸곳	(주)북하우스 퍼블리셔스
출판등록	1997년 9월 23일 제406-2003-055호

주소	121-840 서울시 마포구 서교동 395-4 선진빌딩 6층
전자우편	editor@bookhouse.co.kr
홈페이지	www.bookhouse.co.kr
전화번호	02-3144-3123
팩스	02-3144-3121

ISBN 978-89-5605-371-4 03320

이 도서의 국립중앙도서관 출판도서목록(CIP)은 e-CIP 홈페이지(http://www.nl.go.kr/cip.php)에서
이용하실 수 있습니다. (CIP제어번호 : CIP2009001888)